教育制度論

教育行政・教育政策の動向をつかむ

早田幸政

|著|

ミネルヴァ書房

はじめに

　教育の基本的使命は，個々の子どもの個性を尊重しながらその人格の完成を目指し，主体性をもった健全な市民の育成を目指すことにあると一般に説明されてきた。ヒト一人ひとりがかけがえのない存在である以上，充実した「生」への希求を持続できるよう，世代の垣根を超えた教育の大切さもとみに強調されてきている。

　身のまわりにいる年端もいかない幼児や児童の無邪気な表情に接するにつけ，この子らが心の中で思い描いているであろう「幸せへの願い」の芽が育まれ，充実した人生を送ることができるようひそかに祈念するのは私一人ではないであろう。また大学で教鞭をとる身として，個々の学生の表情や行動を見て，今現在彼らは将来の生活や人生に対する確かな手ごたえを掴み得ているのだろうか，自身の個性を開花させるために必要な備えは充分にできているのだろうか，といったことが気になることもしばしばである。こうした気持ちを一層強く抱いているのは，彼らを育んできたご両親・保護者やその関係者の方々であろう。

　このことは，月並みな表現とはいえ，教育，とりわけ公教育の重要性に対する認識を再確認させる機会ともなっている。

　さてその公教育について見ると，様々な環境・条件の変化の下で，昨今，多岐にわたる教育制度改革がなされている。そうした制度改革を誘因する背景として，国家財政の窮迫化に伴う国の行財政改革遂行の必要性，閉塞感漂う停滞した我が国の社会経済に風穴を開け，グローバリゼーションの荒波に果敢にチャレンジできる有為な人材の育成・強化の要請，等が挙げられる。そして私たちにより身近なトピックとして日常的に耳に飛び込んでくる青少年犯罪，校内暴力，体罰問題，さらには犯罪にまでエスカレートしかねない「いじめ問題」に公教育が真正面から対処できる教育環境・条件の整備も重要な政策上，制度上の課題となっている。

　このような公教育に対する社会の様々な要請や課題に対し，教育政策がどう

企画・立案され，それがいかなる方式で法制化され，教育行政並びに学校現場で具体的に展開されているのかを解明する「教育制度論」の役割が，今日，極めて重要となっている。

ところで，教育の基礎理論，教育制度及びその実相を主たる対象とする学問領域にあっては，従来より初・中等教育に照準化された理論体系の構築が図られる一方で，大学・大学院などが担う高等教育については上記とは異なる別の学問体系の中で研究が行われ，その理論構築がなされてきた。すなわち，広義のいわゆる「教育学」では，初・中等教育と高等教育がそれぞれ別系統のものとして理論の体系化が進められてきたのである。こうした学問的なアイデンティティの方向付けは，「高等教育論」の領域においてとりわけ顕著であったように思われる。

確かに，初・中等教育，高等教育のいずれも，「公教育」を構成する基本的なファクターであるとはいえ，憲法の保障する「教育の機会均等」の原理が，義務教育を軸に営まれる初・中等教育と強い親和性を有する一方で，高等教育については「学問の自由」を保障する憲法条項がより直截的に妥当するという考え方の下に，両者の理論形成の手法に違いが見られたのも首肯できるところである。

我が国教育政策の潮流も，現行憲法下のある時期までそうした傾向をもっていた。しかしながら，教育の「自由化・個性化・弾力化」を旗印に教育改革の断行を目指した1980年代半ばの臨時教育審議会の政策提言以降，同じ土俵の下で初・中等教育，高等教育の改革議論がなされ，政策展開が図られていくようになった。2000年代に入ると，「官から民へ」，「競争と評価」，「選択と集中」といった政治スローガンの下，歴代政権は官邸主導で教育の一体改革を進めてきた。

そして，2014（平26）年12月に公表された中央教育審議会のいわゆる「高大接続答申」は，「幼児教育，小・中学校で積み上げられてきた教育の成果を，高等学校，大学における教育で確実に発展」させるべく，高等学校教育，大学（高等）教育とその接続の重要なツールである大学入学者選抜の一体的な改革に取り組む決意を表明した。こうした中央教育審議会の決意表明に端的に示されるように，今後は，初・中等教育の最終階梯に位置する高等学校教育と大学

（高等）教育に係る制度改革を，大学入学者選抜制度改革と「連結」させて行うことが文教政策の基本とされることとなった。

　さて，本書は，教職を目指す方々，学校現場で教鞭をとる方々，教育行政を担う方々を主たる読者に想定し，初・中等教育を中心とする教育制度，教育法制を扱った教育基本書として位置付けられるものである。とはいえ，上に述べたように，今後の我が国教育政策は，初・中等教育と高等教育を一貫した教育体系として捉え，その一体改革を行う方向に舵を切っている。こうした現下の政府の教育方針を踏まえ，本書では，高等教育制度に関しても，一定の紙幅を割いて解説するとともに，初・中等教育制度と高等教育制度との連関性にも十分意を払いながら，両制度を共通的に支える政策方針に着目した系統的な記述も試みている。こうした我が国教育制度を全般にわたって考察しているとも言える本書を，今日の我が国の教育政策，教育制度に関心を寄せる一般の方々にもご覧いただき，あらゆる世代の人々に汎用的に認められるべき「学習者の権利」保障の在り方について再確認いただければ著者としては望外の幸せである。

　最後に出版事情が厳しさを増す中，本書の刊行に当り，ミネルヴァ書房の杉田啓三社長ほか，編集部梶谷修氏には並々ならぬお世話を頂き，終始，親身で懇切なご配慮を賜った。ここにそれを記し，そのご厚情に心より感謝の意を表したい。

　2016年1月6日

早田幸政

教育制度論
――教育行政・教育政策の動向をつかむ――

目　次

はじめに

第1章　日本国憲法と教育権 … *1*
1　「教育」の人権としての性格 … *1*
2　教育権の憲法上の性格 … *1*
3　学問の自由 … *5*
4　公金支出の制限 … *7*

第2章　教育関係法の体系 … *11*
1　憲法・教育基本法の体系 … *11*
2　1947年（旧）教育基本法 … *13*
3　現行教育基本法 … *15*
4　現行教育基本法下における教育関係法改正の主要動向 … *21*

第3章　教職と教員養成・研修 … *25*
1　教職員制度 … *25*
2　教員養成と教員免許 … *29*
3　教員の研修 … *37*

第4章　教員の任用と身分保障 … *51*
1　教員の身分と採用手続 … *51*
2　教員の服務と身分保障 … *56*

第5章　教育行政の基本原理と国の教育行財政構造 … *65*
1　教育行政の意義とその基本原理 … *65*
2　国の教育行財政構造 … *69*

第6章　教育委員会の組織と職務 … *81*
1　教育委員会制度の意義 … *81*
2　教育委員会制度の変遷と改革提言 … *82*

3　教育委員会の設置と構成・職務 …………………………… *85*
　　　4　教育委員会と地方公共団体の長との関係 ………………… *93*

第7章　勤務評定から教員人事評価へ …………………………… *101*
　　　1　勤務評定制度とその課題 …………………………………… *101*
　　　2　教員人事評価制度 …………………………………………… *103*

第8章　学校管理と学校経営 ……………………………………… *119*
　　　1　学校管理と「学校経営」の意義 …………………………… *119*
　　　2　学校の設置主体と管理権の帰属 …………………………… *120*
　　　3　学校の管理・運営 …………………………………………… *122*
　　　4　学校経営の態様 ……………………………………………… *131*

第9章　学校評価 …………………………………………………… *139*
　　　1　「学校評価」導入の経緯 …………………………………… *139*
　　　2　学校評価等に関する規定とその意義 ……………………… *144*
　　　3　学校評価の内容と実施手続 ………………………………… *147*
　　　4　学校評価を通じた質保証 …………………………………… *156*

第10章　教育課程と学習指導要領 ……………………………… *161*
　　　1　教育課程 ……………………………………………………… *161*
　　　2　教育課程の法制と学習指導要領 …………………………… *164*

第11章　教科書行政 ……………………………………………… *183*
　　　1　「教科書」の意義とその位置付け ………………………… *183*
　　　2　教科書検定制度 ……………………………………………… *185*
　　　3　教科書採択制度 ……………………………………………… *194*

第12章　生徒指導 …… 203

1. 生徒指導の意義と『生徒指導提要』 …… 203
2. 「児童（子ども）の権利条約」と「子どもの人権」 …… 206
3. 生徒指導の体制 …… 208
4. 生徒指導における法的問題 …… 210
5. 関係諸機関等との連携 …… 228

第13章　「開かれた学校」，「地域とともにある学校」づくりと保護者・地域，学校間の関係 …… 231

1. 「開かれた学校」，「地域とともにある学校」づくりの背景 …… 231
2. 保護者，地域住民の学校運営への参画 …… 232
3. 学校選択制 …… 239
4. 民間人校長 …… 244
5. 地域住民による学校の教育活動への支援 …… 246
6. 学校統廃合問題と「義務教育学校」の制度化 …… 248
7. 「公設民営学校」構想 …… 251

第14章　学習評価とその記録簿 …… 255

1. 学習評価の意義と基本的特質 …… 255
2. 学習評価の基本的視点 …… 256
3. 指導要録 …… 258
4. 調査書 …… 264
5. 通知表 …… 268
6. 小・中・高・大の接続と「確かな学力」 …… 271

第15章　今日の高等教育とその質保証 …… 279

1. 我が国高等教育を支える法構造 …… 279
2. 高等教育政策の動向 …… 281
3. 高等教育に残された当面の政策課題 …… 286

終　章　昨今の教育政策の展開に伴う教育人権の再定義 ………… *293*
　　　1　教育人権に関する憲法上の位置付けと憲法理論の動向 ……… *293*
　　　2　現下の教育制度，教育政策の態様 ……………………………… *294*
　　　3　教育人権の法理の可変性と伝統型人権論の再評価の必要性 …… *295*

事 項 索 引 …… *301*

判 例 索 引 …… *308*

法 令 索 引 …… *310*

通知・通達・行政実例索引 …… *321*

答申・報告・決定等索引 …… *323*

第1章
日本国憲法と教育権

● 設 問
1．日本国憲法における教育人権の法的位置付け・意義について論じてください。
2．「学問の自由」と「大学の自治」の関係性について論じてください。

1 「教育」の人権としての性格

　日本国憲法は，教育権に関し，その26条で「教育を受ける権利」を保障する。同規定に関連して，憲法19条は「思想及び良心の自由」を，同23条は「学問の自由」を保障する。これら各規定の意義や相互の関連性を踏まえ，憲法26条の解釈として，今日一般に，国が積極的に子どもの教育を受ける権利を保障するという社会権的性格と，教育が人の内面的，精神的営みを伴う営為であるが故に，国の関与を一定程度に限定することを保障するという自由権的性格の二様の性格を併有していると説かれている。
　ここに言う自由権とは，公権力の干渉が排除され，自由な活動と決定の確保を国民に保障する権利のことを指す。また，社会権とは，国民が公権力に対し，公権力の介入と公的な給付や諸条件の整備を要求する権利のことを指す。憲法の保障する教育権は，憲法学説上，伝統的には，とりわけそうした社会権の重要な一翼をなすものと見做されてきた。

2 教育権の憲法上の性格

1 　教育権保障の意義・目的
　ここであらためて，教育権の憲法上の意義について考える。
　憲法26条1項は，「すべて国民は，法律の定めるところにより，その能力に

応じて，ひとしく教育を受ける権利を有する」と定め，2項において，「すべて国民は，法律の定めるところにより，その保護する子女に普通教育を受けさせる義務を負ふ。義務教育は，これを無償とする」と規定している。

教育は，個人の人格の形成とともに，人間として豊かな成長・発展を遂げていく上で不可欠な営みである。また，民主社会の担い手としての健全な市民を育成していくための，ヒトとヒトとの心の触れ合いを通じて営まれる大切な精神的営為のプロセスでもある。

教育権保障条項は，過酷な「児童労働」によって多くの子どもから教育の機会が奪われてきたという過去の苦い経験を踏まえ，経済的に恵まれない家庭の子どもたちが労働に駆り出され，教育を受ける機会を逸するという事態を未然に防ぐとともに，上記のような教育の基本理念・目的を達成するため，国は全ての国民に対し教育の機会均等を保障することを主眼とする。

教育権が，このように社会権の一翼を占めていることから，教育権保障条項の基本的意義は，国家に対し，教育の機会均等を実現するために必要な立法的措置を講ずることを要求するとともに，教育権保障条項の趣旨を具体化した個別の立法に即して具体的措置の実現を求める際の根拠規定として位置づけられる点にある（法的権利説に依拠）。

教育権保障条項の上記趣旨を具体化させた教育関連諸法として，教育基本法，学校教育法，私立学校法，社会教育法，生涯学習振興法，等がある。

2　「教育を受ける権利」の内容

従来の通説は，「教育を受ける権利」について，教育の機会均等を実現するための経済的配慮を国家に対し要求する権利と理解してきた。したがって，経済的理由により就学困難な者に対して経済的支援の手を差しのべることが重視され，義務教育無償化は，そうした経済面での条件整備のミニマムの実現を国に対して要求するものであった。

こうした教育権をもっぱら社会権として把握する従来の通説に対し，通説の趣旨を踏襲しつつ，さらに踏み込んで，「教育を受ける権利」を経済的側面で捉えるにとどまらず，子どもの「学習権」を基底に据えて把握し直そうとする考え方が登場した。

この考え方によれば，子どもには，学習し，成長・発達していく生来的権利としての「学習権」が保障されており，こうした子どもの学習権を充足させるために，国はそのための条件を整備しなければならず，「教育を受ける権利」は，そうした条件整備を国に対して要求する権利である，と理解されるようになった。

3 教育権の所在

「教育を受ける権利」を，子どもの「学習権」に対応する権利として再構成する学説が登場したことに伴い，教育権の意義についても，これを自由権的側面から再定義しようとする見解が強く主張されるようになった。そして，教育権の自由権的側面をどこまで認めるのかという問題に関連して，初等・中等教育機関に学ぶ子どもの「学習」内容の決定権の所在を巡り，それが国にあるのか（国家教育権），国民（親や教師）にあるのか（国民教育権）をめぐり，以下のような二つの見解が対立することとなった。

国家教育権説：国民の総意が議会に反映される議会制民主主義の下にあっては，国民の負託に基づき，国が自身の責任において公教育を実施し，その中で教育内容の決定権限も国に帰属する，とする考え方である。

国民教育権説：教育内容の決定権限を国民に求める考え方である。具体的には，子どもの学習権を充足させるため，子どもへ教育を行う権利と責任を，親を中心とする国民全体が負うとともに，教育内容決定権も国民にあるとする。そして，親からの付託を受け子どもの学習権を充足させる役割を「教師」に求める。個々の教師は，子どもとの間の相互的な精神的営みを通して，一人ひとりの子どもたちの人格形成とその成長・発達を促す任を担っている。そのため，教師には子どもへの「教育の自由」が保障され，具体的な教育内容決定権も委ねられなければならない。その一方で，国家は，教育内容に関与することは許されず，公教育制度の外的な条件整備に専念すべきである，と説かれる。

以上のような相反する二つの考え方に対し，最高裁は，「旭川学力テスト事件」の判決中で，両説は「いずれも極端かつ一方的であり，そのいずれをも全面的に採用することはできない」としつつ，子どもに対し，「学習要求を充足するための教育を自己に施すことを大人一般に対して要求する権利」の存在を

認めた。その上で，普通教育に携わる教師について，a）教育内容・方法における一定程度の裁量の自由が認められること，b）ある程度の「教育の自由」が認められるとはいえ，児童生徒には教育内容を批判する能力に乏しいこと，c）教育の機会均等を図る上から全国的に一定水準の教育を確保する必要があること，等の理由で，完全な教育の自由を否定した。その一方で，国に対しては，子どもの利益擁護やその成長に対する公共の利益と関心に応えるため，必要かつ相当の範囲において教育内容の決定権限をもつものと結論付けた（最大判昭51.5.21判時814号33頁）。

　上記最高裁判決は，子どもの学習権に理解を示すとともに，一定の範囲内であるとはいえ，普通教育に従事する教師の「教育の自由」を認めた点において相当程度の評価もなされており，これを評価する見解は，旭川学テ判決を国家教育権説，国民教育権説の両説の折衷説として位置付けている。しかしながら，それは，国の広範な教育内容決定権限を認めた点において，実質的に国家教育権説に傾斜したものとなっていると考える。

　今日，公職選挙法の改正に伴う選挙権年齢の引き下げ等の影響もあり，主権者としての市民性の涵養を目指す「シティズンシップ教育」への関心がかつてないほどの高まりを見せている。とりわけ高校生に対する「主権者」にふさわしい政治意識を育むため，学校全体として，そして各教師がいかなる役割を果たすべきなのか，教師の「教育の自由」論の論議は新たなステージで再燃する兆しを見せている。

4　義務教育の無償

　憲法26条2項は，「すべて国民は，法律の定めるところにより，その保護する子女に普通教育を受けさせる義務を負ふ。義務教育は，これを無償とする」と定める。同規定は，保護者に対し，その「子女」に教育を受けさせる義務を課すこと（なお既述のように，国に対しては，26条1項により，教育の機会均等を実現するための施策を講じる義務が課されている）と併せ，義務教育の無償を定めている。

　ここにいう義務教育の「無償」の範囲については，それが「授業料不徴収」の意なのか，就学に必要とされる一切の費用を指すのかについて，見解が分か

れている。

　この点につき，最高裁は，「教科書国庫負担請求事件」において，a）同条項の無償とは授業料不徴収の意に解すべきこと，b）憲法が普通教育の義務づけを行っていることから，保護者の教科書等の費用負担についても軽減の配慮や努力をすることが望ましいが，それは国の財政等の事情を考慮し立法政策の問題として解決すべきこと，等の判断を示した（最大判昭 39.2.26 判時 363 号 9 頁）。なお，1963（昭 38）年 12 月の「義務教育諸学校の教科用図書の無償措置に関する法律」に基づき，今日，教科書は無償で配布されている。

3　学問の自由

1　「学問の自由」の要素

　憲法 23 条は，「学問の自由は，これを保障する」と定めている。
　学問の自由の要素として，従来より，「学問研究の自由」，「学問研究の成果の発表の自由」，「大学における教授の自由」それに後述する「大学の自治」の四つが挙げられてきた。

2　大学の自治

①大学の自治の意義

　上述の如く，「大学の自治」は，憲法により保障されていると解されている。そして，そうした見解の多くが，その 23 条の下，大学の自治は制度的に保障されている，と解している（「制度的保障説」）。
　この点につき，「東大ポポロ劇団事件」において，最高裁は，大学における学問の自由と自治は，大学が学術の中心として深く真理を探究し，専門の学芸を教授研究することを本質とすることに基づいて認められるものと判示し，憲法 23 条を根拠とする「大学の自治」の存在を認めた（最大判昭 38.5.22 判時 335 号 5 頁）。

②大学の自治の範囲と「人事の自由」

　「大学の自治」が憲法保障事項であることに異論がないとして，それでは，そうした自治は，いかなる範囲において認められるのであろうか。

大学の自治の範囲については，従来より，学長，教員に係る「人事の自由」，「施設管理の自由」，「学生管理の自由」，が挙げられていた。このうち，「人事の自由」が大学の自治の核心的部分をなすと考えられてきた。この点につき，「井上教授・学長事務取扱発令延期事件」において東京地裁は，任命権者（国立大学では「文部大臣」）は，大学管理機関からの申出がなされた場合，当該申出が明らかに違法無効と客観的に認められる場合を除き，当該申出に拘束されると判示し，大学における「人事の自由」を認める内容の判断を示した（東京地判昭48.5.1訟月19巻8号32頁）。

　しかしながら近年，大学の組織・管理に関する一連の制度改正とも相俟って，教授会の教員人事に関する権限は，学校教育法93条の文言に即し，あくまでも「人事審議権」にとどまるものとなっている。学長選考に当っても，国立大学では，その実質的権限は「学長選考会議」に委ねられている（国立大学の場合，その法的根拠は国立大学法人法12条）。こうしたことから，憲法の規範上の要請にもかかわらず，人事に関する教授会の権能は，低下の一途をたどりつつあるのが現状である。

　ところで，大学の自治の範囲をめぐっては，「教育研究作用を実現する上での自治」を加え，その範囲を広く解釈しようとする学説も存する。大学教育の自律的展開はまずもって「教員団」が担うべきことは，憲法上の要請として当然のことである。とはいえ，熾烈な学生獲得競争にさらされている相当数の大学において，経営優先の立場から，組織としての教員団や個々の教員の専門性の枠を超え，事実上，頻繁なカリキュラム改変の実施を余儀なくされている。

③大学の自治の主体

　大学の自治の主体については，伝統的に，教授その他の研究者と教授会等の「教員組織」がこれに該当すると考えられてきた（それは現在にあっても，通説的見解である）。上記に加え，大学における教育研究を側面的に支える大学職員も自治の享有主体としての地位が認められてよい。

　さらに，これらに加え，学生を「大学の自治」の主体と位置付けるか否かについては，争いがある。上記に関し，先述の東大ポポロ劇団事件最高裁判決は，いわゆる「学生＝営造物利用者論」に立脚して，大学の自治とは本来，教授等の研究者の自由・自治であり，そうした「自治」の反射的な効果として，学生

は学問の自由と施設の利用が認められるにとどまるものである、との見解を示した。しかし今日、学生は、大学における学問研究及び学修（習）の主体であり、大学の不可欠の構成員である、という点において、共通認識が醸成されつつある。

4　公金支出の制限

1　公金支出の制限規定の意義

憲法89条は、「公金その他の公の財産は、宗教上の組織若しくは団体の使用、便益若しくは維持のため、又は公の支配に属しない慈善、教育若しくは博愛の事業に対し、これを支出し、又はその利用に供してはならない」と定め、国民の負担に帰する公金その他の公の財産の支出・利用に対する制限のガイドラインの大枠を規定している。本条で特に重要なのが、憲法89条前段であり「宗教上の組織若しくは団体」への公金支出その他の公的な財政的援助を禁じている点である。その趣旨は、憲法20条の定める政教分離原則を財政面から担保しようとすることにある。

2　公金等の支出制限と私学助成問題

また、憲法89条はその後段において、「慈善、教育若しくは博愛の事業」に対する公金等の支出を制限している。しかしながら、教育基本法8条は国及び地方公共団体に対し、「助成その他の適当な方法によって私立学校教育の振興に努めなければならない」旨を規定するとともに、私立学校振興助成法により私立学校に対する助成措置が制度化されている。憲法89条後段が、私学教育全体を「公の支配」に属さないものとして一切の公的助成を認めない趣旨であれば、私学助成制度そのものに対し違憲の疑いが出てくる。

この89条後段の趣旨・目的については、「公の支配」の文言の解釈の違いと連動して、以下の二つの見解が対立してきた。

第一説は、それが公金その他の公の財産の濫費を防止すべきことを求めた規定と解するものである。第二説は公金その他の財産の支出・提供に伴う支配権が及ぶことにより、私的事業の自主性が損なわれることを防止することを企図

した規定と解するものである。このうち第一説は,「公の支配」を緩く捉えるのが特徴で,公権力体が当該事業体に対し,業務や会計状況の報告を求め,予算の変更の勧告を行う程度の監督権をもつことをもって,それが「公の支配」に該当する,と説く。第二説は,「公の支配」を厳格に捉え,その事業の予算を定め,執行を監督し,人事に関与する等,その事業の基本方向に重大な影響を与えるほどの権力支配こそが「公の支配」である,と説く。

　これまでも私立学校に対する公的助成が,憲法89条後段の趣旨に抵触しないかどうかについて,議論が展開されてきた。その合憲性を議論するポイントの一として,私立学校振興助成法12条の定める学校法人に対する所轄庁の権限(そこでの「所轄庁の権限」として,業務や会計状況の報告の聴取,定員超過の是正命令,予算変更の勧告,法人役員の解職勧告,等が明記)が,「公の支配」に該当するかどうか,の検証が必要となる。そこで憲法89条後段を第二説の立場から捉える限りにおいて,私学に対する公的助成は,違憲となる可能性が高い。しかし,これを第一説に立脚して見た場合,私学振興助成法第12条の「所轄庁の権限」を通じて私学は「公の支配」に属しており,私学に対する公的助成は,合憲であるとの結論に至る。さらに,こうした結論は,a)憲法26条の下で私学教育も公の性質を有していること,b)教育基本法,学校教育法の教育法体系の下で私学の成立・存続が認められていること,c)憲法23条の要請に基づき,とりわけ私立大学の自主性が尊重されるべきであること,など憲法その他の教育法規の規定等から導き出されることになる。

　この点につき,1990(平2)年1月の東京高裁判決は,「公の支配」に属する教育事業において,公の財産の支出・利用が認められるが,その支配の程度は,当該事業が公の利益に沿わない場合にこれを是正し,公の財産の濫費を防ぐことをもって足りる,との見解を示した(東京高判平2.1.29判時1351号47頁)。

参考文献

　安彦忠彦・児島邦宏・藤井千春・田中博之編著『よくわかる教育学原論』ミネルヴァ書房,2012年4月。

　尾崎春樹編『教育法講義――教育制度の解説と主要論点の整理――』悠光堂,

2013年9月。
兼子仁『［新版］教育法』有斐閣，1978年7月。
篠原清昭編著『学校のための法学［第2版］――自律的・協働的な学校をめざして――』ミネルヴァ書房，2008年5月。
土屋基規編著『現代教育制度論』ミネルヴァ書房，2011年6月。
永井憲一『国民の教育権』法律文化社，1973年11月。
畑安次編著『日本国憲法――主権・人権・平和――』ミネルヴァ書房，2010年11月。
早田幸政『入門　法と憲法』ミネルヴァ書房，2014年4月。
堀尾輝久『教育の自由と権利――国民の学習権と教師の責務――』青木書店，1975年3月。
堀尾輝久・兼子仁著『教育と人権』岩波書店，1977年3月。

第2章
教育関係法の体系

● 設 問
1. 日本国憲法を頂点とする我が国教育関係法令の体系について説明してください。
2. 新・旧の教育基本法の異同について論じてください。
3. 新たな教育基本法の制定に伴い，主要教育関係法令に及ぼした影響について述べてください。

1 憲法・教育基本法の体系

　我が国公教育を規律する法秩序として，国の最高法規である憲法を頂点に教育の基本原理を法定化した教育基本法の下，教育に関する法体系が存在する。教育関係法の体系は，初等教育，中等教育，後期中等教育及び高等教育のいずれをもカバーする。但し，高等教育を包摂する法秩序にあっては，「大学の自治」の憲法上の要請に基づき，高等教育機関の自律性が高度に保障されていることや，後述の如く，2004（平16）年度より始動の「認証評価」制度を受け，政府から相対的に独立した認証評価機関の評価基準が高等教育界を規律する規範として公的な通用力を有していること，などから我が国教育関係法の一画に，高等教育を制度的に基礎付けている「高等教育規範体系」という独自の法領域の存在が認められてよい。

　さて，憲法・教育基本法の下に展開される教育関係法の体系は，そこに様々なカテゴリーを想定することができるが，ごく大まかに見れば，a）「教育の基本に関わる分野」，b）「学校教育に関わる分野」，c）「教育職員に関わる分野」，d）「教育行政に関わる分野」，e）「教育財政に関わる分野」，f）「社会教育・生涯学習に関わる分野」，g）「科学技術に関わる分野」，h）「その他」

表2-1 教育関係法の分野と主要法律

分野	主要法律名	備考
教育の基本	日本国憲法，教育基本法など	諸条約（児童の権利に関する条約など）
学校教育	学校教育法，私立学校法，学校図書館法など	
教育職員	地方公務員法，教育公務員特例法，教育職員免許法など	
教育行政	文部科学省設置法，地方教育行政法など	
教育財政	地方財政法，義務教育費国庫負担法，市町村立学校職員給与負担法，人材確保法など	
社会教育・生涯学習	社会教育法，生涯学習振興法，図書館法など	
科学技術	科学技術基本法，産業技術力強化法など	主として，高等教育機関に関わるもの
その他	国家賠償法，環境基本法，民法など	

に区分することができる（表2-1）。

上に見たように，教育関係法は，学校教育法，地方教育行政法（「地方教育行政の組織及び運営に関する法律」）といった学校制度の枠組みに関わる法律を中心に構成されている。しかし，それにとどまるものではない。

1994（平6）年に批准し国内法的効力をもつ「児童の権利に関する条約」も，教育関係法の重要な一翼を担っている。「条約」とは，国家間の権利義務関係に関する文書による法的合意を意味し，その効力は憲法に劣るが，国会の制定法である「法律」には優位する。

このほか，教育関係法に係る法の形式としては，法律の委任に基づき，もしくは法律の規定を具体的に執行するため，国の行政機関によって制定される「政令」や「省令」，国の機関による公示として発せられる法の一形式としての「告示」，地方公共団体の議会の議決を経て制定される「条例」及びその長が定める「規則」，さらには，地方公共団体の機関が定める「規程」等がある。

そして，これら制定法間の効力については，a）上位法は下位法に優先する（制定法の「階層構造性」の意），b）後法は前法に優先する（後で作られた法令の規定が，先に作られた法令の規定に優先する，の意），c）特別法は一般法に優先する（ある領域・事項について，広範な規定ぶりをした法令に対し，特定事項について別異の規定ぶりをした法令が優先される，の意。例えば，一般法である地方

公務員法に対し，一定の事項においての特別法である教育公務員特例法が優先される，といった場合)，とする法の一般原則が，教育関係法にも妥当する。

ところで，教育関係法の中に，こうした制定法以外，「慣習法」，「判例法」，「条理」の存在を認めることはできるであろうか。

教育行政における実務上の扱い等において，最高裁判例を軸とする裁判例が与える影響には相当程度のものがあることから，これに教育関係法としての法源性を認めることは首肯できる。「公序良俗」や「信義誠実」といった私法上の指導原理は，通常の雇用関係や公務員関係に妥当することから，上記原理・原則を教育関係法の解釈上の基本指針，すなわち「条理法」として位置づけることは可能である。しかし，「慣習法」については，その本来的性格が，主として私法関係における継続性や法的安定性の追求といった価値原理の中に見出されることから，教育分野を規律する法規範の中にその存在を認めることには慎重であるべきである。

なお，高等教育分野で制度化された「認証評価」の際に用いられる「評価基準」については，別途考慮が必要である。評価基準の多くは民間団体により定立されたものであるが，それらは学校教育法の関連規定に依拠しその公的通用力が担保されていることから，それを「民間ソフト・ロー」として位置付け教育関係法の法源の一に加える必要がある。

2 1947年（旧）教育基本法

1 基本的意義

明治憲法下における教育の根本理念は，教育勅語によって宣明されていた。教育勅語そのものに法的効力はなかったとはいえ，実質的に，それは当時の教育関係諸法令の根源となる最高指導規範としての役割を担っていた。このこととも関連して，教育行政に係る法令の多くが，天皇大権に基づいて制定される「勅令」の形式で定められていた（「勅令主義」）。しかし，日本国憲法の制定によりそれまでの勅令主義は廃され，憲法41条に基づく「国会中心立法の原則」，「国会単独立法の原則」の確立と憲法73条1号に内在する「法律による行政」という原理的要請に基づき，教育行政を含む全ての行政は「法律主義」に転換した。

(旧)教育基本法は，日本国憲法が制定・公布された1946(昭21)年11月からわずか5か月近く後の1947年3月，学校教育法と同日付で公布・施行された。

　同法は，日本国憲法の基本原理である国民主権を軸とする民主政の実現，基本的人権の尊重，平和主義の精神を踏まえ，憲法の定める教育権の保障事項に関わる趣旨・大綱について規定していた。

　(旧)教育基本法は，同法とともに制定された学校教育法によって形成された教育制度の理念的根拠となったのと併せ，それは，他の教育関係法の根本法としても位置付けられていた。同法が，教育分野において「準憲法的性格」を有すると理解されてきたゆえんである。したがって，(旧)教育基本法は，他の教育関係法に対し，形式的効力において優位するわけではないとはいえ，これら諸法令の制定・運用並びに解釈に当り，その指導指針として同法の理念や趣旨・目的が極力尊重されるべきものとされてきた。同法のもつそうした性格・位置づけは，現行の教育基本法にも基本的に継承されている。

2　内　容

　準憲法的性格を有すると評された(旧)教育基本法は，教育の基本理念，義務教育とその無償化及び教育の機会均等など，日本国憲法の教育権規定の具現化を内容とする基本法であった。また，法形式上も，同法には，憲法同様，前文が付されていたほか，同法の規定構成も簡潔で，教育の目的・方針と教育行政の指導原理が，わずか11条の条文に凝縮されていた。

　このうち「前文」では，民主的で文化的な国家の発展，世界平和と人類の福祉への貢献という二つの理想の実現のため，個人の尊厳を重んじ真理と平和を希求する人間の育成並びに普遍的かつ個性豊かな文化の創造を目指す教育を推進することが宣明された。

　そうした前文の趣旨は，「教育の目的」を定めた1条，「教育の方針」を定めた2条でも具体的に確認された。併せて，1条ではとりわけ，平和な国家と社会の形成に寄与できる国民の育成を教育の目的とすべきことが強調された。2条では，「学問の自由」の尊重の下に教育を展開する必要性についての言及がなされた。

憲法保障事項である法の下の平等原則，教育の機会均等の原則を具体化した規定が，3条「教育の機会均等」，5条「男女共学」の規定である。このうち3条2項では，経済的理由による就学困難者に対する奨学措置を，国及び地方公共団体に対して義務付けていた。同じく憲法保障事項である精神的自由に関連する規定としては，8条「政治教育」，9条「宗教教育」に関する規定が挙げられる。このうち8条1項は「良識ある公民たるに必要な政治的教養」の尊重を謳うとともに，8条2項で，教育の政治的中立性の原則を確認した。また，9条2項が，国・公立学校の宗教的中立性の原則を確認する一方で，9条1項において「宗教に関する寛容の態度及び宗教の社会生活における地位」を教育上尊重することを求めた。

また，6条「学校教育」は，その1項で学校の設置について，2項で「教員」の地位・責務について規定した。そして7条の「社会教育」では，1項で社会教育の奨励について，2項でそのための条件整備の在り方についてそれぞれ規定がなされた。

ところで10条は，教育が「不当な支配」に服することなく，国民に直接責任を負うものとして行われるべきこと（同1項），その自覚の下に，教育行政は教育目的遂行のために必要な条件整備を目指すべきこと（同2項）を内容とする規定であった。この規定の解釈をめぐっては，第1章でも言及したように，児童生徒が発達途上の段階にあることや教育の機会均等を全国レベルで推進していく必要があるという視点から，国は教育内容にまで関与できるという考え方と，児童生徒と教師との精神的営みを通じて展開される「教育」の特殊性に依拠し，教育行政の役割は教育諸条件の整備に限定されるという考え方が，鋭角的に対立してきた。

3　現行教育基本法

1　改正の経緯

（旧）教育基本法は，その制定以降，幾度にもわたって見直し論議が展開されたが，実際の改正までには至らなかった。しかし，2000（平12）年12月の教育改革国民会議「教育改革国民会議報告——教育を変える一七の提案」に

よって「新しい時代にふさわしい教育基本法」の確立を提言したのを契機に，教育基本法改正の方向性が現実味を増した。2003（平15）年3月の中央教育審議会「新しい時代にふさわしい教育基本法と教育振興計画の在り方について（答申）」を受け，従来の教育基本法の改正作業が急ピッチで進められ，2006（平18）年4月，改正教育基本法案が閣議決定された。そして，国会での審議を経た後の2006年12月，従来の教育基本法を全面改正した新たな教育基本法が成立した。

　上記2003年3月中央教育審議会答申は，「現行の教育基本法を貫く『個人の尊厳』，『人格の完成』，『平和的な国家及び社会の形成者』などの理念は，憲法の精神にのっとった普遍的なものとして今後とも大切にしていく」とした上で，「21世紀を切り拓く心豊かでたくましい日本人の育成を目指す観点」から教育基本法改正の必要性を力説した。そして，同答申は，そうした視点として，a）信頼される学校教育の確立，b）「知」の世紀をリードする大学改革の推進，c）家庭の教育力の回復，学校・家庭・地域社会の連携・協力の推進，d）「公共」に主体的に参画する意識や態度の涵養，e）日本の伝統・文化の尊重，郷土や国を愛する心と国際社会の一員としての意識の涵養，f）生涯学習社会の実現，g）教育振興基本計画の策定，の諸点を掲げた。

　同答申が，上記視点から教育基本法の全面改正の提言を行った理由・社会的背景について，当時の中央教育審議会は，次のような認識を抱いていた。そうした認識を基底に据えつつ，教育基本法の改正方向が定められ，これに沿う形で実際の改正作業が進められた。

(i) 青少年の規範意識や道徳心，自律心が低下するとともに，いじめ，不登校，中途退学，学級崩壊等の深刻な問題が存在し，青少年による凶悪犯罪の増加も懸念される。家庭や地域社会では心身の健全な成長を促す教育力が十分に発揮されていない。また，学ぶ意欲の低下が，初等中等教育段階から高等教育段階にまで及んでいる。

(ii) 科学技術の急速な発展と社会構造の変化に伴い，それを支える学問分野は高度に専門分化し，現実社会との乖離が見られる一方で，学問領域の融合により新たな分野も形成されつつある。大学・大学院には，基礎学力と

分野横断的かつ柔軟な思考力・創造力とを有する人材の育成を目指した教育研究体制の構築と，教育研究を通じた社会への貢献が強く求められている。
(iii) 教育基本法制定から半世紀以上の間に我が国社会は著しく変化した。国際社会の大きな変貌に伴い，我が国の立場・役割も変化してきた。現在直面する危機的状況を打破し，新しい時代にふさわしい教育を実現するためには，現行の教育基本法の普遍的理念は大切にしつつ，変化に対応させ今後重視すべき理念を明確化する必要がある。

2 内 容

現行の教育基本法は，旧法同様に「前文」が付されるとともに，旧法よりも多い全18か条の条文によって構成されている。

このうち，「前文」については，表面上は旧法「前文」と類似したものとなっている。現行法においてもそこで，憲法の精神にのっとったものであることが明記されている。異なるのは，「公共の精神」の尊重や「伝統を継承」することの大切さが，新たに文言として付加された点である。次に個別条文ごとに，旧法との違いやその特質等について見ていくこととする。

(i) 教育基本法2条により，「教育の目標」が詳細に定められた。とりわけ，「公共の精神に基づき，主体的に社会の形成に参画し，その発展に寄与する態度を養う」（同条3号），「生命を尊び，自然を大切にし，環境の保全に寄与する態度を養う」（同条4号），「伝統と文化を尊重し，それらをはぐくんできた我が国と郷土を愛するとともに，他国を尊重し，国際社会の平和と発展に寄与する態度を養う」（同条5号）ことを教育の目標に措定した。このうち，2条5号で郷土愛・愛国心の涵養を教育目標の一に掲げたことに対し，大きな議論が巻き起こったことは周知の如くである。
(ii) 「教育の機会均等」を定めた4条に，新たに障がい者への教育支援に関する条項が追加された（4条2項）。
(iii) 「義務教育」を定めた5条に，義務教育の目的と実施責任に関する条項が追加された（5条2項，3項）。

(ⅳ) 「大学」に関する規定が新設され，そこで大学の使命並びに自主性，自律性の尊重が明記された（7条）。
(ⅴ) 「私立学校」に関する規定が新設され，私立学校の公教育機関としての地位や私学助成の意義について定められた（8条）。
(ⅵ) 「教員」に関する9条において，「教員」には「絶えず研究と修養」に励む努力義務があること，その身分は尊重され待遇の適正が期せられるとともに，「養成と研修の充実」を図るべきことが強調された（9条1項，2項）。
(ⅶ) 「家庭教育」に関する条文が新設され，家庭教育の意義・目的，家庭教育への支援の必要性が明定された（10条）。このことと併せ，「学校，家庭及び地域住民等の相互の連携協力」に関する規定も新設された（13条）。
(ⅷ) 「教育行政」を規定した16条では，旧法同様，教育が「不当な支配」に服してはならないことを確認しつつも，それ以外は全面変更され，「この法律及び他の法律の定めるところにより行われるべきものであり，教育行政は，国と地方公共団体との適切な役割分担及び相互の協力の下，公正かつ適正に行われなければならない」との文言に改められた（16条1項）。また，国及び地方公共団体の行財政上の役割を示した条項が新設・付加された（同2～4項）。本条に対しても周知の如く，同規定が教育内容への容喙を正当化するための根拠条文として機能するとする批判が提起された。
(ⅸ) 「教育振興基本計画」に関する規定が新設され，国が総合的，体系的に策定する教育に係る基本計画の法的根拠が明確化された。
(ⅹ) このほか，「生涯学習の理念」（3条），「幼児期の教育」（11条）等に関わる定めが新設された。

3 意 義

従来の教育基本法を大幅改正し新たに誕生した現行の教育基本法に対しては，その成立経緯も含めその意義及び規定内容に対する評価は大きく分かれている。本項では，現行教育基本法の積極的意義について述べた後に，議論展開されてきた課題について若干の私見を述べることとする。

積極的意義の第一は，教育基本法は，旧法が初・中等教育（これに加えせい

ぜい後期中等教育まで）を対象領域としていたのに対し，初等教育から高等教育までをも俯瞰した公教育全体を視野に収めた基本規定によって構成されている，ということである。関連して，旧法が表見上，国・公立学校をその主たる対象としていたようにも見受けられたのに対し，現行法は，明文をもって，公教育における私立学校の位置付けを明確にした。

　第二は，家庭教育の大切さを明文を以て改めて確認するとともに，学校を軸とした家庭・地域社会との教育連携の必要性が規定化された，ということである。都市化や地方での過疎化，少子高齢化，雇用環境・条件の不安定化等が影響し，家庭や地域社会の教育力の低下が危惧されて久しい。子どものモラルや学ぶ意欲の低下，学校におけるいじめや不登校・中途退学の恒常化，少年犯罪の増加等の深刻な問題に対して，家庭・地域社会の教育力を回復させ，学校との連携関係の中でこれら課題に向き合いその解決を図ることの必要性を法律の規定として明示したことには，相当程度の意義がある。

　第三は，教育振興の方針と施策の大綱を示した「教育振興基本計画」を策定し国会に報告するとともに，これを公表するという国の責務を定めた根拠規定が新規に創設された，ということである。こうした責務が法定化され，その履行が法的に担保されることによって，国民に開かれた教育政策の展開が具現化できると考える。そして，同規定に基づいて，2008（平20）年7月，初等教育から高等教育までを視野に収めた「第一期教育振興基本計画」が閣議決定された。現在それは，2013（平25）年6月閣議決定の「第二期教育振興基本計画」に引き継がれている。

　ところで，現行の教育基本法に対しては，これまでに次のような問題点が指摘されてきた。ここでは，主要論点を三点に限定し私見を述べることとする。

　その第一が，（旧）教育基本法に見られた憲法との一体性が，現行法において希薄化されているという指摘についてである。その主張の大きな根拠が，旧法の前文に見られた同法の精神が憲法に由来するものであるとともに，憲法の希求する理念実現における教育という営為の大切さを謳った文言が，現行法から除去されているという点にある。確かに現行法「前文」における憲法の位置付けに係る文言は簡潔に過ぎるきらいがある。また，条文全体を見ても，憲法由来の教育理念の希薄化が認められる一方で，国・地方公共団体が教育行政に

おいて果たす責務が前面に押し出されている観は否めない。このことが，公教育分野における憲法保障の後退を意味するのか，あるいは，現行法がより実践的な視点から教育の基本となる法制度の確立を指向しているのか，中・長期的展望の下で，今後の教育関係法の制定・改廃の動向を見据えその判断を行う以外に道はないものと考える。

　第二は，「公共の精神」を尊ぶことが「前文」で強調されるとともに，そうした公共の精神や「我が国と郷土を愛する」態度の涵養が，教育基本法上の教育目標として明定されたことに対し，それが，特定の価値の押し付けを公教育の領域に持ち込もうとするものであるとする指摘についてである。この指摘では同時に，とりわけ愛国心を教育目標に掲げることに対し，それが憲法19条の保障する思想・良心の自由を侵害するものである，とする主張もなされている。確かに，従来より法理論上も，「公共」概念の不明確性とともに，「法」を遵守することの大切さとあわせ「法」と「正義」の相克をいかに解決していけばよいのか，という点をめぐり掘り下げた議論が展開されてきた。また，学校現場で多発してきた「君が代・日の丸問題」に対して，最高裁判決を含め判例は微妙な判断を余儀なくされてきた。このことは，この問題の解が簡単に見つかるものでないことを意味している。ただ，これら規定の文言に対する現行教育基本法の目指す意図を推認するに当り，将来の民主政を担う「市民性」を育むための条件・前提として「公共の精神」の涵養が語られているようにも読めること，愛国心の涵養が「偏狭な愛国教育」ではなく，国際協調・国際平和と対のものとして文言表記されていること，にも十分留意する必要がある。

　第三が，旧法10条1項における教育が「国民全体に対し直接に責任を負つて行われるべき」との文言が削除された一方で，現行法16条1項ではそれが「この法律および他の法律の定めるところにより行われるべき」と改められたことに伴い，教育行政を一般行政と同列に扱うことが指向されることとなったという指摘についてである。現行法においても，「教育は不当な支配に服することなく」の文言は旧法より継承され，教育の中立性，とりわけ政治的中立性を保障していると見るべきである。問題は，政党制に立脚して運用される民主政下の法治行政を通じて，教育の不偏不党がどの程度まで確保できるか慎重な判断が必要とされる点である。ただ，旧法10条1項の文言が，そうした教育

内容への政治や行政の不介入を厳格に要請していたと見ることに対しては，解釈上やや無理があったのではないかと考える。

4　現行教育基本法下における教育関係法改正の主要動向

1　教育三法案

　2006（平18）年12月，現行教育基本法が公布・施行されたことを受け，2007（平19）年初頭には，教育関係法制の改正方向について教育再生会議，中央教育審議会で審議がなされた後，「教育三法」案が国会に上程され，同年6月に同案は成立した。ここに言う「教育三法」案とは，「学校教育法」，「地方教育行政の組織及び運営に関する法律」，「『教育職員免許法』及び『教育公務員特例法』」の各法案を指す。

2　学校教育法の改正

　このうち，学校教育法については，おおよそ次のような改正がなされた。

　その第一は，教育基本法が「教育の目標」を詳細に定めたことを受け，新たに義務教育に係る「教育の目標」が設定（学教法21条）されると同時に，幼稚園から大学までの学校の種類ごとの「目的」が見直され，その各々の「教育の目標」が従来に比し精緻に規定された，という点である。これら教育目標に関する法改正は，2008（平20）年9月の学習指導要領に直截的に反映されるとともに，そこで道徳教育の一層の充実が指向されることとなった。このこととやや関連する事柄として，従来の学校教育法では「教科に関する事項」は文部科学大臣が定めるとされていたのが改められ，それが「教育課程に関する事項」へと変更（学教法33条，48条）された。このことに対しては，文部科学大臣の教育内容への関与の権限が「教科」から「教育課程」の全体にまで拡大されたことを懸念する意見もある。

　第二は，小学校や中学校等に，副校長，主幹教諭，指導教諭などといった新たな職を置くことができることとなった（学教法37条等），という点である。校長のリーダーシップの下，それぞれの学校における系統的かつ効率な運営を確保するために，階層構造をもった「教員」の組織体制の確立が目指されたの

である。

　第三は,「学校評価」と「情報提供」に関する規定の整備がなされた,という点である。これにより各学校は,自身の活動を評価しその結果を学校運営の改善に結び付ける（学教法42条等）とともに,教育活動を含む学校運営に関する情報を保護者や地域住民に積極的に提供する（学教法43条等）ことが求められることとなった。

　なお高等教育の領域においては,2014（平26）年6月学校教育法の改正が行われ,学長のリーダーシップの下,大学の円滑な運営体制を確立するという視点から,副学長の職務の拡充（学教法92条4項）,教授会の「審議機関」としての役割の明確化（93条）に関わる規定の整備がなされた。

3　地方教育行政の組織及び運営に関する法律（地方教育行政法）の改正

　地方教育行政法でも,多くの規定改正がなされた。

　その第一として,教育基本法16条の趣旨を受け,地方教育行政の基本理念の明確化に関する規定が新設された（地教行法1条の2）。

　第二に,教育委員会の組織に関し,教育委員の数の弾力化を図るとともに,保護者の意向を教育行政に反映させるという趣旨に基づき,委員中に「保護者」を含めることを義務付けた（地教行法3条,（旧）4条4項,（現行規定）同条5項）。

　第三に,教育委員会が自ら管理・執行すべき事務を「教育長に委任できない事務の明確化」という形で明らかにした。そうした事務として, a）教育に関する事務の管理・執行の基本方針の策定, b）教育委員会規則その他の委員会規則の制定・改廃, c）学校その他の教育機関の設置・廃止, d）学校その他の教育機関の職員人事, e）教育委員会の活動の点検・評価, f）予算に関する意見の申出,が挙げられている（地教行法（旧）26条2項,（現行）25条2項）。

　第四に,教育委員会の事務の管理・執行の状況を点検・評価し,その結果を議会に提出するとともに,これを公表することが義務付けられた（地教行法（旧）27条,（現行）26条）。

　第五に,教育委員会の事務の管理・執行において法令違反や不作為が認められる場合,文部科学大臣は当該教育委員会に対し,是正のための助言や指示を

行うとともに，これを当該地方公共団体の長と議会に通知するものとする規定が整備された（地教行法49条，50条（現行規定では，若干の文言変更），50条の2）。

　なお，地方教育行政の仕組みについては，2014年6月の地方教育行政法の改正によりさらに大幅な変更が招来された。すなわち同法の改正によって，a）教育委員会は教育長及び委員によって組織されること（3条），b）地方公共団体の長が議会の同意を得て任命する教育長が，教育委員会の会務を総理し教育委員会を代表すること（13条1項），c）地方公共団体の長は，地方公共団体の長及び教育委員会により構成される総合教育会議を設置すること（1条の4），d）地方公共団体の長は，総合教育会議での協議の後，当該地方公共団体の教育，学術及び文化の振興に関する総合的な施策の大綱を定めること（1条の3），等を内容とする規定の整備が図られたのである。

4　教育職員免許法及び教育公務員特例法の改正

　教育職員免許法関連の主な改正点は，次の通りである。

　普通免許状及び特別免許状に10年という有効期間が定められた（教職免許法9条）。そして，期間満了の際，申請により免許状の有効期間を更新できるものとするとともに，免許管理者は，免許状更新講習の課程を修了した者等についてその更新を認めるものとした（「教員免許更新制」の導入）（同法9条の2等）。

　教育公務員特例法の主な改正点は，次の通りである。

　上記教員免許更新制と連動する措置として，「指導が不適切な教員」と認定された者は「指導改善研修」を受けることが義務付けられるとともに，研修終了時に，改善が不十分でなお教育指導を適切には行えないと認定された場合，分限免職等の措置が講じられることとなった（教特法25条の2，25条の3）。

参考文献

　安彦忠彦・児島邦宏・藤井千春・田中博之編著『よくわかる教育学原論』ミネルヴァ書房，2012年4月。

　尾﨑春樹編『教育法講義——教育制度の解説と主要論点の整理——』悠光堂，

2013年9月。

川野司『実践！ 学校教育入門——小中学校の教育を考える——』昭和堂，2011年4月。

教育法令研究会編著『図表でわかる教育法令［第2次改訂版］』学陽書房，2010年1月。

河野和清編著『新しい教育行政学』ミネルヴァ書房，2014年4月。

佐藤晴雄『現代教育概論［第3次改訂版］』学陽書房，2011年4月。

篠原清昭編著『学校のための法学［第2版］——自律的・協働的な学校をめざして——』ミネルヴァ書房，2008年5月。

土屋基規編著『現代教育制度論』ミネルヴァ書房，2011年6月。

嶺井正也編著『ステップアップ教育学』八千代出版，2011年5月。

第3章

教職と教員養成・研修

● 設 問
1．教員の種類及びその指揮系統について述べてください。
2．教員養成の仕組みについて説明してください。
3．教員免許状の種類と教員の「職」の関係について述べた上で，各教員免許状の特質を説明してください。
4．法定化された教員研修制度及び教員免許更新制度の各々の内容と意義さらに両者の関係性について論じてください。

1　教職員制度

1　教員の種類

　学校に配置される教職員は，直接的に教育活動を担う教育職員（本章では，以下これを「教員」と記す）とその教育活動を事務処理面から支える事務職員で成り立っている。小・中・高等学校等の各学校に置かれる教職員の種類については，主に学校教育法がこれを定めている。

　同法に基づき，小学校，中学校にあっては，教員のうち，校長，教頭，教諭，養護教諭が必置の職とされる。また，副校長，主幹教諭，指導教諭，栄養教諭等の職が任意設置とされる（学教法37条1項，2項，49条）。また高等学校の場合，校長，教頭，教諭が必置とされるほか，任意設置の職として，副校長，主幹教諭，指導教諭，養護教諭，栄養教諭等を置くことができる（学教法60条1項，2項）。さらに，幼稚園，中等教育学校，特別支援学校についても，それぞれ学校教育法27条1項，2項，69条1項，2項，82条で教員の職についての必置，任意設置に関わる類似の定めがなされている。なお，学校には，図書館の専門的業務をつかさどる司書教諭を置くものとされている（学校図書館

法5条1項)。

　このように，学校に配置される教員の職は，おおよそ「校長―副校長（教頭）―主幹教諭―指導教諭―教諭」のラインで構成されている。それが垂直的な階層構造性を帯びていることに着目して，学校のガバナンスを機動的かつ組織的，効率的に進めていくシステムとしてこれを肯定的に評価する意見がある一方で，学校の「役所化」や「企業化」につながりかねず，果たしてそれが教育現場に相応しい仕組みなのかどうかの再検討の必要性を主張する意見も見られる。

　一方，事務職員については，学校教育法37条1項，49条，60条1項が小・中・高等学校でこれを必置の職としている（ただし，特別の事情のある場合，これを置かないこともできる）。

　また，学校教育法施行規則65条，79条，104条1項に学校用務員に関する規定が置かれている。このほか，学校保健安全法の各規定により，学校医，学校歯科医，学校薬剤師を置くものとされる。

　独立の職ではない「当て職」として，学校教育法施行規則は，各種の主任の職に関する定めを設けている。具体的に見ると，小学校には，指導教諭または教諭をもって充てられる「教務主任」，「学年主任」が置かれるほか，指導教諭，教諭または養護教諭が充てられる「保健主事」等が置かれる（学教法施行規則44条1項，3項，45条1項，3項）。中学校には，小学校の場合同様に，「教務主任」，「学年主任」，「保健主事」が置かれるほか，指導教諭または教諭が充てられる「生徒指導主事」，同様に指導教諭または教諭が充てられる「進路指導主事」等が置かれる（学教法施行規則70条1項，3項，71条）。さらに高等学校の場合，「教務主任」，「学年主任」，「保健主事」，「生徒指導主事」，「進路指導主事」が置かれる以外に，指導教諭または教諭が充てられる「学科主任」等が置かれる（学教法施行規則81条1項，3項，104条1項）。このほか，学校教育法施行規則は，それぞれの学校の必要に応じ，校務分担のための主任等を置くことを認めている（47条，79条，104条1項）。例えば，教科主任，道徳教育主任，研修主任等がこれに該当する。これら主任の役割は，もっぱら校務の分担に関わる企画や教員間の連絡調整それに教員への助言等を行う役割を担うのであって，他の教員との間の職制上の上下関係は存在せず，職務命令を発する権

限もない（「主任」が学校運営において果たす役割については，第8章「学校管理と学校経営」第3節第2項「②主任制度と校務分掌」を参照)。

　ところで，今日，教職員の役割分担と連携の在り方を見直して，多様な専門スタッフを配置し，学校組織全体を「チーム学校」として捉え，複雑多岐に亘る課題に対処する構想が具体化されつつある。この「チーム学校」の考え方に関し，2015（平27）年12月の中央教育審議会「これからの学校教育を担う教員の資質の向上について――学び合い，高め合う教員育成コミュニティの構築に向けて――（答申）」は，その意義を次の諸点において具体的に明らかにした。すなわちそこでは，a）「チーム学校」の中心的役割は「教え」，「学び」の双方の専門家である教員が担うこと，b）今後求められる「新たな教師像」とは，十全な教科指導が行える「教え」の専門家であることを前提に，「アクティブ・ラーニング」（課題の発見・解決に向け主体的・協働的に学ぶ学習）の視点に立って，学習・指導方法を改善するとともに，学習評価の改善や「カリキュラム・マネジメント」を担える力を備えた人材であること，c）そうした高度専門人材を教育現場に呼び込むために，教員の養成・採用・研修のシステム改革とその一体運用が必要不可欠であること，d）教員は「学校作りのチームの一員」として，専門的能力を身に付けるとともに，「チーム学校」の考え方の下で，多様な専門性をもつ人材（スクールカウンセラーやスクールソーシャルワーカーその他外部の専門家などを含む）と効果的に連携・分担し，諸課題に組織的・協働的に取り組むべきこと，等の提言がなされたのである。

　上記答申と同時に公にされた中央教育審議会「チームとしての学校の在り方と今後の改善方策について（答申）」は，「チーム学校」の一翼を占める専門的職員の充実・強化策として，ICT支援員や学校司書の配置の充実，質の高い外国語指導助手（ALT）の確保等に係る提言も行った。加えて，そこでは，教員とともに部活動の指導や引率等に当る新たな職としての「部活動指導員（仮称）」の在り方について検討していく方向性が示された。

2　教員の資格

　教員は，教育職員免許法3条1項で，同法により「授与する各相当の免許状を有する者でなければならない」と定める。もっとも，免許状をもたない非常

勤講師が，限定された条件の下で教育や実習の任に当ることを認める例外規定も設けられている（教職免許法3条の2）。

ところで，教育職員免許法が対象とする教員とは，学校教育法1条が定める幼稚園，小学校，中学校，義務教育学校，高等学校，中等教育学校，特別支援学校といった「学校」（いわゆる「1条校」）の主幹教諭，指導教諭，教諭，助教諭，養護教諭，養護助教諭，栄養教諭及び講師を指す（教職免許法2条1項）。

教員になるためには，教育職員免許法に依拠する免許状を有している必要があるが，これと併せ，学校教育法9条は，成年被後見人または被保佐人，禁錮以上の刑に処せられた者，などいくつかの教員の欠格事由について規定する。そしてこれとは別に，教育職員免許法5条は，免許状授与の要件を詳細に規定する。

校長の資格については，別途，学校教育法施行規則20条が詳細に規定する。そこでは，教育職員免許法の定める所定の免許状を有し，同条1号に規定する「教育に関する職」に5年以上在職した者，その他「教育に関する職」に10年以上在職した者（同条2号），の2種が定められている。私立学校長については，同施行規則20条の規定により難い特別の事情がある場合，「5年以上教育に関する職又は教育，学術に関する業務に従事し，かつ，教育に関し高い識見を有する者」を校長有資格者として認めている（学教法施行規則21条）。加えて，国・公・私立のいずれにおいても，「学校の運営上特に必要がある場合」には，教員免許状がなく，教職未経験者であっても，同施行規則20条の定める校長としての「資格を有する者と同等の資質を有すると認める者」を校長に登用することができる（学教法施行規則22条）（同条は，「民間人校長」の登用に道を開くものである。同制度の内容・意義等については，第13章「「開かれた学校」，「地域とともにある学校」づくりと保護者・地域，学校間の関係」第4節「民間人校長」を参照）。

なお，副校長及び教頭の資格に関しても，学校教育法施行規則20～22条が準用される（学教法施行規則23条）。

校長の欠格事由については教員と同様である（学教法9条）。

2　教員養成と教員免許

1　大学における教員養成の仕組み

①教職課程

　教員となるためには，教育職員免許法に基づく免許状が授与されることが必要である。

　戦前は，初・中等教育を担う教員は，師範学校で養成されていたが，戦後，「大学における教員養成」の原則と「免許状取得の開放制」の原則の下，閉鎖的な師範教育制度が抜本的に見直された。そして，教員養成系の大学・学部の修了者に限定されることなく，国・公・私立大学の多様な専門分野を修め，かつ教育職員免許法の定めるカリキュラムの所定科目の単位を履修した者に対して，免許状が授与され教員資格が認められることとなった。

　教員志望の学生のために，教育職員免許法に依拠して大学が用意した教員養成のための特別のカリキュラムのことを「教職課程」と呼ぶ。

　教職課程は，教育職員免許法施行規則の定めるa）「教職に関する科目」（「教育実習」，「教職実践演習」を含む），b）「教科に関する科目」c）「教科又は教職に関する科目」等の分野から構成されている。そして，教員志望の学生は，教員免許状の種類に応じ，それぞれの分野に位置付けられる科目の必要単位数を履修するとともに，「日本国憲法」，「体育」，「外国語コミュニケーション」，「情報機器の操作」に関わる科目を修得することが必要とされている。さらに，1998（平10）年度より，「小学校及び中学校の教諭の普通免許状授与に係る教育職員免許法の特例等に関する法律」及び同施行規則により，小・中学校の普通免許状取得希望者に対しては，特別支援学校で2日間，社会福祉施設で5日間，計7日間の「介護等の体験」が義務付けられ，免許状申請に当たり，介護体験をした施設が発行した証明書を添付することが求められるようになった（表3-1）。

　なお，上記「教職実践演習」は，教職者として必要とされる意識を育むとともに，学校現場で実践的に対応できる基本的な資質・能力の涵養を図るために創設された科目である。2010（平22）年度入学生から，原則4年度後期にその

表3-1　小・中・高等学校教員免許状取得のための必要単位数

免許状の種類	所要資格	大学等で修得すべき必要履修単位数				合計単位数
		教科に関する科目	教職に関する科目	教科又は教職に関する科目	その他の科目*	
小学校教諭	専修免許状	8	41	34	8	91
	一種免許状	8	41	10	8	67
	二種免許状	4	31	2	8	45
中学校教諭	専修免許状	20	31	32	8	91
	一種免許状	20	31	8	8	67
	二種免許状	10	21	4	8	43
高等学校教諭	専修免許状	20	23	40	8	91
	一種免許状	20	23	16	8	67

(注)＊：「その他の科目」は，日本国憲法，体育，外国語コミュニケーション，情報機器の操作である。
(出所)　教育職員免許法「別表第1」を基に作成。

履修が必要とされている。「教職実践演習」の大きな特徴は，受講者には教職科目の履修・学修の状況を記した「履修カルテ」の作成・活用が求められている点にある。

②教職課程の認定

教職課程の認定（＝「課程認定」）とは，大学等に開設された教職課程を対象に文部科学大臣により実施されるもので，教育職員免許法の定める要件への適合状況の審査・認定のことを言う。具体的な審査は，「課程認定審査基準」によって行われる。課程認定は，教員養成のための教育が全ての大学で行えることとなった開放制教員養成制度と対をなす制度措置であり，1953（昭28）年の教育職員免許法の改正に伴って今日まで実施されてきた。

大学・学部・学科等の設置認可の審査は，大学設置基準等の設置基準に依拠し，大学設置・学校法人審議会によって行われる。教職課程は，これとは別に，追加的な形でその審査・認定が行われる。審査業務は，当初，教育職員養成審議会が担っていたが，1999（平11）年の文部科学省設置法の改正に伴う審議会の整理により，現在，その役割は中央教育審議会初等中等教育分科会教員養成部会の付託を受け，「課程認定委員会」が担っている。

課程認定は，本来，教員養成教育の質を担保することを目的とする制度措置であった。これまで，主に，開放制教員養成の実体に対しては，教員養成を目

的とする教育課程であるとの自覚が大学側に希薄であるという批判や，適切な知識・能力判定の裏付けを伴うことなく，安易に教員免許状の交付が行われているのではないかという懐疑の念が伏在してきた。こうした批判等を受け，課程認定のための審査を厳格化する動きが急速に進んでいるほか，「教職課程認定大学実地視察規程」に基づき，教職課程の水準の維持・向上と教員養成機能の強化を図ることを目的に，上記課程認定委員会が，課程認定を行うにとどまらず，既存の全ての課程認定大学を対象として教職課程の総点検と実地視察を実施している。実地視察の結果は，文部科学省ホームページ等で公表される。

　さらに，教職課程に対する認定後の事後チェックを，国から独立した第三者機関で行うためのシステムづくりも具体化しつつある（「教職課程を対象とするアクレディテーション・システムの構築」）。

　③教員養成における当面の検討課題

　子どもに教育上の付加価値をつけて有為な人材として社会に送り出すという公教育の役割の重要性への認識が高まってきたことに呼応して，教員に対しては，「学力の3要素（知識・技能，課題解決のために必要な思考力・判断力・表現力，主体的に学習に取り組む態度・志向性）」に裏打ちされた「確かな学力」を児童生徒に育むための指導力を身に付けることが強く要請されている。そして，アクティブ・ラーニングの視点に立った授業設計，ICTを活用した指導，児童生徒の発達段階や学校・地域の実情を考慮に入れたカリキュラム・マネジメントに係る基礎的能力の涵養が教員一人一人に，今求められているのである。

　こうした「新たな教師像」に整合できる教員を大学教育の中で養成していくために，教職課程の学生，教員双方に対する「教職」への深い理解に係る意識改革の重要性，大学における教員養成カリキュラムの抜本改革，大学と教育現場，さらには教育委員会との連携強化の必要性が関係各方面から強く主張されてきている。

　さらに，教職課程の質の向上を促すため，既存の制度の運用強化を図るにとどまらずに，質保証の仕組みの一層の充実の必要性も強調されつつある。この点につき，前述の2015年12月の中央教育審議会「これからの学校教育を担う教員の資質の向上について（答申）」は，その質保証の在り方について，a）教職支援センター等，教職課程を統括する組織や教職大学院を中心に，教職課

程の科目担当教員のファカルティ・デベロップメント（FD）の取組を進める，b）教職課程における自己点検・評価の実施を制度化する，c）教職大学院を対象とした専門職大学院認証評価機関である「教員養成評価機構」が，教員養成教育の第三者評価機関となることも含め，様々な評価主体による第三者評価の営みを国として促進・支援する，とする提言を提起した。

2 教員免許状の種類と内容・取得要件

①教員免許状の種類

教員は，教育職員免許法に基づき授与される「各相当の免許状」を有していることが求められる（教職免許法3条1項）。

教員免許状の種類は，学校の種類に応じた教諭の免許状，助教諭の免許状とそうした校種を問わない免許状である養護教諭，栄養教諭の各免許状に区分される。

主幹教諭及び指導教諭については各相当学校の「教諭」の免許状をもつ者を，養護を掌る主幹教諭については「養護教諭」の免許状をもつ者を，栄養の指導・管理をつかさどる主幹教諭については「栄養教諭」の免許をもつ者をそれぞれ充てるとともに，固有の免許状の存在しない講師については，「各相当学校の教員の相当免許状を有する者」が充てられる（教職免許法3条2項）。但し，非常勤講師については，例外的措置として，「各相当学校の教員の相当免許状を有しない者」を充当することを認めている（教職免許法3条の2）。

特別支援学校の教員（養護教諭，栄養教諭，特別支援学校で「自立教科」（＝理療，理学療法，理容その他の職業における知識・技能の修得に関する教科）等を担当する教員等を除く）については，特別支援学校の教員免許状のほか，特別支援学校の各部に相当する学校の教員免許状を有していることが求められる（教職免許法3条3項）。中等教育学校の教員（養護教諭，栄養教諭等を除く）については，中学校，高等学校の双方の教員免許状が必要である（教職免許法3条4項）。

教員免許状は，その取得方法や効力の違い等によって，普通免許状，特別免許状，臨時免許状の別に区別されている（教職免許法4条1項）。これら免許状の授与権者は，都道府県の教育委員会である（教職免許法5条7項）。

②普通免許状

　普通免許状は，中等教育学校等を除く，学校の種類ごとの教諭及び学校の種類を問わない養護教諭，栄養教諭の免許状である（教職免許法4条2項）。普通免許状は，教育職員免許法「別表」の定める基礎資格を有し，かつ大学等で教科，教職等に関する科目を修得した者もしくは教育職員免許法6条に依拠する教育職員検定に合格した者に授与される。ただし，教育職員免許法5条1項1～7号の欠格条件に該当するものは除く。

　普通免許状は，大学院修士課程修了程度の「専修免許状」，大学学部卒業程度の「一種免許状」，短期大学卒業程度の「二種免許状」（二種免許状は，高等学校教諭には妥当しない）に分けられる。

　中学校及び高等学校の教員の普通免許状（及び，後述の臨時免許状）は，各教科別に授与される（教職免許法4条5項）。

　免許状の効力は全ての都道府県において有効で，有効期間は「その授与の日の翌日から起算して10年を経過する日の属する年度の末日」までである（教職免許法9条1項）。

③特別免許状

　特別免許状は，幼稚園，中等教育学校等を除く，学校の種類ごとの教諭の免許状である（教職免許法4条3項）。小学校教諭，中学校教諭及び高等学校教諭の特別免許状は，教育職員免許法4条6項の指定する「教科又は事項について授与」される。

　特別免許状は，免許状をもたない社会人で，特に優れた知識・経験や技術をもつ者を学校現場に迎え入れるために導入されたもので，都道府県教育委員会が行う「教育職員検定に合格した者に授与」される（欠格条件については，普通免許状の場合と同様である）（教職免許法5条3項）。特別免許状における教職員検定の対象者は，「担当する教科に関する専門的な知識経験又は技能を有する者」，「社会的信望があり，かつ，教員の職務を行うのに必要な熱意と識見を持っている者」の双方の要件を充たしていることが必要である（教職免許法5条4項1号，2号）。特別免許状制度の活用に関し，国は，教員採用選考試験における社会人特別選考の実施の中で，その受験資格を免許状保持者に限定しないこと等により，同制度の積極活用を促してきた（平14.6.28文科初430事務次官通知）。

特別免許状の効力は，免許状の授与権者の置かれる都道府県限りのものとなり，有効期間は「その授与の日の翌日から起算して10年を経過する日の属する年度の末日」までである（教職免許法9条2項）。

④臨時免許状

臨時免許状は，中等教育学校等を除く，学校の種類ごとの助教諭及び養護助教諭の免許状である（教職免許法4条4項）。

臨時免許状は，「普通免許状を有する者を採用できない場合」の例外的措置として，教育職員検定に合格した者に授与される（欠格条件については，普通免許状の場合と同様）（教職免許法5条6項本文）。高等学校助教諭の臨時免許状は，短期大学の修了者もしくはこれと同等以上の資格を有すると文部科学大臣が認めた者についてのみ授与される（教職免許法5条6項但書及び同項1号，2号）。

臨時免許状の効力は，免許状の授与権者の置かれる都道府県限りで有効で，その有効期間は「免許状を授与した時から3年間」とされている（教職免許法9条3項）。

⑤免許状の更新

普通免許状または特別免許状を有する者の申請により，免許管理者（都道府県教育委員会）は，その有効期限を更新することができる（教職免許法9条の2第1項）。

免許状の更新は，「免許状更新講習の課程を修了した者」及び知識技能等を勘案し同講習の受講は不必要であるとして「文部科学省令で定めるところにより免許管理者が認めた者」に対して行われる（教職免許法9条の2第3項）。ただし，後述する「指導改善研修」を命ぜられた者は，その期間が終了するまでは免許状更新講習を受けることはできない（教職免許法9条の3第4項）。

更新を受けた免許状の有効期間は，10年である（教職免許法9条の2第4項）（教員免許更新制については本章第3節第3項「教員免許更新制と免許状更新講習」47頁以下で詳細に言及）。

⑥免許状の失効・取上げ

免許状保持者が次のいずれか，すなわちa）成年被後見人または被保佐人，禁錮以上の刑に処せられた者，b）日本国憲法またはその下に成立している政府を暴力で破壊することを主張する政党等を結成しこれに加入した者，c）公

立学校教員で懲戒免職処分を受けたとき，d）公立学校教員（条件付採用期間中の者，臨時的任用の者を除く）で，勤務成績不良または教員としての適格性に欠けるとして分限免職処分を受けたとき，に該当する場合，免許状は失効する（教職免許法10条）。

免許管理者は，上記の如く，懲戒免職事由に相当するとして教員を解雇された者から，その免許状を取り上げる（教職免許法11条1項）。また，免許管理者は，a）国・私立学校の教員（条件付採用期間中の者，臨時的任用の者を含む）で，上記公立学校教員の分限免職事由に相当するものとして解雇されたと認められるとき，b）条件付任用及び臨時的任用の公立学校教員で，勤務成績不良または教員としての適格性に欠けるとして分限免職処分を受けたとき，に該当する場合，その者の免許状を取上げる（教職免許法11条2項）。さらに現職教員ではないものの，免許状を保持している者が，「法令の規定に故意に違反し，又は教育職員たるにふさわしくない非行があつて，その情状が重いと認められるとき」，免許管理者はその免許を取り上げることができる（教職免許法11条3項）。

免許状取上げ処分の該当者が免許管理者から当該処分の通知を受けた日を以て，その免許状は失効する（教職免許法11条4項）。免許状の失効理由とされた懲戒免職処分が取消しまたは無効とされた場合，いったん失効した免許状の効力は，処分の日に遡って有効となる（平14.6.28文科初430事務次官通知）。

⑦免許状主義の例外

教員は，教育職員免許法に基づき授与される所要の免許状を有していなければならないが，免許状主義の例外として，大きく特別非常勤講師制度（教職免許法3条の2）と専科担任制度の二種がある。

特別非常勤制度は，免許状をもたない優れた知識・経験等をもつ社会人を学校現場に迎え入れ，一部教科等（例えば，芸術等の領域）の非常勤講師に充てるものである。非常勤講師を任命・雇用するに当っては，都道府県教育委員会への届出が必要である（教職免許法3条の2第2項）。

専科担任制度とは，中学校や高等学校の教諭の免許状をもつ者が，小学校において相当する教科等の教諭等になり（特別支援学校の小学部の教諭等については，特別支援学校の教員免許状が必要）（教職免許法16条の5第1項），高等学校

の専門教科等の免許状を有する者が，中学校において相当する教科等の教諭等となることができる（特別支援学校の中学部の教諭等については，上記同様の扱い）（教職免許法16条の5第2項），とする制度である。他校種免許状による専科担任の任用に当っては，適切な転任，兼職等の手続を行うとともに，兼職させる場合，当該教員の負担加重とならないよう，また児童生徒の指導に支障が生じないよう，校務分掌を適切に整える等の配慮措置が必要とされる（平14.6.28文科初430事務次官通知）。

⑧小中一貫教育と教員免許制度

国家戦略として我が国の将来を支える人材を質・量の両面から充実・確保するという視点に立脚し，現行の「学制」の抜本的な見直しを提言した2014（平26）年7月の教育再生会議「今後の学制等の在り方について（第5次提言）」は，義務教育における学校段階間の移行を円滑にさせる学校間連携や小中一貫教育に係る教育制度の創設を提言した。

同提言を受け，同年12月，中央教育審議会「子供の発達や学習者の意欲・能力等に応じた柔軟かつ効果的な教育システムの構築について（答申）」が公にされた。同答申は，小中一貫教育と教員免許制度との関係性につき，a）一体的な組織体制の下，9年一貫の系統的な教育課程を編成することのできる新たな「学校種」を設ける等，設置者が地域の実情を踏まえ，小中一貫教育を円滑かつ効果的に導入できる環境を整備すべきこと，b）当分の間，小・中学校のいずれかの教員免許状を有することを以て，相当の課程を指導できること，c）小・中学校教員が，双方の教員免許状の併有を促進させるための措置として，教職経験等を評価・勘案しその取得に必要な最低修得単位数を軽減したり，都道府県教育委員会等が上級免許の取得に道を開くために実施する免許法認定講習を「隣接」する校種の免許状併有のための認定講習としても位置付けることで教員の負担軽減を図ること，d）中学校教員による小学校における専科指導の活用を促進する方途を講ずべきこと，等の提言を行った。なお，上に言う「免許法認定講習」とは，教育職員免許法6条及び同法別表3［備考］6に依拠するもので，その保持する教員免許状の種類ごとに定められた必要とされる実務経験年数を経た者に対し，その保持する免許状の上位に位置する免許状取得のために実施される「文部科学大臣の認定する講習」のことを指す。免許法

認定講習の多くは、教育委員会や同認定講習プログラムを置く大学によって担われている。免許法認定講習に係る実施主体、実施内容、実施方法、成果の評価法等については、教育職員免許法施行規則 34 条以下に詳細な定めがある。

　これら提言の趣旨を受け、2015（平 27）年 6 月、小中一貫教育の制度化を軸とする学校教育法の改正が行われた。この改正により、9 年間の義務教育を担う学校種として「義務教育学校」が学校教育法上の「1 条校」として新たに制度化された。また併せて、そこで指導を行う教員に係る免許制度の改正も行われた。同改正により、義務教育学校の指導を行う教員免許状について、小学校、中学校のいずれの教員免許状も保持していることを基本としつつ、小・中学校のいずれか一方の免許状のみを有する者は、当分の間、小学校段階の教育課程に相当する「前期課程」もしくは中学校段階の教育課程に相当する「後期課程」の各々に相当する教諭等になることができるものとされた（教育職員免許法附則 20 項）。

3　教員の研修

1　教員の研修の意義

　教員は、大学の教職課程を経て免許状を授与され「教員」の職に就いた後も、児童生徒の学習権の保障に見合うよう教育者としての力量を高めていくための研鑽・研究に邁進する権利と責務を担っている。教育基本法 9 条は、教員が「自己の崇高な使命を深く自覚し、絶えず研究と修養に励み、その職責の遂行」に努めるとともに、「その使命と職責の重要性にかんがみ、その身分は尊重され、待遇の適正が期せられるとともに、養成と研修の充実」が図られる必要性を強調する。教職の使命・職責の重要性を踏まえ、その十全な身分保障を行うと同時に、それに見合うような資質向上に向けて実効性を伴った研修体制の確立・運用が求められているのである。

　教育公務員特例法は、教員に対しその資質向上を図るため「研修を受ける機会」を保障（教特法 22 条 1 項）するとともに、勤務地を離れての研修並びに長期にわたる現職研修の機会をも認めている（同 2 項、3 項）。勤務地を離れての研修は、「授業に支障のない限り」という条件の下、「本属長の承認」の下に認

められる。教員の申請に係る行為に対する承認の可否の決定を行うに当り，それが授業に支障をきたすものではないことに加え，実質的な「研修」に当るかどうかの判断が必要である，とした判例がある（札幌地判昭46.5.10判時651号105頁）。ここに言う「本属長」とは校長を指す。長期にわたる現職研修は，「任命権者の定める」ところにより認められる。

　このほか，教育公務員特例法は，教育基本法と同様に，教員に対し「その職責を遂行するために，絶えず研究と修養に努めなければならない」（教特法21条1項）とするとともに，その任命権者に対し，研修計画の樹立と実施を努力義務として課している（同2項）。

　地方公務員法39条2項の規定により，公立学校の教職員の研修は任命権者が行うものとされている。したがって，後述の「県費負担教職員」の研修は，任命権者である都道府県教育委員会が行うことになる（指定都市及び中核都市の県費負担教職員の研修は，当該の指定都市及び中核都市が行う）（地教行法58条2項，59条）。なお，中核都市には，県費負担教職員の人事管理に関わる権能のうち，この研修の実施のみが都道府県から権限委譲されている。

　市町村教育委員会は，都道府県教育委員会が行う県費負担教職員の研修に協力することが義務付けられるとともに，市町村教育委員会自らその研修を行うことが認められている（地教行法45条）。市町村教育委員会も県費負担教職員の研修権を留保しているゆえんについては，県費負担教職員が当該市町村公務員であり，その従事する教育事業が市町村事業であることに求められている（昭31.6.30文初地326事務次官通達）。

　ところで，現在，教員研修の目的・性格は新たな段階に入りつつある。これを象徴的に示したのが，2015（平27）年5月に公にされた教育再生実行会議「これからの時代に求められる資質・能力と，それを培う教育，教師の在り方について（第7次提言）」である。そこでは，新たな学習形態による授業を適切に行うとともにICT活用による「学びの環境の革新」に柔軟に対応した授業展開ができるよう，社会の変化を見据えて「教師が身に付けておくべき資質能力」を明示し，それに基づく「教職生活全体を通じ，体系的に学び続けられる体制」の整備の必要性が提言された。

　こうした提言なども踏まえ，前述した2015年12月の中央教育審議会「これ

からの学校教育を担う教員の資質の向上について（答申）」は，教職に共通的に求められる資質・能力を前提に，教員の経験年数や能力・適性，その所属の学校種などを考慮しつつ，「教員育成指標」を策定しその資質向上のために活用する方向性を提示した。そこでは具体的に，a）教育委員会と大学等が教員養成の在り方・研修内容を調整するための場として「教員育成協議会」（仮称）を創設する，b）「教員育成協議会」は，都道府県，政令指定都市の教育委員会単位で組織化する，c）教員育成協議会は，教員の資質の高度化に向け「養成・採用・研修」の接続の強化と一体性を確保すべく，「高度専門職業人としての教職キャリア全体を俯瞰しつつ，教員がキャリアステージに応じて身に付けるべき資質や能力の明確化」を図るため，「教員育成指標」を整備する，d）「教員育成指標」を踏まえ，大学は，教職課程のコアカリキュラムを基礎に「養成すべき教員像」を明確にし，それぞれの教職課程の改善・充実を図るとともに，各都道府県等の教育委員会は「体系的な教員研修計画を策定し研修を実施」する，ことなどが提言された。この構想は，教職に求められるコンピテンシーをベースに据えその到達目標の実現を通して教員の資質の向上を図るという一貫した方針の下で，「養成・採用・研修」の3者の系統的な運用を指向したものである。その制度化が教員研修システムに及ぼす影響が多大であることはもとより，現行の教員養成課程のドラスティックな改革を誘因するであろうことは想像に難くない。

２　研修の種類

①研修の実施主体とその種類

　教員を対象とする研修には，様々な態様のものがある。

　これを実施主体別に見ていくと，国レベルでは，独立行政法人教員研修センターの下で，学校教育の中軸を担う教職員に対する研修が，都道府県教育委員会レベルでは，後に詳述する「法定研修」のほか，職能に応じた研修や専門的な知識・技術に関する研修など，多様な研修システムが整備されている。また市町村教育委員も，その役割の一端を担うほか，所属の学校も，経常的に教員の研修制度を効果的に運用することとされている。このほか，教員の自律性と発意に基づく教員自らの行う自己研修も大切である。

表3-2 教員研修の態様・種類一覧表

国・自治体等の別	研修の目的・大要	研修の種類
国（独立行政法人教員研修センター）	学校教育の中心的役割を担う教職員に対する学校管理研修	・中堅教員研修 ・校長・教頭等研修 ・事務職員研修 ・海外派遣研修（3か月以内，6か月以内）
	喫緊の重要課題について，自治体が担う研修等の講師や企画・立案等を担う指導者養成のための研修	・学校組織マネジメントや国語力向上に向けた教育推進のための指導者養成研修等 ・教育課題研修指導者の海外派遣プログラム（2週間）
	自治体の共益的事業として委託等により例外的に実施する研修	・産業教育等の指導者養成を目的とした研修
都道府県等教育委員会	法定研修	・初任者研修 ・10年経験者研修 ・指導改善研修
	教職経験に応じた研修	・5年経験者研修 ・20年経験者研修
	職能に応じた研修	・生徒指導主事研修等 ・新任教務主任研修 ・教頭・校長研修
	長期派遣研修	・民間企業等への長期派遣研修
	専門的な知識・技術に関する研修	・教科指導・生徒指導等に関する専門的研修
市町村教育委員会等	市町村教育委員会・学校・教員個人の研修	・市町村教育委員会の実施する研修 ・校内研修 ・教育研究団体・グループが実施する研修 ・教員個人の研修

（出所）http://www.mext.go.jp/a_menu/shotou/kenshu/1244827.htm（文部科学省 HP 2015 年 9 月 20 日閲覧）を基に作成。

次に，実施主体別の教員研修制度の一覧を示すこととする（表3-2）。

②法定研修（行政研修）

児童生徒の学習権の保障を十全ならしめ教職の質の向上を図るために制度化された教員研修は上記のように，その実施主体の違いに応じ，目的別に多様で豊富な内容を呈している。ここでは，そうした教員研修の中から，いくつかを取り出し，その中身を具体的に見ていく。まず最初に，法定研修について瞥見する。

法定研修は，教育公務員特例法による義務付けを伴うもので，行政研修とも呼ばれる。法定研修には，初任者研修，10年経験者研修，指導改善研修がある。

(a)初任者研修

　初任者研修は教育公務員特例法23条に依拠する制度で，新任教員の実践的指導力と使命感を培い，その知見・能力を高めることを目的に，1989（平元）年より実施に移されている。初任者研修の対象から除外される者として，教育公務員特例法施行令2条は，臨時的に任用された者，特別免許状保持者など四つの類型を挙げている。

　公立学校の新任教員は，「その採用の日から1年間の教諭の職務の遂行に必要な事項に関する実践的な研修」である初任者研修を受けることが義務付けられている（教特法23条1項）。また，初任者研修が1年間かけて行われることに関連して，教育公務員特例法は，別途，公立学校の教諭等の条件附採用期間（試用期間）が1年である旨を定めている（教特法12条）。ただし，本条の教諭の範囲は，同法23条の初任者研修対象となる教諭の範囲とは必ずしも一致していない（昭63.6.3文教教51事務次官通達）ことに留意が必要である。

　研修の実施主体は，任命権者である地方公共団体の各教育委員会である。指導に当るのは，初任者が所属する学校の経験豊かな教員であり，「任命権者が，初任者研修を受ける者の所属する学校の副校長，教頭，主幹教諭（養護又は栄養の指導及び管理をつかさどる主幹教諭を除く），指導教諭，教諭又は講師のうちから，指導教員を命じる」ものとされている（教特法23条2項）。任命権者が指導教員を命じるに当っては，その所属の学校長の意見を聴くことが望ましいとされる（昭63.6.3文教教51事務次官通達）。指導教員は初任者に対し，「教諭の職務の遂行に必要な事項について指導及び助言」を行う（教特法23条3項）。

　初任者に対し，研修の実施に当っては，年度当初に「年間研修計画」が提示される（昭63.6.3文教教51事務次官通達）。

　初任者研修は，校内研修と校外研修の組み合わせとして実施されている。

　校内研修は，週10時間，年間300時間程度行われる。そこでは，授業実施の基礎（指導案の作成方法，板書の仕方，発問の工夫など）等に関わる実践研修が施される。一方，校外研修は，年間25日程度行われる。そこでは，都道府

県の教育センター等での教科等に関わる専門的な指導のほか,企業や福祉施設等への訪問,宿泊研修(4泊5日程度)が行われる。

(b) 10年経験者研修

10年経験者研修は教育公務員特例法24条に依拠して行われる研修で,個々人の能力・適性などを斟酌しつつ教諭等としての一層の資質の向上を図ることを目的に,2003(平15)年より実施されている。10年経験者研修の対象から除外される者については,教育公務員特例法施行令5条に詳細な定めがある。

同条では具体的に,公立の小学校等の教諭等の任命権者は,教諭等に対し「その在職期間(公立学校以外の小学校等の教諭等としての在職期間を含む)が10年(特別の事情がある場合には,10年を標準として任命権者が定める年数)に達した後相当の期間内」に研修を実施しなければならない旨を定める。すなわち,教諭等としての在職期間が10年に達した教員は,10年経験者研修を受けることが義務付けられているのである。

研修の主体は,初任者研修の場合同様,任命権者である地方公共団体の各教育委員会である。

10年経験者研修の実施に当り,任命権者は「10年経験者研修を受ける者の能力,適性等について評価を行い,その結果に基づき,当該者ごとに10年経験者研修に関する計画書を作成」するものとされる(教特法24条2項)。10年経験者研修の具体的実施に当っては,教育公務員特例法24条2項の趣旨に基づき,a)対象教員の所属する校長が,当該教員に対して行った教育委員会の評価結果を基に,研修計画書の案を作成する,b)教育委員会は,評価結果を基に,校長の作成した研修計画案も参酌しつつ,教員ごとに受講すべき講座等を記した研修計画書を作成する,というプロセスが講じられる。10年経験者研修では,教科指導,生徒指導等の専門性の向上や得意分野を伸長させるなど,各教員のニーズに応じ,研修の内容・方法,実施期間,場所等において創意工夫を凝らすことが必要とされている(平14.8.8文科初575事務次官通知)。

10年経験者研修は研修計画書に即し,一般に,長期休業期間中の研修(20日間程度)と課業期間中の研修(20日間程度)の組み合わせで行われる。

研修を受けた教員に対しては,研修終了時に再評価をし,今後の指導・研修に活用していくことが期待されている。このように,10年経験者研修は,

個々の教員の「教諭等」としての資質・能力に応じて実施されるもので、個別教員への経常的な「評価」を媒介としつつ、当該研修とそれ以降の研修の実を挙げることを狙いとしている点に特色が見られる（個別教員を対象とした「教員評価」の意義・内容等については第7章「勤務評定から教員人事評価へ」第2節「教員人事評価制度」を参照）。

(c)指導改善研修

指導改善研修は、教育公務員特例法25条の2により、児童生徒等への「指導が不適切であると認定した教諭等に対して、その能力、適性等に応じて、当該指導の改善を図る」（教特法25条の2第1項）ために行われるもので、2008（平20）年より実施されている。条件付採用期間中の者、臨時的に任用された者は、指導改善研修の対象から除外されている（教特法施行令6条）。

ここに言う「指導が不適切である」とは、例えば、教科に関する知識・技術等が不足しているためあるいは指導方法が不適切であるため、適切な学習指導ができない、児童生徒等の心を理解する能力や意欲に欠け、学級経営や生徒指導を適切に行えない、等の場合を指す（平19.7.31文科初541事務次官通知）。

指導改善研修の期間は、1年を超えてはならないものとされている。ただし、「特に必要」があると認められる場合、任命権者は「指導改善研修を開始した日から引き続き2年を超えない範囲内」でこれを延長することができる（教特法25条の2第2項）。すなわち、1年以内を原則とする一方で、「特に必要」があると認められる場合、指導改善研修の「再受講」の機会が認められている（平19.7.31文科初541事務次官通知）のである。

研修の主体は、任命権者である地方公共団体の各教育委員会である。

指導改善研修の実施に当り、任命権者には、対象教員ごとにその「能力・適性等に応じてその者ごとに指導改善研修に関する計画書」を作成すること（教特法25条の2第3項）、研修終了時に、対象教員の「児童等に対する指導の改善の程度に関する認定」を行うこと（教特法25条の2第4項）が義務付けられている。任命権者は、指導改善研修の終了時に、これを受けた教員の児童生徒に対する「指導の改善の程度に関する認定」を行う（教特法25条の2第4項）。

任命権者が個々の教員について児童生徒に対する「指導が不適切であると認定」しようとする場合、及び「指導の改善の程度に関する認定」を行おうとす

る場合，教育委員会規則で定めるところにより，児童生徒に対する「指導に関する専門的知識を有する者及び当該任命権者の属する都道府県又は市町村の区域内に居住する保護者」の意見を聴くことが義務付けられている（教特法25条の2第5項）。また，認定の基礎となる「事実の確認の方法及び認定の手続」に関し必要な事項は，教育委員会規則で定められることとなっている（教特法25条の2第6項）。ここに言う認定の基礎となる「事実」関係としては，指導実態，児童生徒や保護者等からの苦情等の記録，校長による注意等に対応させた改善方策の成果の状況，指導主事等が学校訪問をした際の観察，等が想定されている（平19.7.31文科初541事務次官通知）。

　そして，指導改善研修の終了時の認定結果を踏まえた上で，任命権者は「指導の改善が不十分でなお児童等に対する指導を適切に行うことができないと認める教諭等に対して，免職その他の必要な措置」を講ずるものとされている（教特法25条の3）。ここに言う「免職」とは，地方公務員法28条1項に定めのある「免職」のことを指す。「その他の必要な措置」として，地方教育行政法47条の2第1項に依拠する県費負担教職員の免職や当該都道府県の（教員等ではない）常勤職員への採用，地方公務員法17条1項の定める「転任」，指導改善研修の「再受講」，等が想定されている（平19.7.31文科初541事務次官通知）。

　③校内研修

　校内研修とは，それぞれの学校単位で行われるもので，各学校の掲げる教育目標の実現に向け，各教員の担任する学習指導・生徒指導の質を高めるべく，教員集団により組織的，計画的に営まれる実践的な職場研修・研究のことを指す。それは，自身の所属する教育の現場と向き合いながら，研修担当の教員の指導・調整の中で，同僚教員との意思疎通を密にしながら，教職としての自覚と力量を一層高めていくことが指向されており，最も効果的な教員研修の態様として位置付けられている。

　校内研修の特徴は，それがa）学校内で自主的，自律的に営まれる営為であること，b）課題研究等を通じ，各教員の教育現場での技量を高めることが目的とされていること，c）目標達成に向け，組織的（学校全体として，または学年や教科等を単位として）かつ計画的に行うよう求められていること，といっ

た諸点に見られる。

④大学院への修学

　教員の資質の向上を図るとともに，意欲のある教員を高度な専門性に裏打ちされた実践的教育者へと育成していくことを目的に，大学院修学を通じた研修の機会が急速に制度化されてきた。こうした大学院修学を通じた教員研修制度として大学院修学休業制度が挙げられる。大学院修学休業制度は，教育公務員特例法26条に根拠をもつもので，現職教員が専修免許状の取得のため，学校の職務に従事することなく大学院に修学することを認める制度である。

　大学院修学休業の許可は，任命権者により，法令の定める要件を充たした教員に対し，3年を上限として「大学の大学院の課程若しくは専攻科の課程又はこれらの課程に相当する外国の大学の課程」を履修するためのものとして行われる。ここに言う法令の定める要件とは，a）各教員の職・種類に対応した専修免許状の取得を目的とするものであること，b）当該免許状の基礎となる免許状を有していること，c）教育職員免許法別表に定める最低在職年数を充足していること，d）条件付採用期間中の者，臨時的任用の者，初任者研修を受けている者，「その他政令で定める者」のいずれにも該当しない者であること，である（教特法26条1項1号～4号）。なお，d）の「その他政令で定める者」として，指導改善研修を命じられている者，等が挙げられている（教特法施行令7条）。

　休業期間中は，地方公務員の身分は保有するものの，給与の支給はない（教特法27条）。

　大学院修学休業期間中の者が休職または停職の処分を受けた場合，その休業許可は効力を失う（教特法28条1項）。また，大学院修学休業期間中の者が，許可が認められた大学院の課程等を退学した場合，「その他政令で定める事由に該当」すると認められる場合，任命権者はその休業許可を取り消す（教特法28条2項）。「その他政令で定める事由」として，教育公務員特例法は，正当な理由なく，当該大学院の課程等を休学しまたは授業を頻繁に欠席していること，所要の専修免許状を取得するために必要な単位を大学院修学休業期間内に修得することが困難となったこと，の二つを挙げている（教特法施行令8条）。

　ところで，大学院修学を通じた教員研修制度の重要な一翼を担うものとして，

近年，その意義が強調されてきた教職大学院の制度が挙げられる。教職大学院は，2008（平20）年度より発足した高度専門職としての教職を養成する専門職学位課程である。その必要専任教員数の4割以上が高度な実務能力を備えた「実務家教員」である。教職大学院の目的は，a）実践的な指導力，展開力を備え，新しい学校づくりの有力な一員となる新人教員を養成すること，b）現職教員の中から，確かな指導原理と優れた実践力・応用力を備えた「スクールリーダー（中核的中堅教員）」を育成すること，にあるとされる。

教職大学院の標準修了年限は2年とされている。ただし各大学院の判断により，現職教員の履修の便宜等に配慮して，短期履修コース（例えば1年）や長期在学コースの開設も可能とされている。確かな力量と教育技法並びに実践的指導力を備えた教員の養成を具体的に実現する一環として，予め指定する「連携協力校」との有機的連携の下で質の高い実践教育を行うことも指向されている。また45単位以上の修得が修了要件とされ，そのうちの10単位以上が教育実習に充てられている。なお，教育実習は，一定の教職経験を有する者に対し，10単位の範囲内での免除可能措置が講じられている。教職大学院の修了者は専修免許状を取得するとともに，専門職学位である「教職修士（専門職）」の学位が授与される。

教職大学院は，高度専門職としての教職制度の確立を展望するものであるが，新卒者，現職教員等の修了者に対する優遇策が十分には講じられていないとされる点に課題がある。そうした課題を克服する上で，教職大学院の実践に根差した教育研究の高度化が不可欠となるが，現在，一般財団法人教員養成評価機構が，教職大学院に特化した認証評価機関として5年を周期とした教育質保証の活動を展開している。

⑤自主研修

個々の教員が自身の判断で，自主的に勤務時間外に行う研修を自主研修という。民間（教育）団体が主催するセミナー，講演会，研究会等への参加や，自主的に行う研修・研究活動がこれに該当する。

⑥研修制度の当面の検討課題

近年における教員退職者の増加に伴い，補充される新規採用の教員数も増加の様相を呈している。このため，教員の経験年数の均衡が崩れ始め，中間層に

位置する教員が手薄な状況にある。そうした現状に対して，初任者研修，10年経験者研修が所期の目的を十分に果たしていないばかりか，部分的に形骸化しつつあるとの指摘もなされている。

　こうした状況を見据え，前述した2015年12月の中央教育審議会「これからの学校教育を担う教員の資質の向上について（答申）」は，ａ）初任者研修に関し，1人の初任者に対しメンター役の経験豊富な教員が常時的に指導・助言を行える体制を組むなど，学校が組織的・継続的に初任者の育成を図れるよう，初任者研修の改善を図る，ｂ）10年経験者研修について「10年が経過した時点で受講すべき研修であるとの意識」を改め，中間層の教員を学校内の「ミドルリーダー」に育成する研修へと転換する，ことを柱とする提言を行った。

3　教員免許更新制と免許状更新講習

①教員免許更新制の内容

　従来，教員免許状は制度上，終身有効なものとされていた。ところが，教員のその時々において必要とされる資質・能力を確実なものとするとともに教職の専門性を一層高めることを目的に，教員研修と並立する制度として，2009（平21）年度より教員免許更新制が実施に移された。

　教職免許更新制は，教育職員免許法9条，9条の2，9条の3等に法的根拠をもち，普通免許状及び特別免許状に10年の有効期間を定めるとともに，期間満了に伴う更新申請に対し，免許状更新講習の修了を要件に，都道府県教育委員会が有効期間の更新を行うことを内容としている。

　普通免許状及び特別免許状は，「その授与の日の翌日から起算して10年を経過する日の属する年度の末日」まで有効である（教職免許法9条1項，2項）。

　教員免許状の更新申請に対し免許管理者（都道府県教育委員会）は，「免許状更新講習の課程を修了した者」と「知識技能その他の事項を勘案して免許状更新講習を受ける必要」がない者について，免許状の更新を行う（教職免許法9条の2第3項）。免許状更新講習の受講が免除される者の対象・範囲については，教育職員免許法施行規則61条の4に定めがある。

　ところで，新免許状（2009（平21）年4月1日以降）を有する現職教員が免許状更新講習を修了せず，期間経過に伴いその効力が失効した場合であっても，

同講習の受講・修了を経て有効な教員免許の再取得ができる。

　従来，旧免許状（2009（平21）年3月31日以前）には有効期限の定めはなかったが，これを有する現職教員については，修了確認期限までに免許状更新講習を修了しなかった場合，当該免許状は効力を失う。一方，旧免許状の保持者で教職等の関係者でない者については，更新講習を受講・修了せず修了確認期限を経過しても，教員免許状は失効しない。ただし，その状態で教職に就くことはできない。ここに言う「修了確認期間」とは，免許状更新講習修了確認を受けなければいけない期限のことを指す。修了確認期限を経過し旧免許状が失効した場合であっても，更新講習の受講・修了によって有効な教員免許状を再取得することができる。その場合に取得する免許状は有効期限付きの新免許状である（http://www.mext.go.jp/a_menu/shotou/koushin/08051422/003.htm　文部科学省HP 2016年1月5日閲覧）。

　免許権者は，教員免許保持者で教職にある者等について，「やむを得ない事由」により有効期間内に免許状更新講習の受講・修了が困難であると認める場合，当該免許状の有効期間を延長する（教員免許法9条の2第5項）。ここに言う「やむを得ない事由」として，指導改善研修中である場合のほか，教育職員免許法施行規則61条の5にその具体的な定めがなされている。

②免許状更新講習の内容

　免許状更新講習の課程は，教職課程を設置している大学等に文部科学大臣の認定を経た後に開設される（教育職員免許法9条の3第1項）。認定基準は，教育職員免許法9条の3第1項各号で定められている。免許状更新講習の時間は，「30時間以上」と規定されている（教育職員免許法9条の3第2項）。講習内容は，教職の省察，子どもの発達・変化への理解，教育政策の動向，学校内外における連携協力，教科指導や生徒指導等で構成されている。

　免許状更新講習の実施主体，実施方法等については教育職員免許法9条の3のほか，「免許状更新講習の課程」を開設できる者の資格，課程認定の手続，その他講習の実施に関わる細目が免許状更新講習規則に規定されている。

③教員免許更新制の意義・課題

　さて，こうした教員免許更新制に対しては，実施される免許状更新講習を通して，定期的に教育に関わる最新の知識・技能を身に付けることができる，教

員への社会的信頼が確保できる等の点から肯定的な評価がなされている一方で，受講料や受講時間などの現場の負担が増すこと，教員の地位・身分の不安定化につながること，等を理由に同制度に対し懸念を示す意見も見られる。

教員免許更新制については，2000（平12）年12月の教育改革国民会議「教育改革国民会議報告——教育を変える十七の提案」が同制度導入の可能性を示唆したものの，2002（平14）年2月の中央教育審議会「今後の教員免許制度の在り方について（答申）」はこれを見送ることと引き換えに，「教職経験10年を経過した教員」を対象とする研修制度の創設を提言した。この提言を基に，同年，教育公務員特例法が改正され，10年経験者研修の制度化が図られた。

こうした経緯もあって，10年をサイクルとする教員免許更新制と10年経験者研修の重複及び受講者の負担を指摘する意見も多く，一部の都道府県教育委員会では，その負担軽減のための具体的な取組が行われてきた。こうした制度そのものに内在する課題と現場の実情を考慮し，2014（平26）年3月，教員免許更新制度の改善に係る検討会議「教員免許制度の改善について（報告）」は，教員がその職務遂行に当り，グローバル化などを背景とした現代的な教育課題に的確に対処できる知識・技能を効果的に修得可能な充実した教員免許更新制の改善策を提起した。その一方で同報告は，10年経験者研修の在り方について「制度的に一律にその時期を設定するのではなく，各任命権者が，各現職教員の教職生活全体を通じた体系的な学びの環境を柔軟かつ適切に築けるよう，各任命権者の判断で，教職経験に応じた体系的な研修を行うものとする方向で，教育公務員特例法の規定の見直しを検討」する必要性を強調した。

そして上記提言を受けて，前述した2015年12月の中央教育審議会「これからの学校教育を担う教員の資質能力の向上について（答申）」は，現行の10年経験者研修を学校内の「ミドルリーダー」育成のための研修（「中堅教員能力向上研修」（仮称））として位置付けを改め，教員免許更新制度との差異を明確にすべく，あらためて教育公務員特例法の見直しの必要性に言及した。

参考文献

安彦忠彦・児島邦宏・藤井千春・田中博之編著『よくわかる教育学原論』ミネルヴァ書房，2012年4月。

尾﨑春樹編『教育法講義——教育制度の解説と主要論点の整理——』悠光堂，2013年9月。

教育法令研究会編著『図表でわかる教育法令［第2次改訂版］』学陽書房，2010年1月。

佐藤晴雄『教職概論［第3次改訂版］——教師を目指す人のために——』学陽書房，2010年4月。

佐藤晴雄『現代教育概論［第3次改訂版］』学陽書房，2011年4月。

汐見稔幸・伊東毅・高田文子・東宏行・増田修治編著『よくわかる教育原理』ミネルヴァ書房，2011年4月。

土屋基規編著『現代教育制度論』ミネルヴァ書房，2011年6月。

第4章

教員の任用と身分保障

● 設 問

1. 公立学校教員のうち，「県費負担教職員」の地位・身分を，その任命権者と関連付けながら説明してください。
2. 公立学校教員の「採用」の意義について説明した後，「県費負担教職員」の「採用選考試験」から「赴任校の決定」までの一連の流れの大要を述べてください。
3. 公立学校教員の「地方公務員」としての地位に基づいて遵守すべき「服務」の内容を説明した上で，公立学校教員に対して科される不利益処分である「分限」と「懲戒」の違いについて論じてください。

1　教員の身分と採用手続

1　教員の身分と任命権者

　学校の教員に関し，私立学校教員を除き，公立学校教員は基本的に地方公務員としての身分を有している（本章では，教育職員を「教員」と記す）。公立学校教員のうち，市町村立学校（義務教育諸学校）の教員の身分は，学校の設置者である市町村に属し，都道府県立学校の教員の身分は，都道府県に属している。

　さて，一般の地方公務員は，各地方公共団体の長によって任命される。しかしながら，教員の場合，任命権者がこれとは異なっている。このことに伴い，身分上の取扱い等において，一般地方公務員とは違う制度措置が講じられている。ここではまず，教員の身分を，任命権者との関連で見ていくこととする。

　戦後発足した教育行政制度の中で，当初，教員の任命権は，市町村教育委員会が有していた。しかしながら，1956（昭31）年6月の「地方教育行政の組織及び運営に関する法律」（地方教育行政法）の成立に伴って，教員の任命権は，

都道府県教育委員会(そして政令指定都市教育委員会)に移行した。そうした制度変更の理由は，a)市町村の財政格差が，教員確保上の格差を生じさせてはならないこと，b)広域的な人事交流の促進を図る必要があること，等の諸点にあった。

　ところで，市町村立学校の教員の身分は，上記の如く，市町村に属しているにもかかわらず，その給与は，義務的経費であることに加え多額に上ることから，財政的に安定している都道府県によって支弁されている(市町村立学校職員給与負担法1条，2条)。このことに着目して，これら市町村立学校教員は，その事務職員と併せて「県費負担教職員」と呼ばれている。ただし，「県費負担教職員」の給与の3分の1は国が負担する(義務教育費国庫負担法2条)(後の第5章「教育行政の基本原理と国の行財政構造」第2節「国の教育行財政構造」でも言及するように，2005(平17)年度以前は，国の負担率は2分の1であった)。

　以上，述べたことを踏まえ，公立学校教員の身分について要約すれば次のようになる。公立学校教員は，学校を設置する地方公共団体の職員である。このうち，市町村立学校教員は，「県費負担教職員」と呼ばれ，その給与が都道府県の負担とされるとともに，その任命権も都道府県に留保されている。政令指定都市の公立学校教員の場合，その給与は都道府県が負担する一方で，任命権は当該政令指定都市に帰属する(このことと関連して，給与の決定，休職・懲戒に関する事務，研修に関わる事項の実施が，政令指定都市に留保されている(地教行法58条))。なお，政令指定都市の県費負担教職員の給与負担については，道府県から政令指定都市に移譲する制度改正が，2017(平29)年を目途に可能な限り早期に実現することが目指されている(平25.11.14指定都市所在道府県・指定都市「県費負担教職員制度の見直しに係る財政措置のあり方に関する合意」)。

　また，後述するように，県費負担教職員である市町村立学校教員は，人事管理に関わる権限が原則的に任命権者に帰属する一方で，当該市町村職員であることを前提に，地方教育行政法に基づき，その服務監督権等は市町村教育委員会が留保する(地教行法43条1項)。これら職員の職務上の「上司」である校長は，教育委員会に属する服務の監督を分任して行う(昭32.3.8文初地109初中局長通知)。県費負担教職員に対し，都道府県教育委員会が職務上の上司となることはない(昭31.9.10文初地411初中局長通達)。

県費負担教職員の定数は，都道府県の条例で定められるが，「臨時又は非常勤の職員」は，その対象から除外されている（地教行法41条1項）。県費負担教職員の市町村別の学校種ごとの定数は，都道府県条例で定められた県費負担教職員定数の枠組みの範囲内で，都道府県教育委員会が「当該市町村における児童又は生徒の実態，当該市町村が設置する学校の学級編制に係る事情等を総合的に勘案して定める」ものとされている（地教行法41条2項）。都道府県教育委員会は，その決定に当り，事前に市町村教育委員会の意見を聴き，「その意見を十分に尊重」することが求められている（地教行法41条3項）。

ところで，今日，都道府県の定数条例に依拠する小・中学校の教職員に対し市町村に代わって給与等を負担するという県費負担教職員制度に一定の修正が試みられている。すなわち，2006（平18）年の市町村立学校職員給与負担法の改正により，それまで構造改革特区事業として限定的に特区認定がなされていた「市町村費負担教職員任用事業」の全国的な制度化が図られたのである。この制度改正に伴い，県費負担教職員制度の枠組みの下，都道府県の定数条例に基づく教職員数が確保されていることを前提に，市町村固有の判断で公立小・中学校の教職員をその負担において任用することが可能となった。

2 任用と任命権者

任命権者がある者を特定の職に就かせる行為を任用という。任用には，採用，昇任，降任，転任がある。

県費負担教職員のうち，市町村立学校教員の任命権者は，地方教育行政法37条1項の規定により，都道府県教育委員会である。ただし，政令指定都市の場合，その任命権者は，政令指定都市教育委員会である（地教行法58条1項）。地方教育行政法の該当条項に言うところの「任命権」とは，上記任用のほか，免職，休職，復職，懲戒，給与の決定，その他身分取扱い上の全ての事項に関わる権限であると解されている。都道府県教育委員会が，県費負担教職員の任免その他の進退を行うに当っては，市町村教育委員会の「内申」を待ってこれを実施する（地教行法38条1項）。市町村教育委員会が「内申」を行うに当り，校長が「所属の県費負担教職員の任免その他の進退に関する意見」を申し出た場合（地教行法39条），その「意見」を付するものとされる（地教行法

図 4-1　県費負担教職員に関わる任免権行使の流れ

38条3項）（図4-1）。市町村教育委員会の内申が県費負担教職員の転任に係るものである場合も，都道府県教育委員会は「当該内申に基づき，その転任」を行う（地教行法38条2項本文）。転任に関しては，「内申」を要しない場合についての特例規定が置かれている（地教行法38条2項1号，2号）。このように都道府県教育委員会の「転任」に係る人事が，市町村教育委員会の「内申」に基づいて行われることを原則としたゆえんは，「市町村教育委員会の意向を一層尊重」することにある。都道府県教育委員会は，一の市町村における県費負担教職員の標準在職期間など市町村教育委員会の意向を踏まえ，県費負担教職員の任用に関する基準を策定し，域内の市町村教育委員会に示すことが求められている（平19.7.31文科初535事務次官通知）。

　都道府県教育委員会がその権限を行使するに当り，市町村教育委員会の内申の内容に完全に拘束されるものではないが，内申を待たずに，任免その他の進退を行うことはできない（昭31.9.10文初地411初中局長通達）。したがって，内申の対象となっていない教員に対して，一方的に「転補」を発令することは違法である（昭32.4.25委初169初中局長回答）。ただし，都道府県教育委員会が市町村教育委員会に対し，内申をするよう最大限の努力をしたにもかかわらず，これがなされないという異常事態の場合，都道府県教育委員会は内申がなくても任命権を行使できる（昭49.10.4文初地434初中局長通達）。

3　教員の採用

　ここで，教員任用の初期段階をなすもので，その身分取得に直結する「採用」の手続について見ていくこととする。採用とは，それまでその職になかった者を新たにこれに任命することを言う。教職に新規に就く場合がこれに該当する。

　通常の場合，公務員は，「競争試験」により採用される。しかしながら，公

立学校教員の採用は，そうした競争試験によるのではなく，教員採用選考試験を通じた「選考」という方式によることとされている。公立学校教員の採用が，こうした選考方式による理由は，a）教職志願者が，すでに教員免許状を取得しており，教員としての適格性を証明する資格を得ていること，b）教職の性格に鑑み，そこでは人格的要素に重きが置かれるなど，競争試験になじまないこと，等の諸点にあるとされる。

　また，教員採用選考試験における「選考」という採用方式は，競争試験を通じての公務員採用を基本とする地方公務員法の特例であることから，その方式・手続は，教育公務員特例法に規定されている。該当条文は，教育公務員特例法11条である。同条では，「公立学校の校長の採用並びに教員の採用及び昇任は，選考」によるものであること，その選考は「大学附置の学校にあつては当該大学の学長，大学附置の学校以外の公立学校にあつてはその校長及び教員の任命権者である教育委員会の教育長が行う」こと，と定められている。ここでは，地方教育行政法が，公立学校教員の任命権者を都道府県教育委員会，政令指定都市教育委員会としていることを前提に，教育公務員特例法により，その採用・承認に係る選考権者を，それぞれの教育委員会の教育長と定めていることが重要である。

　したがって，県費負担教職員の採用手続の大要を示せば，［教員採用選考試験］→［都道府県教育委員会の教育長による選考］→［市町村教育委員会からの内申］→［都道府県教育委員会による任命］といった流れになる。なお，都道府県立学校教員の場合，［教員採用選考試験］→［都道府県教育委員会の教育長による選考］→［都道府県教育委員会による任命］の流れとなる。

　教員採用選考試験は，都道府県等によりその形態は異なるが，筆記試験，論文作成試験，面接，実技試験，適性試験等の組み合わせで総合判定が行われ，合否の決定がなされる。

　新規採用を志す者の視点に立った試験から赴任校が決まるまでの流れは，大要，［一次試験（学力の考査）］→［二次試験（実践指導能力の考査）］→［採用候補者名簿への登録］→［採用内定］→［赴任校の決定］となる。採用候補者名簿の有効期間は1年間であり，その期間内に教員の欠員が生じた場合，成績上位者から順に採用される。

ところで，一般の地方公務員の採用は，まず6か月間の条件附任用となるが，教員の場合，条件附任用期間は1年と定められている（教特法12条1項）。この1年の期間に，新規採用教員に対して，現職研修である「初任者研修」が義務付けられる（初任者研修の意義・内容については，第3章「教職と教員養成・研修」第3節第2項(a)「初任者研修」以下を参照）。

2　教員の服務と身分保障

1　教員の勤務条件・身分の特例

　教職は，児童生徒の人格的成長を促す教育的営為を紡いでいく中で，民主政に基礎付けられた健全な社会を担う市民の育成という崇高な使命を担っている。教育基本法9条2項は，「法律に定める学校の教員」は，「その使命と職責の重要性にかんがみ，その身分は尊重され，待遇の適正」が図られなければならない旨規定する。

　公立学校教員も，地方公務員の一般職として位置付けられている以上，地方公務員法の適用対象となっている。また，地方公務員に対しては，同法58条の規定により労働者の労働条件を定めた労働基準法が原則として適用される（ただし，労働条件の決定における「労使対等の原則」などに関わる諸規定は適用されない）。

　しかしその一方で，上記のような教職の職務上の特殊性に鑑み，地方公務員法の特別法である教育公務員特例法が，任免，給与，分限，懲戒，服務並びに研修等について特別の定めを置いている。加えて，「学校教育の水準の維持向上のための義務教育諸学校の教育職員の人材確保に関する特別措置法」（人材確保法）が，「義務教育諸学校」の教員の給与を「一般の公務員の給与水準に比較して必要な優遇措置」を講ずることを義務付けている（人確法3条）ほか，「公立の義務教育諸学校等の教育職員の給与等に関する特別措置法」は，教員に時間外勤務手当及び休日勤務手当を支給しないことの代替措置として，給与月額の4％分相当の「教職調整額を支給」することを義務付けている（給特法3条）。なお，「公立の義務教育諸学校等の教育職員を正規の勤務時間を超えて勤務させる場合等の基準を定める政令」は，教員に対し時間外勤務を命じない

ことの原則を確認した上で、これを命ずることができる場合を「校外実習その他生徒の実習」、「修学旅行その他の学校の行事」、「職員会議」、「非常災害の場合」、「児童又は生徒の指導に関し緊急の措置を必要とする場合」並びに「その他やむを得ない場合」に限定している（同令1条2号）。

2　教員の服務

①服務に関する基本規定

　公立学校教員は、一般職の地方公務員である以上、地方公務員に求められる服務に違背してはならない。ここに言う「服務」とは、その職責を全うするに当り遵守すべき基本規律である。憲法15条2項は、公務員の服務の根本原則を「すべて公務員は、全体の奉仕者であつて、一部の奉仕者ではない」と宣明する。これを受けて地方公務員法30条は、「すべて職員は、全体の奉仕者として公共の利益のために勤務し、且つ、職務の遂行に当つては、全力を挙げてこれに専念しなければならない」とし、地方公務員の服務の基本原理を明定する。またこのこととあわせ、地方公務員法31条は、地方公務員に対し「服務の宣誓」義務を課している。

　地方公務員の服務義務は、服務義務の基本を定めた上記二規定の趣旨に対応させ、その職務遂行に当って遵守すべき義務である「職務上の義務」と公務員の身分に随伴する「身分上の義務」から成っている。以下、これらについて見ていくこととする。

②職務上の義務

(a)法令等及び上司の職務上の命令に従う義務（地公法32条）

　ここに言う「法令等」とは、国の法令、地方公共団体の条例・規則、地方公共団体の機関の規程を指す。また、「上司」とは、教育委員会、校長、副校長・教頭を意味する。これまでの行政実例や判例動向を見る限り、上司の「職務上の命令」には強い拘束力がある。もっとも、法規を逸脱した職務命令への服従義務はない（大分地判昭33.8.4第1審刑集1巻1152頁）。

　ところで、学校現場での上司の職務命令の範囲と限界について今日多くの注目を集めているのが、「君が代」斉唱等を職務命令を通じ教員に義務付けることができるのかという問題である。国旗に向かっての起立や「君が代」の伴

奏・斉唱を命じた校長の職務命令に違背した公立学校の教員に対する教育委員会の処分が憲法19条に違反しないかどうかが争われた事件で，最高裁は，地方公務員の性格と職務の公共性及び法令の存在等を根拠に，思想・良心の自由を制約しても，なお当該職務命令には必要性と合理性が認められると判示した（「君が代ピアノ伴奏職務命令拒否事件」における最三判平19.2.27判時1962号3頁，「国旗起立・君が代斉唱職務命令拒否事件」における最二判平23.5.30民集65巻4号1780頁）。しかし，最高裁は，その後，起立斉唱の職務命令を憲法19条に違反しないとする一方で，戒告を超えた減給・停職処分は，教職員の法的地位に一定期間不利益に作用するので，そうした処分は，学校の規律・秩序の保持等の必要性と処分による不利益の内容との権衡の観点から，当該処分を選択することの相当性を基礎付ける具体的な事情が認められる場合であることを要する，とする判断を示した（最一判平24.1.16判タ1370号80頁）。同判決は，「君が代」起立斉唱の職務命令違反に対する減給・停職等の重い処分を科そうとする場合の行政裁量に対し，厳しい縛りをかけた点において，それが思想・良心の自由への配慮につながる効果をもつものとして，憲法学説の立場からは一定の評価がなされている。

(b)職務専念義務（地公法35条）

一般職の地方公務員は，「勤務時間及び職務上の注意力のすべてをその職務遂行のために用い，当該地方公共団体がなすべき責を有する職務にのみ従事」しなければならない。ただし「法律又は条例に特別の定」がある場合，職務専念義務は免除される（いわゆる「職専免」）。本条の定める「職務専念義務」は，各職員に割り振られた勤務時間限りのものである（昭26.12.12地自公発549公務員課長回答）。県費負担教職員の場合，「職専免」の承認権者は市町村教育委員会である（昭44.5.15公務員一課決定）。

(c)政治的行為の制限（地公法36条）

政治団体の結成への関与やその役員への就任並びに勧誘活動のほか，選挙活動その他の政治活動も禁止されている。しかしその一方で，地方公務員の場合，選挙活動等の政治的行為は，当該公務員が属する地方公共団体の区域外においてはその制限が緩和されている。もっとも，公立学校教員の場合，国家公務員同様，地方公共団体の内外を問わず，一切の政治的行為が禁止される（教特法

18条1項)。ただし、現在のところ、国家公務員の場合にその違反者に科される刑事罰は公立学校教員には適用されず(同2項)、懲戒処分の対象となるにとどまっている(ただし、こうした現行制度に対しては、選挙権年齢が20歳から18歳にまで引き下げられたことと相俟って、罰則を以て学校における「政治的中立」の徹底化を図る方向性が、政権与党の中で模索されていることに留意が必要である)。

(d) 争議行為の禁止 (地公法37条)

同盟罷業、怠業その他の一切の争議行為が禁止されている。また、争議行為の企画・共謀に加え、あおり行為、そそのかし行為も禁止されている。

こうした禁止規定に対し、公務員のもつ「全体の奉仕者」性、学校業務に与える影響、さらには児童生徒への心理的影響等を考慮し、かつ禁止に伴う代償措置が講じられている(例えば、人事委員会制度が存在・機能している)ことを理由に、これを肯定評価する意見が有力である。

しかしながら、そうした禁止規定に対する判例の立場には変動が見られた点にも留意が必要である。当初、最高裁は、全体の奉仕者論により、そうした禁止規定の存在を肯定していた。しかし、勤務時間中の反対集会への参加をあおったとして組合幹部が地方公務員法違反で起訴された「東京都教組事件」の最高裁判決は、労働基本権を保障する憲法の趣旨に調和するよう解釈すれば、地方公務員法により争議行為、あおり行為等を一律に処罰することは許されず、処罰対象となるのは、争議行為、あおり行為等とも違法性の強いものに限定されるべきで、争議行為に通常随伴する行為は処罰対象とはならない(「二重のしぼり」論)、との判断を示した(最大判昭44.4.2判時550号21頁)。最高裁は、この後、全国中学校一斉学力調査の反対・阻止を組合員に勧誘し実行行為を行ったとして、岩手県教職員組合の役員が地方公務員法違反で起訴された「岩教組学テ事件」の判決(最大判昭51.5.21判時814号73頁)で、「国民全体の共同利益」の見地から労働基本権を一律に制約すること正当化し、それまでの判例の再変更を行った。

公立学校教員の争議行為の禁止に対し、最高裁がその見解を転変させているように、その禁止の合憲、違憲の判断に当っては、相互に矛盾対立する人権間の比較衡量の在り方を伴う微妙な問題が伏在している。ちなみに今日の憲法学説、教育法学説にあっては、「法の支配」の理念を貫徹させる立場から、公務

員の労働基本権に対する上記制約に対し，懐疑の念を示す意見が通説となっている。

(e)営利企業等の従事制限（地公法 38 条）

地方公務員の場合，営利企業等の従事制限は広範にわたっている。しかしながら，公立学校教員については，「教育に関する他の職を兼ね，又は教育に関する他の事業若しくは事務に従事することが本務の遂行に支障がないと任命権者において認める場合には，給与を受け，又は受けないで，その職を兼ね，又はその事業若しくは事務に従事することができる」とするとともに，任命権者がその承認を行うに当り「人事委員会が定める許可の基準によることを要しない」として，その教育上の能力を社会で広く活用できるよう兼職・兼業の制限要件が緩和されている（教特法 17 条）。

③身分上の義務

(a)信用失墜行為の禁止（地公法 33 条）

地方公務員法 33 条は，「職員は，その職の信用を傷つけ，又は職員の職全体の不名誉となるような行為をしてはならない」と規定する。信用失墜行為の禁止規定は，勤務時間の内外を問わず適用される。

信用失墜行為の端的な例として，刑事罰（懲役刑，禁錮刑にとどまらず，罰金，科料までをも含む）の対象となるような行為がこれに該当する。

(b)秘密を守る義務（地公法 34 条）

地方公務員法 34 条 1 項は，地方公務員には，「職務上知りえた秘密」を漏らすことを禁止する。そこでは秘密を守る義務は，その職を退いた後も継続する旨規定する。

ここに言う「秘密」として，教職員の人事記録，試験問題，試験の成績を含む成績評価，児童生徒や保護者の個人情報，等の例が挙げられる。

3　分限・懲戒

①身分保障と分限・懲戒

公立学校教員は，地方公務員法により，「この法律で定める事由による場合でなければ，その意に反して，降任され，若しくは免職されず，この法律又は条例で定める事由による場合でなければ，その意に反して，休職されず，又，

条例で定める事由による場合でなければ，その意に反して降給されることがない」（地公法27条2項）とされるとともに，「この法律で定める事由による場合でなければ，懲戒処分を受けることがない」（同3項）とされ，地方公務員としてその身分が十全に保障されている。公務員に対する労働基本権が制限されていることの代償措置として，地方公務員法は，人事委員会または公平委員会を名宛人とする勤務条件に関する措置要求に関する規定も整備している（地公法46～48条）。公立学校教員は，このことと併せ，教育公務員特例法及びその関連法令によって，教育公務員としての特性に配慮がなされ，給与や勤務時間等について特別の定めがなされている。さらに，教育公務員特例法は，法律上の義務を伴う場合があるとはいえ，教員の資質向上を図るため「研修を受ける機会」を保障し（教特法22条1項），勤務地を離れての研修並びに長期にわたる研修の機会も認めている（同2項，3項）。

　このように，公立学校教員には手厚い身分保障がなされているが，そこには一定の限界があり，職務遂行上の適切性や能率性を確保する見地から，法定の事由に該当する場合，その意に反して不利益な身分上の処分を受けることがある。これを「分限」と呼ぶ。これに対し，遵守が義務付けられている服務規律に違反した場合，違反者に対し所要の制裁が加えられる。これを「懲戒」と呼ぶ。

　「分限」が，a）道義的責任を問題とはしない，b）公務能率の維持・向上の観点に依拠したもので，本人の故意・過失の有無も問題としない，c）継続的な状態の存在が処分事由となる，等の場合が多いのに対し，「懲戒」はa）道義的責任が問われる，b）義務違反に対する制裁としての色彩が強く，本人の故意または過失が考慮要件とされる，c）必ずしも継続した状態ではなく個々の行為や状態が処分事由とされる，等の点において両者は異なる。

　懲戒その他の不利益処分を行うに当り，文書でその処分事由が示される（地公法49条）。処分に不服がある場合，人事委員会または公平委員会に対し不服申立てをすることができる（その一連の手続に関し，地公法49条の2～51条の2）。

②分限処分

　分限処分の一般規定である上記地方公務員法27条2項は，「職員は，この法

律で定める事由による場合でなければ，その意に反して，降任され，若しくは免職されず，この法律又は条例で定める事由による場合でなければ，その意に反して，休職されず，又，条例で定める事由による場合でなければ，その意に反して降給されることがない」と定める。ここに言う「意に反して」とは，「同意を要しないで一方的に」の意味であるとされる（昭 28.10.22 自行公発 231 公務員課長回答）。この規定にあるように，分限は，法律に基づく降任もしくは免職，法律または条例に基づく休職，条例に基づく降給といった処分として行われる。

　降任，免職の処分ができるのは，a）勤務実績が良くない場合，b）心身の故障のため，職務の遂行に支障があり，またはこれに堪えない場合，c）その他その職に必要な適格性を欠く場合，d）職制もしくは定数の改廃又は予算の減少により廃職または過員を生じた場合，と定められている（地公法 28 条 1 項）。一方，休職の処分ができるのは，a）心身の故障のため，長期の休養を要する場合，b）刑事事件に関し起訴された場合，と定められている（同 2 項）。

　職員に対する降任，免職，休職及び降給の「手続及び効果は，法律に特別の定がある場合を除く外，条例で定めなければならない」ものとされている（地公法 28 条 3 項）。

　定数条例により教員の過員が生じた場合，分限免職が可能となる（昭 43.3.18 地初 20 初中局地方課長回答）。廃止された学校の職員は，廃校に伴い当然には失職しない（昭 33.3.24 初中局地方課長回答）。免職の適格性の判断は，降任の場合に比し，特に厳密，慎重な判断を要するとするのが判例の立場である（最二判昭 48.9.14 民集 27 巻 8 号 925 頁）。また，過員整理に伴う免職者の指定に当っては，自由裁量は効かず，客観的基準に基づき公正に判断すべきであるとの裁判例がある（名古屋高判昭 30.3.2 行裁例集 6 巻 3 号 715 頁）。

③懲戒処分

　懲戒処分の一般規定は，上記地方公務員法 27 条 3 項であり，「職員は，この法律で定める事由による場合でなければ，懲戒処分を受けることがない」と規定している。懲戒には，戒告，減給，停職，免職の処分がある（地公法 29 条 1 項）。戒告に類似のものとして「訓告」がある。いずれも職員の服務義務違反

に対し，将来を戒めるものである点で共通するが，前者が違反行為に対する責任としてそれが「処分」として行われるのに対し，後者は事実上の措置として行われる点に違いがある。したがって，懲戒処分としての制裁的な実質をもつような「訓告」を行うことは認められない（昭34.2.19自丁公発27公務員課長回答）。訓告が行政処分でないことの帰結として，それは不利益処分に対する人事委員会の審査対象とも，また裁判所による行政訴訟の対象ともなり得ない。

懲戒処分ができる事由は，地方公務員法29条1項の各号に定められている。それらの事由とは，a）地方公務員法や教育公務員特例法等の法律またはこれに基づく地方公共団体の条例・規則若しくは地方公共団体の機関の定める規程に違反した場合，b）職務上の義務に違反し，または職務を怠った場合，c）「全体の奉仕者」たるにふさわしくない非行のあった場合，である。

職員に係る懲戒の「手続及び効果は，法律に特別の定がある場合を除く外，条例で定めなければならない」ものとされている（地公法29条4項）。

ところで，懲戒に関わる具体的な該当事例について見ると，政治活動の制限や労使関係上の制限に対する違背は，これまでも懲戒処分の対象となっていた（ただし，判例の立場として，懲戒処分の方法の軽重については，慎重な判断を行う場合も存した）。このほか，教育指導方法が学習指導要領に違反している場合（授業における教科用図書の不使用を含む），懲戒処分の対象となる，とするのが判例の立場である（最一判平2.1.18判時1337号3頁）。近年の傾向として，交通事故（本人に責任が帰せられたもの），わいせつ行為，体罰，個人情報の不適切な取扱いなどを理由に，懲戒処分がなされるケースが増えている。

参考文献

安彦忠彦・児島邦宏・藤井千春・田中博之編著『よくわかる教育学原論』ミネルヴァ書房，2012年4月。

小川正人・岩永雅也編著『日本の教育改革』放送大学教育振興会，2015年3月。

尾﨑春樹編『教育法講義——教育制度の解説と主要論点の整理——』悠光堂，2013年9月。

勝野正章・藤本典裕編『［改訂新版］教育行政学』学文社，2015年3月。

教育法令研究会編著『図表でわかる教育法令［第2次改訂版］』学陽書房，2010年1月。

河野和清編著『新しい教育行政学』ミネルヴァ書房，2014年4月。
佐藤晴雄『教職概論［第3次改訂版］――教師を目指す人のために――』学陽書房，2010年4月。
佐藤晴雄『現代教育概論［第3次改訂版]』学陽書房，2011年4月。
土屋基規編著『現代教育制度論』ミネルヴァ書房，2011年6月。
早田幸政『［入門］法と憲法』ミネルヴァ書房，2014年4月。

第5章
教育行政の基本原理と国の教育行財政構造

● 設　問

1. 教育行政に固有の意義・内容とその基本原理について述べてください。
2. 文部科学省の組織・権限について説明するとともに，文部科学省関連の審議会が教育行政において果たしている役割について論じてください。
3. 教育行政における国と地方の関係について説明してください。
4. 国と地方の教育財政の特質について論じてください。

1　教育行政の意義とその基本原理

1　教育行政の意義

　我が国権力分立の立憲体制の下，行政権は内閣に属する（憲法65条）。ここに言う「行政権」の概念については，「控除説」の立場から，法の適用に係る国家作用の中から司法作用を控除したものとして定義付けるのが一般である（行政作用が多様・多岐にわたっていることを念頭に，行政権の具体的な定義付けを放棄している点に同説の特徴がある）。

　内閣による行政権の行使は，議院内閣制の下，国会のコントロール下に置かれる。実際の行政は，行政各部の機関が行使し，内閣は，行政権の統括責任機関として，行政各部の役割を総合調整し，指揮監督する権限と責務を担っている。

　上記「行政権」概念を念頭に教育行政の意義について考えると，それは，憲法上の要請に基づき，国によって社会的に組織化された公教育を主たる対象に公権力によって展開される行政活動，として理解できる。その範囲は，学校教育が中心であるが，生涯学習，社会教育その他の教育活動にも及んでいる。教育行政の意義・目的と国・地方における役割分担については，教育基本法16

条で詳細に定められている。

　教育行政の態様を作用面から見ると，一般に，a) 規制作用，b) 助成作用，c) 実施作用，の３種に分別される。

　このうち，a) 規制作用とは，教育行政の主体である国や地方公共団体が，その客体である地方公共団体，国民（住民）の権利・権能に制約を加え義務や不利益を課す作用である。就学義務や就学の猶予・免除，学校の設置認可，公務員の分限・懲戒等がこれに当る。b) 助成作用とは，教育行政主体である国や地方公共団体が，その客体である地方公共団体，国民（住民）に対して，奨励・援助することを目的に，財政的な補助を行ったり指導や助言等を行う作用である。私人に対する財政上の公的支援を給付作用と呼ぶこともある。就学困難な子どもへの就学援助，義務教育諸学校の教科書の無償給付，私学助成等がこれに当る。c) 実施作用とは，教育行政主体である国や地方公共団体が，自ら教育事業を営む作用である。学校や公民館，図書館等の設置・運営，公的教育施設への職員の配置等がこれに当る。

2　教育行政の基本原理
①法律主義

　「法律主義」の原理とは，行政権の行使は，国権の最高機関である国会の定めた「法律」に依拠して行われなければならない，とする考え方である。既述のごとく，明治憲法下では，教育勅語が実質的に教育の最高指導規範としての役割を担っていたこととも関連して，教育行政に係る法令の多くが，天皇大権に基づいて制定される「勅令」の形式で定められていた（「勅令主義」）。しかし，日本国憲法の制定によりこれまでの勅令主義は廃され，憲法41条に基づく「国会中心立法の原則」，「国会単独立法の原則」の確立と憲法73条１号に内在する「法律による行政」という原理的要請に基づき，教育行政も「法律主義」に転換した（「教育行政法律主義」）。

　ところで，教育行政は，国法の一形式である「法律」のほかに，国の行政機関の定立に係るもので，法律の委任に基づく「委任命令」や法律の規定を具体的に実施するための「執行命令」に基づいて運用されている。このことが，教育行政における法律主義の原則に抵触しないかどうかが問題となるが，この点

については，憲法学説上，次のように理解されている。

　行政権による立法の憲法上の根拠となるのが，憲法73条6号の「この憲法及び法律の規定を実施するために，政令を制定すること」とする規定である。ここにいう政令とは，内閣が定める「命令」のことを指している。「命令」とは，行政権により制定される法の一形式であり，内閣による上記政令のほか，その下位に位置付けられる省令等がある。本条の趣旨に基づき，憲法は，法律の委任に基づいて制定される「委任命令」と，法律執行のための細則的事項を定めた「執行命令」に限定した行政立法を認めていると解されている。委任命令について，憲法は「特にその法律の委任がある場合を除いては，罰則を設けることができない」（同号但書）と定めている。そして，内閣法11条の規定により，政令には法律の委任のない限り，義務を課したり権利を制限する規定を設けることはできない。したがって，権力分立体制の下，「国会中心立法の原則」が十全に保障されるためには，たとえ，法律の個別規定による命令制定の委任があったとしても，それは細則的なものや，法律の執行に伴う技術的な内容のものであるべきで，命令への白紙委任は認められない。このことは，当然，教育行政分野にも妥当する。

　②地方自治の理念の尊重

　地方自治は，「地方自治の本旨」の基本原理に支えられ，憲法上の制度として保障されている（憲法92条）。ここに言う「地方自治の本旨」とは，「住民自治」と「団体自治」のことを指している。「住民自治」とは，地域の事務は地域住民の意思に基づいて運営・処理されることを，「団体自治」とは，国から独立した地方団体が自らの意思と責任の下に，地域の事務を運営・処理することをその内容としている。

　こうした憲法の趣旨を受け，国と地方の役割分担について地方自治法上，「住民に身近な行政」は，地方公共団体に委ねることが基本とされている（地方自治法1条の2第2項）。ところが，従来の地方自治法は，普通地方公共団体の事務について，自らの責任と判断で処理できる「自治事務」（→さらにそれは，「公共事務（固有事務）」，「団体委任事務」，「行政事務」の3種に分別）に加え，法令で国の事務と定めたものについて，その執行を地方公共団体の長その他の機関に委任する事務であり，具体的な執行に当り国からの直接的な指揮を受ける

ほか地方議会の権限も制約される，という特質を備えた「機関委任事務」をも法定化していた。

しかしながら，1995（平7）年5月の「地方分権推進法」の成立を機に，分権化に向けた制度改革の気運が加速し，1999（平11）年，地方自治法及びその関連法が一括的に改正された（「地方分権一括法」の成立）。この改正によって，従来の「公共事務」，「団体委任事務」，「行政事務」は全て「自治事務」として位置付けられるとともに，それまでの「機関委任事務」は「自治事務」（→「地域における事務」）と「法定受託事務」（→「法律又はこれに基づく政令により処理することとされるもの」）（自治法2条2項）に再配分された。

教育行政分野においても，憲法の保障する「地方自治の本旨」を具体的に実現すべく，上記制度改正の中で，それまでの機関委任事務の相当数が地方公共団体に委譲されていった。このことに伴って，機関委任事務制度に基づく国の指揮監督権が撤廃され，都道府県レベルと市区町村レベルのそれぞれの教育委員会の自治事務，法定受託事務の整理・再配分がなされた。そうした事務の見直しに係るもののうち，代表的なものとして，教育長の任命・承認制の廃止，学級編制事務の市区町村への自治事務化，義務教育をつかさどる学校への就学に関わる事務（就学校の指定等）の市区町村への自治事務化，等が挙げられる。

③教育行政の独立性の確保

明治憲法下にあって，教育が国の枢要な活動の一つとして位置付けられていたことに伴い，内務大臣が，その任命に係る府県知事が行う教育行政を広範に統括していた。

しかしながら，戦後憲法原理の転換を受け，子どもの人格的な成長を促す精神的な営みという視点から教育を捉えることの重要性への認識が高まった。このことに伴い，教育の自主性を最大限尊重するとともに，戦前の地方教育行政への反省の上に立って，とりわけ，地方行政における「教育行政の一般行政からの独立」を確保し，首長による直接統治やそれに伴う政治的影響力を極力排除することが，教育行政の基本原理と見做されるようになった。地方において首長が掌理する一般行政から独立して教育行政をつかさどる地方独立行政委員会である教育委員会が創設されたのも，そうした教育行政の原理的転換に由来する。そして教育委員会の意義やその在り方について，その制度創設から今日

に至るまで活発な議論が展開され，数次にわたり重要な法改正がなされてきたゆえんも，教育行政の自主独立性の確保という基本原理と行政の効率性の要請という相反する二つの考え方の相克の調整を図ろうとする点に求められてきた。

④説明責任の原則

今日，憲法の基本原理である国民主権及び憲法の保障する「地方自治の本旨」から導かれる住民主権に立脚した納税者主権の視点から，公教育サービスの法的な適切性にとどまらず，最良の便益算出のため公的資金が効果的，効率的に費消されている（「コスト・パフォーマンス」の考え方）ことの証明（アカウンタビリティ）が教育行政当局に対しても求められている。

このような国民の意識変化を背景に，国・地方を通じた行財政改革の一環として，教育行政の領域においても，執行権者の権限に属する事務の執行状況とその成果を評価した上でその結果を公にするための仕組みが急速に整備されてきた。

そうした仕組みの代表例が，政策評価法に基づき，文部科学省を含む各府省の政策を対象に行われる政策評価であり，地方教育行政法に依拠して教育委員会が行う自己点検・評価である。また，教育行政の範疇に属するものではないが，学校教育法に依拠し，保護者等を巻き込んで教育活動や学校運営の状況を対象に各学校ごとに展開される後述の「学校評価」制度も，そうした仕組みの外縁を成すものとして位置付けられる（「学校評価」については，「第9章　学校評価」を参照）。

2　国の教育行財政構造

1　文部科学省の組織活動

①文部科学省の組織

国の教育行政組織の中軸を担うのが文部科学省である。文部科学省は，国家行政組織法3条2項の規定に依拠し，文部科学省設置法2条1項に設置根拠をもつ国家行政組織である。同省の長が文部科学大臣である（文部科学省設置法2条2項）。文部科学省は，2001（平13）年1月の中央省庁再編により，当時の「文部省」と「科学技術庁」の統合によって誕生した。

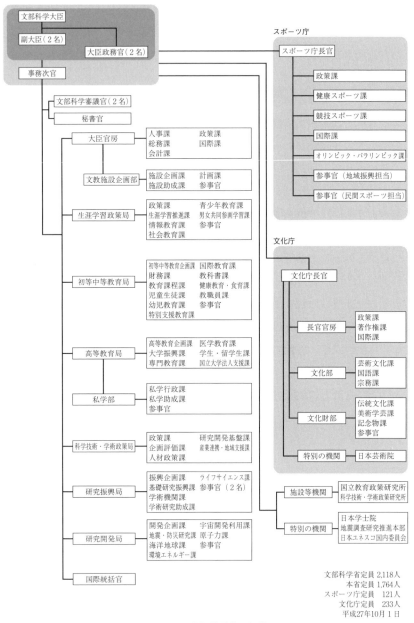

図 5-1　文部科学省の組織

（出所）　http://www.mext.go.jp/b_menu/soshikiz/04.htm（文部科学省 HP 2016 年 1 月 11 日閲覧）。

文部科学省は，本省と外局に分かれている。本省には，大臣官房のほか，生涯学習政策局，初等中等教育局，高等教育局，科学技術・学術政策局，研究振興局，研究開発局の6局と国際統括官1人が配置されている（それまでの「スポーツ・青少年局」が所掌していた業務は，後述のスポーツ庁の設置に伴い同庁に移管された）。また，大臣官房に文教施設企画部が，高等教育局に私学部が置かれている（文部科学省組織令2条）。文部科学省の外局として，文化庁とスポーツ庁の二つが置かれている。このうちスポーツ庁は，2020（平32）年開催の東京オリンピック・パラリンピックの開催に向けた整備事業を行政面から主導することを視野に入れつつ，スポーツ行政を一元的に担い「スポーツの振興その他のスポーツに関する施策の総合的な推進を図ることを任務」（文科省設置法15条）とするもので，文部科学省設置法の一部改正を経て2015（平27）年10月に設置された（図5-1）。

②文部科学省の任務及び所掌事務

　文部科学省の任務は，文部科学省設置法3条により，「教育の振興及び生涯学習の推進を中核とした豊かな人間性を備えた創造的な人材の育成，学術及び文化の振興，科学技術の総合的な振興並びにスポーツに関する施策の総合的な推進を図るとともに，宗教に関する行政事務を適切に行うこと」にあるとされている。そして文部科学省設置法3条に定める任務達成のためにつかさどるべき所掌事務を，同法4条で93項目にわたり詳細に規定している。それら所掌事務をその内容・性格に着目すると，おおよそ次のような大括りで区分けをすることができる。

・教育改革に関すること。
・生涯学習に関すること。
・地方教育行政に関すること。
・地方公務員である教育関係職員に関すること。
・初等中等教育に関すること。
・教科用図書に関すること。
・学校保健に関すること。
・海外に在留の邦人子女，帰国子女及び本邦在留の外国人の児童生徒に関す

ること。
・高等教育に関すること。
・外国人留学生及び日本人留学生に関すること。
・専修学校及び各種学校に関すること。
・国立大学，大学共同利用機関，国立高等専門学校及び独立行政法人に関すること。
・私立学校及び公立学校に関すること。
・社会教育に関すること。
・学校の施設・環境の整備に関すること。
・科学技術に関すること。
・学術の振興に関すること。
・研究開発に関すること。
・原子力政策・行政に関すること。
・スポーツ政策の企画・立案及び推進に関すること。
・心身の健康の保持増進に資するスポーツの機会の確保に関すること。
・文化の振興に関すること。
・著作権，出版権，著作隣接権の保護・利用に関すること。
・宗教法人に関すること。

　文部科学省組織令では，大臣官房ほか6局と国際統括官の所掌事務が，各局等ごとにさらに具体的かつ詳細に規定されている（同組織令3〜10条）。
　③文部科学省関連の審議会（教育関係審議会）
　審議会とは，国家行政組織法8条により，国の中央行政機関に設置されるもので「重要事項に関する調査審議，不服審査その他学識経験を有する者等の合議により処理することが適当な事務」をつかさどる合議制の機関のことを指す。
　文部科学省関連の教育関係審議会も，各審議会（及びそこに置かれた各分科会）の種類・性格の違いに応じ，文部科学大臣の意思決定に資するような政策提言や法制化に関わる提言，許認可や認定等に関わる文部科学大臣への建言など，行政過程はもとより立法過程においても大きな役割を担っている。
　審議会のそうした役割に対しては，a）政府の政策を翼賛するための「御用

機関」に過ぎない，b）政府が専権的に政策実行をする一方でその責任を転嫁するための「隠れ蓑」になっている，とする批判が旧来よりなされてきた。そうした批判が一般論として妥当するか否かはともかく，教育関係審議会がこれまでに行った提言や建言は，文部科学行政に対し多大な影響力を及ぼしてきたことは事実であり，社会に開かれた民主的教育行政を希求する立場から見てその役割は積極的に評価できよう。

　ところで，中曽根政権下で内閣総理大臣直下の諮問機関として，臨時教育審議会が設置され，この時期を境に教育改革論議が本格化していった。そしてさらに，小泉政権以降，（総合）規制改革会議，規制改革・民間開放推進会議，経済財政諮問会議，教育再生実行会議などといった官邸直属の会議体の諸提言が教育改革に与える影響が強まりつつある。学術・科学技術の発展・進歩，社会構造・産業構造の変化，グローバル化の進展等，急速に転変しつつある多様な要因の中で，有為な人材育成が急務となっており，内閣主導で教育改革を進めていくことに一定の合理性も認められる。しかしその一方で，従来より教育行政を管掌してきた文部科学省には，教育に関わる専門的見地や現場重視の視点に立脚し，固有の立場から教育改革を推進していくことが今日一層求められている。こうした現下の状況を的確に認識しつつ，文部科学省に設置された教育関係審議会に対しては，これまでの実績を継承しつつも，社会の変化に対応した新たな役割を期待することが必要な時期に差し掛かっていると考える。

　教育関係審議会として文部科学省内に置かれるもので，文部科学省設置法に設置根拠をもつものとして，科学技術・学術審議会，国立大学法人評価委員会が，文部科学省組織令に設置根拠をもつものとして，中央教育審議会，教科用図書検定調査審議会，大学設置・学校法人審議会，国立研究開発法人審議会がある。このほか，外局の文化庁には，文部科学省設置法に基づいて，文化審議会，宗教法人審議会が，同じくスポーツ庁には，スポーツ審議会令に基づくスポーツ審議会といった審議会が置かれている。

　これら審議会の中で，教育の在り方，教育政策並びに教育制度に密接に関わっているのが，文部科学省組織令75条に直接的な設置根拠をもつ中央教育審議会，教科用図書検定調査審議会及び大学設置・学校法人審議会である。

　このうち，中央教育審議会は，2001（平13）年の審議会再編を経て，ほぼ現

在の姿になったもので，従来の中央教育審議会の一部と生涯学習審議会，理科教育及び産業教育審議会，教育課程審議会，教育職員養成審議会，大学審議会，保健体育審議会の機能を整理統合し形成された。現行の中央教育審議会の職務は，文部科学大臣の諮問に応じ，教育の振興，生涯学習の推進を中核とした人材育成に関する重要事項等を調査審議し，文部科学大臣等に意見を述べることとされている（文部科学省組織令76条）。

また教科用図書検定調査審議会は，学校教育法の規定に基づき，教科用図書検定基準に関する審議等，その権限に属する事項を処理する（文部科学省組織令77条）。

大学設置・学校法人審議会は，学校教育法，私立学校法及び私立学校振興助成法の規定に基づき，公・私立大学の設置認可や学部等の増設の認可，大学を設置しようとする学校法人の認可に関わる審議を行う機関である（文部科学省組織令78条）。

④教育行政における国と地方の関係

教育行政における国と地方の関係については，機関委任事務の執行過程等における指揮監督権行使や，法令に拠らず「通達」等を介した指導行政の在り方等に対し，これまでもたびたび問題提起がなされてきた。行財政改革の推進という流れの中で進められている「規制改革」や地方分権化の動きを契機に，教育行政におけるこれまでの国と地方の関係は新たな段階を迎えつつある。

ここでは，教育行政上の国と地方の関係を，国と地方間相互の行政作用の態様・手法に照準を当て，地方教育行政法，地方自治法に則して列記していくこととする。

(i) 文部科学大臣，都道府県知事による地方公共団体への技術的な助言，勧告並びに資料の提出要求（自治法245条の4第1項），学校の設置・管理，学校運営，研修，社会教育，スポーツ振興，資料・手引き等の作成・利用，教育委員会の組織・運営等を対象に，文部科学大臣から地方公共団体へまたは都道府県教育委員会から市町村へ指導・助言・援助（地教行法48条1項，2項）。

(ii) (i)の市町村への指導・助言・援助を行うに当り，文部科学大臣より都道

府県教育委員会に対し指示（地教行法48条3項）。
(iii) 地方公共団体の長による，文部科学大臣，都道府県知事への技術的な助言，勧告並びに情報提供の要請（自治法245条の4第3項）。
(iv) (i)に例示の事項を対象に，都道府県知事または都道県教育委員会による文部科学大臣への，市町村長または市町村教育委員会による文部科学大臣または都道府県教育委員会への指導・助言・援助の要請（地教行法48条4項）。
(v) 教職員の適正配置と円滑な交流，教職員の勤務能率の向上に関する事項を対象に，文部科学大臣による都道府県教育委員会または市町村教育委員会相互間の連絡調整及び都道府県教育委員会による市町村教育委員会相互間の連絡調整（地教行法51条）。
(vi) 文部科学大臣または都道府県教育委員会が(i), (v)に関わる権限を行使するに当り，地方公共団体の長または教育委員会が管理・執行する教育事務について必要な調査を実施（地教行法53条1項）。
(vii) (vi)の調査に当り，文部科学大臣は都道府県教育委員会に対し，市町村長または市町村教育委員会が管理・執行する教育事務について調査を行うよう指示（地教行法53条2項）。
(viii) 文部科学大臣による都道府県教育委員会，市町村教育委員会に対する(ｱ)法令違反，(ｲ)教育事務の管理・執行の懈怠，(ｳ)(ｱ)及び(ｲ)に該当し，児童生徒の「教育を受ける権利が侵害」されていることが明らかである場合，文部科学大臣による当該教育委員会に対して理由を示した上での是正要求（地教行法49条）（是正要求の方式として，(ｲ)文部科学大臣による都道府県に対する必要な措置を講ずべきことの要求，(ﾛ)文部科学大臣による市町村に対する必要な措置を講ずべきことの要求，(ﾊ)文部科学大臣の都道府県に対しての，市町村が必要な措置の要求を行うよう指示（自治法245条の5第1項，2項，4項))。
(ix) (viii)の(ｱ)(ｲ)(ｳ)に該当する場合に加え，(ｴ)児童生徒の「生命又は身体に現に被害が生じ，又はまさに被害が生ずるおそれがあると見込まれ，その被害の拡大又は発生を防止するため，緊急の必要があるとき」，文部科学大臣は当該教育委員会に対し，教育事務の管理・執行に係る瑕疵の是正を

緊急指示（地教行法 50 条）。
(x) 文部科学大臣が(viii), (ix)の措置を講じた場合，当該地方公共団体の長及び議会に対してその旨を通知（地教行法 50 条の 2）。
(xi) 文部科学大臣から地方公共団体の長または教育委員会に対しての，都道府県教育委員会から市町村の長又は市町村教育委員会に対しての，教育事務に関する調査，統計その他の資料や報告の提出要求（地教行法 54 条 2 項）。

2 教育財政

①教育財政の構造

「財政」とは，一般に，国や地方公共団体の活動に必要な財源を調達し，管理・支出する公的作用を意味すると理解されている。従って，「教育財政」とは，必要とされる教育活動のために編成された「予算」を適正に管理・執行する作用ということになる。ここに言う「予算」とは，財政行為の準則で，一会計年度における収入・支出の見積もりのことを指す。

近年の文部科学関係予算の構成を経費別に見ると，最も大きな比率を占めているのが，義務教育費国庫負担金であり，以下，国立大学法人運営費交付金，科学技術振興費，私学助成関係費，公立・私立の高等学校等への就学支援費の順となっている。

また，地方自治体も，後述の学校経費設置者負担主義の原則に基づき，学校の設置・運営に必要な資金を確保し，それを適切に費消する責任を担っている。しかしながら，各地方公共団体間で財政力に格差がある中で，教育の機会均等の保障という憲法上の要請を充たすことが求められていることから，国は地方公共団体に対し，文部科学省が上記義務教育費国庫負担金という仕組みを通じて財源移転を行っているほか，総務省によって交付される地方交付税交付金を通した財源移転もなされている。ここに言う地方交付税とは，全国どこでも一定の行政上のニーズが見込まれる事業を各地方公共団体が実施する上で必要な財源を，国が包括的に措置することを内容とするもので，その使途は各自治体の裁量に委ねられている。

ここで，都道府県，市町村別に教育費の概要を見ると，都道府県の教育費は，

市町村のそれの倍近くとなっており，それは義務教育諸学校教職員給与費並びに都道府県立高等学校の諸経費に充てられている。市町村の教育費は，主として，学校建設費，施設・設備整備費等に充当されている。

②義務教育費国庫負担制度

学校教育法 5 条は，「学校の設置者は，その設置する学校を管理し，法令に特別の定のある場合を除いては，その学校の経費を負担する」とし，学校経費設置者負担主義を明定している。しかしながら，憲法上の教育機会均等の原則に基づき，地方公共団体の財政力の格差に関係なく，いつどこででも，必要な数の優れた教職員が配置され，良質の教育が行われなければならない。そのためには，普通教育に携わる全ての教職員に対し，一定水準の給与が継続的・安定的に支給される必要がある。

義務教育費国庫負担制度は，戦前から存在する制度であるが，現憲法下において，学校経費設置者負担主義と教育機会均等原理，さらには義務教育無償の原則といった原理・原則を調整する役割を果たしている（義務教育費国庫負担法 1 条）。この制度に基づき，「義務教育諸学校」の教職員給与に要する実質経費の 3 分の 1 が国庫負担の対象とされている（義務教育費国庫負担法 2 条）（ただし特別の事情がある場合，同法 2 条に基づく「教職員の給与及び報酬等に要する経費の国庫負担額の最高限度を定める政令」により，教職員算定基礎定数を基に国庫負担金の限度額が算定され，各都道府県ごとの教職員配置数に応じ国庫負担金が交付する措置がとられる。残りの経費は都道府県の負担となるが，これについては地方交付税による財源保障がなされている）（「義務教育諸学校」の教職員の給与負担及び任命権の所在については，第 4 章「教員の任用と身分保障」第 1 節第 1 項「教員の身分と任命権者」，第 2 項「任用と任命権者」で評述）。

ところで，かつて小泉政権の下で進められた「三位一体の改革」（国庫補助負担金，税源移譲を伴う税源配分そして地方交付税の在り方を一体的に見直そうとした「改革」）の中で，この義務教育費国庫負担制度も見直しの対象となった。中央教育審議会は，2005（平 17）年 10 月，「新しい時代の義務教育を創造する（答申）」を公にし，「義務教育の構造改革」の推進の必要性に言及するとともに，義務教育制度に係る国の責任を堅持する上で，それまで国の 2 分の 1 負担であった教職員給与負担制度の維持を求めた。しかし，同制度そのものの存続

は認められたものの，結局，国の教職員給与負担割合を従来の2分の1から3分の1に改めることを内容とする義務教育費国庫負担法改正がなされた。こうした負担割合の制度変更はその後の地方交付税交付金総額の大幅見直しとも相俟って，地方公共団体間の財政力格差が義務教育費格差に直接連動し，例えば，教職員定数の給与額を確保できなかったり，正規雇用教員の枠内で複数の非常勤教員を採用（なお，2001（平13）年の「公立義務教育諸学校の学級編制及び教職員定数の標準に関する法律」（義務標準法）改正により，同法17条により，教職員定数の換算に当り，常勤職員の数を非常勤職員の数に換算することが認められている）したりする傾向を生むなど，義務教育費国庫負担制度が担ってきた教育機会均等の原則に陰りが生ずることとなった。

さて，2004（平16）年に従来の国立大学制度に代わる「国立大学法人制度」の始動により，国立大学法人の教職員が非公務員化され国立学校教育職給与表が廃止された。このことに伴い，同表への準拠が義務付けられていた従来の給与決定制度が改められて，教職員給与は都道府県条例の定めるところとされ，給与決定を都道府県の裁量で行えることとなった。こうした制度改変を大きな契機として，それまで教職員の給与等に係る費目ごとに設定されていた国庫負担限度額のシステムは撤廃された。そして同年より，都道府県が，実際に配置されている教職員数とそれに要する給与額等を勘案して，その自主的判断で国庫負担金を支出できる「総額裁量制」が採用され現在に至っている。

総額裁量制のメリットとして，少人数学級の設置・増設や個別のニーズ・課題に対応した教職員の柔軟配置を可能とするなど，地域の実情に個別的かつ多様に対応した人的な教育条件の整備に資することができる点が挙げられている。ただし現実には，義務教育費国庫負担金の縮減化や地方財政の自治体間格差等を背景に，厳しい教育財政運用を強いられている自治体の一部が，教職員人件費の切り下げや，上記・義務標準法17条の規定等に依拠した非常勤教職員の増加等の動きを加速化させている。この点に着目して，総額裁量制が，教職員の雇用の不安定化を強める要因として機能していることへの懸念を示す見解も少なくない。

ところで，今日なお，我が国公財政赤字の縮小を射程に据えた行財政改革が推し進められている。そうした中で，公務員制度改革の一環として，a）児童

生徒の数に対応させた教職員定数の削減，b）教職員給与の優遇措置の見直し，c）各教職員の業務実績に対する評価を基礎にメリハリづけを可能とする新たな給与体系の再構築，に向けた教育財政改革が義務教育費国庫負担金の見直しを軸に展開されつつある。こうした義務教育国庫負担金の在り方の見直しにまで及ぶ教育財政改革が，教育行政の今後の方向性にいかなる影響を与えるのか，地域間格差を捨象した教育の機会均等の保障という憲法原理を堅持するという視点から，そうした政策の効果を正負の両側面にわたって慎重に見極めていく必要がある。

③公立高校就学支援金制度

2010（平22）年4月より，家庭の経済状況の如何にかかわらず，高校生が安んじて勉学に打ち込めるよう，公立高等学校の授業料無償化が実施に移された。これと併せて，私立高等学校についても，公立高等学校と同額を上限に授業料を軽減する就学支援金制度も始動した。同制度の根拠法令は，「公立高等学校に係る授業料の不徴収及び高等学校等就学支援金の支給に関する法律」であった。こうした公立高等学校の生徒の授業料不徴収の措置に伴い，これまでの授業料相当額を国庫負担金として地方公共団体に支弁するとともに，私立高等学校の生徒に対しても一定額を上限とする就学支援金を国が支給する措置が講じられた（所得の低い世帯に対しては加算措置も講じられた）。

この後，2013（平25）年11月の同法の一部改正に伴い，それは「高等学校等就学支援金の支給に関する法律」へと名称変更された。そして，従来の公立高等学校授業料不徴収制度が改められ，国公私立の全ての高等学校等の就学者に就学支援金を支給する制度に一本化されるとともに，高所得世帯の生徒等は，その対象から除外する措置（高等学校等就学支援金支給法3条2項3号，同施行令1条2項）が講じられた。

参考文献

安彦忠彦・児島邦宏・藤井千春・田中博之編著『よくわかる教育学原論』ミネルヴァ書房，2012年4月。

小川正人・岩永雅也編著『日本の教育改革』放送大学教育振興会，2015年3月。

尾﨑春樹編『教育法講義——教育制度の解説と主要論点の整理——』悠光堂，

2013年9月。

勝野正章・藤本典裕編『[改訂新版] 教育行政学』学文社，2015年3月。

教育法令研究会編著『図表でわかる教育法令[第2次改訂版]』学陽書房，2010年1月。

河野和清編著『新しい教育行政学』ミネルヴァ書房，2014年4月。

小松茂久編『教育行政——教育ガバナンスの未来図——』昭和堂，2013年4月。

坂野慎二・福本みちよ編著『学校教育制度概論』玉川大学出版部，2012年11月。

佐藤晴雄『現代教育概論[第3次改訂版]』学陽書房，2011年4月。

土屋基規編著『現代教育制度論』ミネルヴァ書房，2011年6月。

日本教育法学会編『教育法の現代的争点』法律文化社，2014年7月。

早田幸政『[入門] 法と憲法』ミネルヴァ書房，2014年4月。

嶺井正也編著『ステップアップ教育学』八千代出版，2011年5月。

第6章 教育委員会の組織と職務

● 設 問
1. 教育委員会制度の基本理念について論じてください。
2. 教育委員会制度の変遷について簡潔に述べてください。
3. 教育委員会の組織・権限について簡潔に説明してください。
4. 教育委員会と地方公共団体の長の権限関係について論じてください。その際に,「総合教育会議」の設置主体及び「総合施策大綱」の決定権の所在についても言及してください。

1　教育委員会制度の意義

　地方公共団体における教育行政の基本理念に関し,地方教育行政法は,それが教育基本法の趣旨に基づき「教育の機会均等,教育水準の維持向上及び地域の実情に応じた教育の振興が図られるよう,国との適切な役割分担及び相互の協力の下,公正かつ適正に行われなければならない」と定める（地教行法1条の2）。こうした地方公共団体の教育行政の中心的な役割を担うのが教育委員会である。

　教育委員会は,地方自治法180条の5第1項1号,地方教育行政法2条に設置根拠をもち都道府県,市区町村,学校事務組合に置かれる地方教育行政の中軸をなす合議制の執行機関（「地方独立行政委員会」）である。一般に独立行政委員会とは,特定行政分野において,一般行政から相対的に独立して職権を行使し,準立法的権限と準司法的権限を備えた合議制の行政機関を指すものとして捉えられている。その職務は,高度な専門性の裏付けの下に,政党・会派の影響を排除して公正かつ中立的な行政運営を確保したり,相反する利害関係者間の調整を行うことを目的としている。

教育委員会の場合，憲法の保障する「地方自治の本旨」の要請に基づき，地域主権の立場から公正かつ中立的な地方教育行政の運営を図ることに制度上の目的が見出される。教育委員会がそうした制度上の目的をもっていることとの兼ね合いで，教育委員会制度を支える基本原則として，a）住民意思の反映（レイマン・コントロール），b）一般行政からの相対的独立，c）継続性・安定性の確保，の三つの原則を挙げることができる。

　そして，a）「住民意思の反映」の原則により，教育行政が地域住民にとって身近な活動であることから，広く住民の意思を汲み取りながらその活動を進めていくことが求められている。我が国教育委員会制度は，本原則を基本に据えつつ教育行政の専門家である教育長の「専門的指導性（プロフェッショナル・リーダーシップ）」をも重視するという制度設計となっている。b）「一般行政からの相対的独立」の原則により，教育委員会の事務執行に当り，地方公共団体の長から独立してこれを行うことが制度化されている。同原則から，教育委員会行政に対する国家関与も謙抑的であることが要請される。教育が精神的営みを通じた人格形成に資するという側面が大きいことから，政党・会派やそれに属する執行権者の影響を極力排除することにこの原則の本来の目的がある。c）地域住民の行政需要に適切に応える上で，行政一般に「継続性・安定性の確保」の原則が妥当する。とりわけ，教育行政にあっては，児童生徒の発達の過程には相当期間を要することを踏まえ，学年進行や上級教育階梯への接続を見据えた公教育の展開が求められること，一貫した教育行政方針の下で，地域の学校運営が行われる必要があること，等から同原則が重要となる。

2　教育委員会制度の変遷と改革提言

　教育委員会制度は，第一次米国教育使節団報告書の提言を受け，アメリカの制度を範に，1948（昭23）年の教育委員会法の制定によって導入された。教育委員会は，そのほとんどが公選委員で構成されるとともに，教育長は，教員免許状の保持者の中から教育委員会が任命するものとされていた。制度創設の趣旨は，教育の民主化と教育行政の地方分権化を実現することにあった。

　しかしながら，全ての市町村に教育委員会が設置されたのはようやく1952

（昭27）年になってからであるなど，教育の地方分権化の趣旨が十分徹底されなかったことや，政治的中立性確保の観点から教育委員公選制への弊害が指摘されたこと等を受け，1956（昭31）年6月制定の「地方教育行政の組織及び運営に関する法律」（地方教育行政法）によって，従来の教育委員会制度に抜本的な変更が施された。教育行政と一般行政との調和，教育行政領域における国と地方の連携と役割分担を標榜したこの地方教育行政法によって，従来の教育委員会制度に対して，a）教育委員の公選制の廃止と首長による任命制への転換，b）教育長の任命に当り，国や都道府県教育委員会が事前承認をする制度（任命承認制度）の導入，c）予算原案や条例案の議会提案権（原案送付権）の廃止，といった制度変更がなされた。

　この後，国の行財政改革の一環として進められた中央省庁の再編と地方分権化の動きが加速され，1999（平11）年の「地方分権一括法」の成立を機に，同年，地方教育行政法も大きく改正され，教育委員会制度にも改変が加えられた。その主な内容は，a）教育長の任命承認制度の廃止，b）(旧)文部大臣，都道府県教育委員会による指導・助言等に関する規定の改正（「必ず行う」から「必要に応じ行うことができる」に内容の変更），c）機関委任事務制度の廃止に伴う，教育委員会による当該事務の管理・執行に対する文部大臣，都道府県知事からの指揮監督権の撤廃，d）文部大臣による措置要求・是正要求に関する規定の削除（ただし，自治法245条の5は，所轄大臣による一般的な是正要求権を規定），等であった。

　2000（平12）年12月，「教育改革国民会議報告――教育を変える十七の提案」が公にされ，そこで，教育委員会の構成員の多様化，教育委員会の情報開示の制度化等の提言がなされた。このことを受けて，2001（平13）年の地方教育行政法の改正により，教育委員の年齢構成・性別，職業等に著しい偏りがないよう配慮することや委員中に保護者を含めるよう努めることとする規定，教育委員会の会議の原則公開，に関する規定等が盛り込まれた。

　2005（平17）年10月には，中央教育審議会「新しい時代の義務教育を創造する（答申）」が公にされ，首長と教育委員会の連携の強化や教育委員会の役割の明確化，文化，スポーツ，生涯学習支援に関する事務を，各地方公共団体の判断で首長が担当できるようにすること，等の提言がなされた。さらに，

2006（平18）年12月に教育基本法の全面改正がなされたのを受けて，地方教育行政法改正に向け2007（平19）年3月，中央教育審議会「教育基本法の改正を受けて緊急に必要とされる教育制度の改正について（答申）」が公表された。同答申では，a）教育委員会の教育事務の管理・執行状況の点検・評価，b）教育委員会への指導主事の設置，c）教育委員の数の弾力化と保護者を代表する委員の選任の義務化，d）文化，スポーツに関する事務を，各地方公共団体の判断で首長が担当，e）教育における国の責任の果たし方の見直し，などについて提言がなされた。

この答申を受け，2008（平20）年4月，地方教育行政法の改正がなされた。そして，上記a）〜d）の提言に対応させ，教育に関する事務の管理及び執行の状況の点検及び評価等（地教行法26条），指導主事の設置（同法19条），教育委員会の組織（同法3条），教育委員の任命（同法4条4項），スポーツ，文化に関する職務権限の特例（同法23条）として規定化された。また，「e）教育における国の責任の果たし方の見直し」に係る提言に対応させ，ア）文部科学大臣が教育委員会に対し，児童生徒の「教育を受ける権利」に対する侵害を除去するために必要な措置を行うよう指示（地教行法49条），イ）児童生徒の「生命又は身体の保護のため，緊急の必要がある場合」，文部科学大臣は当該教育委員会に対し，教育事務の管理・執行に係る瑕疵の是正を緊急指示（地教行法50条），ウ）ア）及びイ）に定める指示や是正の要求を行った場合，当該地方公共団体の長と議会にその旨を通知（地教行法50条の2），が規定化された。

さらに，2013（平25）年4月，教育再生実行会議「教育委員会制度等の在り方について（第2次提言）」は，地方教育行政の権限と責任の明確化を図る一環として，教育委員会の長を教育長とすることや，教育行政への国の関与を一層強化することを内容とする方針を提言した。

この提言を受け，それまでの地方教育行政法が抜本的に見直され，改正地方教育行政法が2014（平26）年6月に公布，翌2015（平27）年4月から施行されることとなった。この改正により，a）教育長が教育委員会の事務を掌理し，教育委員会を代表する（地教行法13条1項），b）地方公共団体の長が，長と教育委員会で構成される「総合教育会議」を設置し，そこでの協議を経た後，地域の教育・学術文化に関する大綱を決定する（地教行法1条の3，1条の4），

c）文部科学大臣に対し，教育委員会にその事務の管理・執行について直接的な指示を発する権限を付与する（地教行法50条），こと等を内容とする規定が置かれることとなった。

　この改正により，とりわけ教育長の地位・権限が強化された点に着目し，教育委員会による教育長へのチェック機能が低下する上に，「地方公共団体の長―教育長」のラインによる地方教育行政と一般行政の一体化が進行し，教育委員会自体の形骸化につながることへの懸念を示す見解も少なくなかった。

3　教育委員会の設置と構成・職務

[1]　教育委員会の設置

　教育委員会は，都道府県，市町村といった普通地方公共団体並びに特別区（市に準ずる），教育事務を掌るいわゆる学校事務組合（市町村事務組合に加え，都道府県も加入できる広域連合の事務組合も含まれる）といった特別地方公共団体に置かれる（地教行法2条）。

[2]　教育委員会の構成

①教育委員会の全体構成

　教育委員会は，教育長及び4人の委員で構成することを原則とする。ただし，条例で定めるところにより，都道府県もしくは市または学校事務組合のうち都道府県もしくは市が加入する地方公共団体の委員会にあっては6人以上の委員，町村または町村のみが加入する学校事務組合の教育委員会にあっては3人以上の委員をもって組織することができる（地教行法3条）。2014（平26）年改正地方教育行政法の下での「教育長」は，教育委員会の構成員であるが，教育委員兼任者ではない（平26.7.17文科初490初中局長通知）。

　また，教育長及び委員の過半数が同一政党に所属することはできない（地教行法7条2項，3項）。

②教育長

　教育長は，a）当該地方公共団体の長の被選挙権を有する者であること，b）人格が高潔であること，c）「教育行政に関し識見」を有していること，

という積極要件を充たし，なおかつ，a）破産手続開始の決定を受けて復権を得ていないこと，b）禁錮以上の刑に処せられた者，という要件に該当しない者の中から，地方公共団体の長により，議会の同意を得て任命される（地教行法4条1項，3項）。ここに言う「教育行政に関し識見」の意については，教育行政経験者や教職員経験者に限定するものではなく，教育法規や組織マネジメントに精通しているなど，教育行政への必要な資質を備えていれば幅広く該当するものとされる（平26.7.17文科初490初中局長通知）。

教育長の任期は3年で，再任されることができる（地教行法5条）。

教育長は，その地方公共団体の議会の同意を受け，長により罷免される。罷免手続，罷免事由については，地方教育行政法7条に定められている。教育長は，地方公共団体の長の選挙権者からの解職請求を受け，その職を失う場合もある（地教行法8条）。ほかに，地方教育行政法9条は，教育長の失職について定める。教育長が辞職するに当っては，地方公共団体の長及び教育委員会の同意が必要である（地教行法10条）。

教育長は，その職務遂行に当り当該地方公共団体の教育行政の運営に対して負う重要な責任を自覚するとともに，教育基本法に根差した地方教育行政の基本理念等に則し，かつ，児童生徒等の教育を受ける権利の保障に万全を期して地方教育行政の運営が行われるよう意を払うことが要請されている（地教行法11条8項）。教育長は常勤の職（地教行法11条4項）として，上記の基本的使命を遂行すべく，秘密守秘義務（退職後にまで及ぶ）や職務専念義務を負うとともに，「積極的な政治活動」が禁じられている（地教行法11条1項，5項，6項）。

教育長は，教育委員会の「会務を総理」し，「教育委員会を代表」する（地教行法13条1項）。ここに言う「会務を総理」するとは，a）2014年改正地方教育行政法以前の教育委員長の職務である「会議を主催」すること，b）教育委員会の権限に属する全ての事務をつかさどること，c）事務局の事務を統括し，所属の職員を指揮監督すること，を意味する一方で，従来同様，合議制の執行機関である教育委員会の意思決定を受けて事務をつかさどる立場に変わりはなく，これに反する事務執行は認められないものとされている（平26.7.17文科初490初中局長通知）。

教育委員会の会議の招集権者は教育長である（地教行法14条1項）。その一方で，委員の定数の3分の1以上の委員から，会議に付議すべき「事件」を示して会議の招集を請求された場合，遅滞なくこれを召集すべきものとされる（地教行法14条2項）。

③教育委員

教育委員も教育長同様，地方公共団体の長により，議会の同意を得て任命される（地教行法4条2項）。その積極要件は，a）当該地方公共団体の長の被選挙権を有する者であること，b）人格が高潔であること，c）教育，学術及び文化に関し識見を有していること，である（同上）。消極要件については，教育長と同様である（地教行法4条3項）。この他，教育委員の罷免，解職請求，失職及び辞職に関しても，教育長と同様の法規定が適用される。

委員の任期は4年で，再任されることができる（地教行法5条）。

委員は，非常勤職である（地教行法12条2項）。教育長同様の秘密守秘義務を負うほか政治活動についても謙抑的であることが求められる一方で，法的な職務専念義務は課されていない（地教行法12条1項）。

④会議の運営

教育委員会の会議の招集権者・運営権者は，上述の如く，教育長であるが，委員の定数の3分の1以上の委員から会議の招集を請求された場合，これを招集しなければならない。教育委員会は，特段の場合を除き，教育長及び委員の過半数の出席により会議を開催する。教育委員会の会議の議事は，出席者の過半数で決し（秘密会とすることの決定は3分の2），可否同数のときは，教育長の決するところによる（以上，地教行法14条1項～4項）。

会議は，秘密会の決定（人事案件等について）がなされたものを除き，公開されなければならない（地教行法14条7項）。

教育長は，会議終了後，遅滞なく，その議事録の作成公表に努めなければならない（地教行法14条9項）。議事録の作成・公表は，小規模自治体の事務負担等を考慮し努力義務にとどめてはいるが，原則，これを作成・公表することが強く求められている（平26.7.17文科初490初中局長通知）。

⑤教育委員会事務局

教育委員会の権限に属する事務処理のため，教育委員会に事務局が置かれる。

「事務局の内部組織は、教育委員会規則」によって定められる（地教行法17条）。地域の一般住民は、教育委員会事務局のことを「教育委員会」（通称の「教育委員会」）と見なしており、合議制の執行機関である上記教育委員会（狭義の「教育委員会」）と併せ、広義の「教育委員会」として理解できるとする見解もある。このように、教育委員会事務局は、教育委員会が地方教育行政を効果的、効率的に展開していく上において、必須不可欠の存在である。

ところで、同事務局を構成する職員のキャリアは大きく三つの範疇に分別されると言われてきた。第一の範疇は、一般行政職の職員を地方行政事務のキャリアを積ませるために配置した一般行政職のグループである。第二の範疇は、学校現場で教育の衛に当っていた教師で、より高い教育上の専門性を身に付け発揮させるために配置された教職のグループである。第三の範疇は、学校現場で学校事務職を担当していた経験を基に、教育行政職員として手腕を発揮するとともに、教育アドミニストレーターとしてのより高い専門性を身に付けされることを目的に配置された学校職員のグループである。いずれのグループに対しても、その職を将来のキャリアアップにつながる単なる通過点として見做すのではなく、それまで培ってきた知識・経験を基に業務運営に携わり、良質の教育行政を遂行し、地域から信頼される本来の意味における地方行政のエキスパートとして成長を遂げることが期待されている。

教育委員会事務局には、指導主事、社会教育主事及び事務職員、技術職員その他の職員が配置される（地教行法18条1項、2項、社会教育法9条の2第1項）。

指導主事は、学校における「教育課程、学習指導その他学校教育に関する専門的事項の指導」に係る業務に従事する（地教行法18条3項）。指導主事には、大学以外の公立学校の「教員」を充てることができる（地教行法18条4項）。指導主事に「教員」を充てた場合、教職に従事させることはできないが、その指導主事のこれまでの「教員」としての身分は引き続き保持される（地教行法施行令5条）。社会教育主事は、社会教育並びに学校が地域等と連携して行う教育活動の支援に係る業務に従事する（社会教育法9条の3第1項、2項）。そこでの業務は、助言・指導を通じて行われるものであり、実際に社会教育を行っている者に対し、「命令及び監督をしてはならない」ものとされている（同上）。社会教育主事の資格要件は社会教育法9条の4に定められている。

教育委員会事務局に配置される職員は、教育委員会が任命する（地教行法18条7項）。社会教育主事についても、同様の手続で任用される。

　なお、指導主事、社会教育主事は、教育公務員特例法2条5項の規定により、「専門的教育職員」として法的に位置づけられている。そして同法15条により、この「専門的教育職員」の採用・昇進は、教育長の行う「選考」によるものとされている。したがって、教育委員会による指導主事、社会教育主事の任命に当っては、教育長の行う「選考」を経る必要がある。

　事務局職員は、上述の如く、「会務を総理」する教育長の指揮監督を受ける。

　ところで、今日における地方分権改革の推進の一環として、教育行政が地域の実情や特性を考慮して適正かつ円滑に遂行できるよう、教育委員会事務局の政策機能の強化が急がれている。これに呼応して、大規模自治体にあっては政策立案に特化した固有の部署を設置し専門スタッフの配置がなされつつある一方で、中小の自治体にあってはそのための対応をとることが財政的に困難であることが大きな課題となっている。

[3]　**教育委員会の職務**

　①教育委員会の規則制定権

　地方公共団体の独立行政委員会の規則制定権に関し、地方自治法138条の4第2項は、法令または地方公共団体の条例、規則に反しない範囲で「その権限に属する事務に関し、規則その他の規程を定めることができる」旨を規定する。同規定を受けて、さらに地方教育行政法15条1項は、教育委員会が「法令又は条令に反しない限りにおいて、その権限に属する事務に関し、教育委員会規則を制定することができる」旨を定めている。ここでは、中立的で公正な教育行政を展開し、一般行政からの独立性を確保するという教育行政上の基本的要請に基づき、国の定める法令や地方議会が定立する条例に違反しない限りにおいて、教育委員会は、長の規則制定権と同等の法的立場において、その法的効力を同じくする「規則」を制定する権限が認められている点が重要である。

　さらに、教育委員会の規則制定権に関し、地方教育行政法33条1項は、その所管に属する「学校その他の教育機関の施設、設備、組織編制、教育課程、教材の取扱その他学校その他の教育機関の管理運営の基本的事項」に関し、教

育委員会規則でそれらを定めることを義務付けている。このような学校運営における教育委員会と学校との間の権限関係を明確化した教育委員会規則を，特に「学校管理規則」と呼称する。学校管理規則の意義は，教育委員会と校長との間の権限の調整を明確化することにより，能率的な学校管理の確保を図ろうとする点に求められている。

　学校管理規則は，概ね，a）教育管理，b）組織管理，c）物的管理，の諸領域を対象に制定されるものとされている。

　このうち，「a）教育管理」として，学級編制の決定（公立義務教育諸学校標準法4条），学期及び休業日の決定（学教法施行令29条），保護者への児童生徒の出席停止の命令（学教法35条）等の法令由来の事項のほか，教育課程の基準の設定，教育課程の承認・受理，教科書採択，指導要録様式の設定，等がある。「b）組織管理」として，県費負担教職員の服務と監督（地教行法43条1項，2項），「教員人事評価」（地教行法35条，44条），学校運営協議会の設置及び運営方法並びに同協議会を置く「指定学校」の指定・取消しに係る手続（地教行法47条の5第1項，第8項）等の法令由来の事項のほか，校務分掌の届出受理，などがある。「c）物的管理」として，教育委員会による教育財産の管理（地教行法28条1項），等の事項がある。

　公立学校に対する学校管理権が設置者である地方公共団体の教育委員会の権限であることが制度上の建前とされている（学教法5条等）一方で，個別の学校管理は，「校務をつかさどり，所属職員を監督」する校長に委ねられている（学教法37条4項）。各学校を取り巻く環境・条件や受入れ児童生徒等，学校ごとにその状況が異なることから，学校管理の態様を一律に規定することへの困難性が指摘される中，今日，学校管理規則の在り方についてもその見直しが強く求められている。

　なお，教育委員会が学校管理規則で定めようとする事項のうち，その実施に当り予算措置を講じる必要があるものについては，予め当該地方公共団体の長と「協議」することが義務付けられている（地教行法33条1項後段）。

②教育委員会の個別具体の職務

　教育委員会が，地方教育行政の基本理念として掲げられている，a）教育の機会均等，b）教育水準の維持・向上，c）地方の実情に応じた教育の振興

（地教行法1条の2），という目的を遂行するため，地方教育行政法はその21条で，教育委員会の個別具体的な職務として，次のような事項を列記している。

(i) 教育委員会の所管に属する学校その他の教育機関の設置・管理・廃止に関すること。
(ii) 学校その他の教育機関の用に供する教育財産の管理に関すること。
(iii) 教育委員会及び学校その他の教育機関の職員の任免その他の人事に関すること。
(iv) 学齢生徒及び学齢児童の就学並びに児童生徒及び幼児の入学・転学・退学に関すること。
(v) 学校の組織編制，教育課程，学習指導，生徒指導及び職業指導に関すること。
(vi) 教科書その他の教材の取扱いに関すること。
(vii) 校舎その他の施設及び教具その他の設備の整備に関すること。
(viii) 校長，「教員」その他の教育関係職員の研修に関すること。
(ix) 校長，「教員」その他の教育関係職員並びに児童生徒及び幼児の保健，安全，厚生及び福利に関すること。
(x) 学校その他の教育機関の環境衛生に関すること。
(xi) 学校給食に関すること。
(xii) 青少年教育，女性教育及び公民館の事業その他社会教育に関すること。
(xiii) スポーツに関すること。
(xiv) 文化財の保護に関すること。
(xv) ユネスコ活動に関すること。
(xvi) 教育に関する法人に関すること。
(xvii) 教育に係る調査及び基幹統計その他の統計に関すること。
(xviii) 所掌事務に係る広報及び所掌事務に係る教育行政に関する相談に関すること。
(xix) その他当該地方公共団体の区域内における教育に関する事務に関すること。

これに加え，教育委員会には，地方教育行政法上，さらに次のような職務が付加されている。

(i) 教育事務の管理・執行状況の点検・評価（地教行法26条）。
(ii) 教育に関する歳入歳出予算その他議会の議決を要する案件についての，地方公共団体の長への意見申出（地教行法29条）。

　上に見るように，教育委員会の職務は，学校の設置・廃止，学校の施設・設備の整備，教育関係職員の人事・研修，児童生徒等の入学・転学・退学，学校の組織編制，教育課程，生徒指導及び職業指導，教育関係職員及び児童生徒の福利厚生，学校給食，学校法人，スポーツ，文化財保護，社会教育，調査・統計さらにこれに教育事務の点検・評価も加わるなど，多岐にわたっている。それらの事項の多くは，既述の教育委員会の重要な職務権限である規則等の制定権の裏付けを伴って，学校現場の広範かつ細部に至るまで制度的に羈束するものとなっている。なお，教育委員会には，今日，教育に関する予算原案編成権は認められていないが，その編成権者である長への意見申出の権限が承認されている。この意見申出の権限は，後述の如く，教育長へ委任することが一切認められていない点に留意が必要である。

　教育委員会の職務は，「法令，条例，地方公共団体の規則並びに地方公共団体の機関の定める規則及び規程」にのっとるとともに，それから逸脱することのないよう執行されなければならない（地教行法24条）。

　教育委員会は，「教育委員会規則で定めるところにより，その権限に属する事務の一部を教育長に委任し，又は教育長をして臨時に代理」させることができるものとされている（地教行法25条1項）。その場合，教育長は，地方教育行政法25条1項の規定により委任された事務または臨時に代理した事務の管理・執行の状況を教育委員会に報告することが義務付けられている（同3項）。教育長に委任された事務の再委任の可否に関し，教育長は「教育委員会規則」で定めるところにより，「委任された事務その他その権限に属する事務の一部を事務局の職員若しくは教育委員会の所管に属する学校その他の教育機関の職員に委任し，又は事務局職員等をして臨時に代理させることができる」（地教

行法25条4項）としこれを認めている。
　その一方で，地方教育行政法は，次の事務については教育長への委任を認めていない（同2項）。

(i)　教育事務の管理・執行の基本方針に関すること。
(ii)　教育委員会規則その他教育委員会の定める規程の制定・改廃に関すること。
(iii)　教育委員会の所管に属する学校その他の教育機関の設置・廃止に関すること。
(iv)　教育委員会及び教育委員会の所管に属する学校その他の教育機関の職員の任免その他の人事に関すること。
(v)　教育事務の管理・執行状況の点検・評価に関すること。
(vi)　教育に関する歳入歳出予算その他議会の議決を要する案件についての長への意見申出に関すること。

　こうした教育長への委任を禁ずる地方教育行政法25条2項の意義は，2014（平26）年改正地方教育行政法が教育長の地位・権限を強化する一方で，合議制執行機関である教育委員会の意思決定を受けて事務をつかさどる立場は不変とする同法の趣旨を貫徹させるべく，教育委員会の最重要かつ基本的な事務を明らかにした上で，それらは教育長に委任するのではなく，教育委員会自身の責任と判断の下で事務執行がなされるべきことを宣明した点に見出すことができる。

4　教育委員会と地方公共団体の長との関係

1　地方公共団体の長の職務

　地方公共団体の長の職務として，地方教育行政法は，次の諸事項を挙げている。

(i)当該地方公共団体の教育・学術及び文化の振興に関する総合的な施策の大

綱を定めること（地教行法1条の3第1項）。
(ⅱ)大学に関すること（地教行法22条）。
(ⅲ)私立学校に関すること（同上）。
(ⅳ)教育財産を取得・処分すること（同上）。
(ⅴ)教育委員会の所掌に係る事項に関する契約を結ぶこと（同上）。
(ⅵ)その他教育委員会の所掌に係る事項に関する予算を執行すること（同上）。

　この他，地方公共団体の長は，条例の定めるところにより，教育委員会の職務のうち，a）スポーツに関すること（学校における体育に関することを除く），b）文化に関すること（文化財の保護に関することを除く），のいずれかまたは全てを管理・執行することができる（地教行法23条1項）。地方公共団体の長が，スポーツや文化に関する事務を所掌できるゆえんは，関連する他の地域振興行政と併せこれら行政を一元化させることによって地域のニーズに効果的に応えようとする点にある（平19.7.31文科初535事務次官通達）。ただし，地方公共団体の議会には，そのための条例の制定・改廃の議決に当り，教育委員会の意見を聴くことが義務付けられている（地教行法23条2項）。

2　教育委員会と地方公共団体の長との権限関係

　ここまで教育委員会と地方公共団体の長の各々の職務について見てきたが，次に，そうした権限配分の存在を前提に両者を取り結ぶ権限関係がいかに制度設計されているか，という点について見ていくこととする。
　第一に，教育委員会を構成する教育長と教育委員の任免権が，地方公共団体の長に留保されている，ということが挙げられる（地教行法4条1項，2項，同7条1項）。この仕組みに対しては，一般行政と教育行政の一貫的な遂行を担保する基礎的条件として位置付けられると評価する意見がある一方で，教育行政の独自性や専門性が希薄化し，教育行政の一般行政への従属の端緒として機能するとの批判も根強い。
　第二に，上に見たように，教育委員会からの事前の意見聴取を条件に，地方公共団体の長には，教育委員会の職務のうち，スポーツや文化に関する事務の管理・執行が認められている，ということが挙げられる（地教行法23条1項，

2項)。

　第三に、都道府県知事がその権限に属する私立学校に係る事務を管理・執行するに当り、都道府県委員会に対し、学校教育に関する専門的事項について助言・援助を求めることができる（地教行法27条）、ということが挙げられる。その際、私立学校の自主性を尊重するなど、私立学校に対し適切に配慮することが必要である（平19.7.31文科初535事務次官通達）。

　第四に、教育財産の管理権は教育委員会に留保されているが、地方公共団体の長の「総括の下」でこれを行うべきこと、とされている点が挙げられる。併せて、教育財産の取得は、教育委員会の申出を受けて長が行うこと、教育財産取得後、長はこれを速やかに教育委員会に引き継ぐこと、が規定されている（地教行法28条）。

　第五に、すでに述べたように、地方公共団体の長が教育の歳入歳出予算その他の議案を作成するに当り、教育委員会からの意見聴取が義務付けられている（地教行法29条）、ということが挙げられる。

　そして、第六として挙げられるのが、「教育、学術及び文化の振興に関する総合的な施策の大綱」（以下「総合施策大綱」と略記する）の策定における、地方公共団体の長と教育委員会に関わる関係である。「総合施策大綱」の策定に関わる仕掛けは、2014（平26）年6月の地方教育行政法改正によって新たに制度化されたものである。そこで、この制度を次節で詳しく見ていきたい。

3 「総合施策大綱」の策定

①「教育振興基本計画」と「総合施策大綱」

　地方公共団体の長は、「教育基本法第17条第1項に規定する基本的な方針を参酌し、その地域の実情に応じ、当該地方公共団体の教育、学術及び文化の振興に関する総合的な施策の大綱」を定めるものとされている（地教行法1条の3第1項）。ここに言う「教育基本法第17条第1項に規定する基本的な方針」とは、同規定に根拠をもつもので、閣議決定の後に国会に報告され、国民にも公にされる「教育振興基本計画」のことを指す。

　教育振興基本計画の必要性は、2000（平12）年12月の教育改革国民会議「教育改革国民会議報告——教育を変える十七の提案」の中で提示されたも

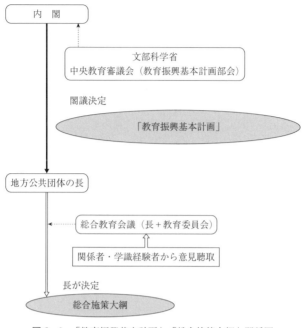

図 6-1 「教育振興基本計画」,「総合施策大綱」関係図

ので,教育改革の基本方向を明らかにするとともに,教育施策の総合的かつ計画的な推進を図るための政府の行動計画としての役割が企図されていた。その後,2003(平15)年3月の中央教育審議会「新しい時代にふさわしい教育基本法と教育振興計画の在り方について(答申)」において,「政府として,未来への先行投資である教育を重視するという明確なメッセージを国民に伝え,施策を分かりやすく示すという説明責任を果たすためにも,教育の基本法である教育基本法に根拠を置いた」教育振興基本計画を法定化することの意義が強調された。また,そこでは,「政策目標」と「施策目標」を明記するとともに,施策目標については,できる限り数値化することで達成度評価を容易にし,施策の検証に役立つようにすることの重要性が説かれた。すなわち,そこでは教育振興基本計画の執行状況に対し,政策評価を随伴させる仕掛けを設けることが提言されたのである。そしてさらに,教育振興計画の策定に際しては,「国が責任を負うべき施策と地方公共団体が責任を負うべき施策とを明確に区別した上で,相互の連携・協力が図られる」ことが必須であるとされた。

こうして，我が国教育改革の推進を踏まえた教育政策遂行の行動規範である教育振興基本計画と十全に調和し，地方行政の展開を担保できる教育実施計画の策定が各地方公共団体に対して求められることとなった。そして，教育振興基本計画に対応させて，地域の実情に応じて各地方公共団体ごとに策定される教育計画こそが，地方教育行政法1条の3第1項に依拠する「総合施策大綱」なのである。

　上記・中教審答申では，教育振興基本計画の達成状況等の評価を通じてその有効性の検証を行うことについて言及がなされた。評価を通じた有効性の検証の必要性については，総合施策大綱に対しても同様に妥当しよう。その場合，政策評価の手法が取り入れられるほか，地方教育行政法26条に依拠し，教育委員会の職責としてなされる教育に関する事務の管理・執行状況の点検・評価を通じて，同大綱の結果や成果の検証がなされることになろう。そこでは併せ，点検・評価結果報告書の議会への提出とその社会への公表を通じ，説明責任の履行も確保される。

　このように教育振興基本計画と総合施策大綱の有機的な連動性を担保させる措置が法制化されたことによって，教育における国と地方の役割分担と連携関係が一層実効性をもつことが期待されている。もとよりこの点については，こうした措置の法制化によって，国による地方教育行政への統制が一層強まる懸念があるとの考え方も成立し得る。

②「総合施策大綱」の策定手続（図6-1）

(a)「総合施策大綱」の性格とその決定権者

　地方教育行政法1条の3第1項は，教育振興基本計画を「参酌」して「総合施策大綱」を定めるものとされているが，各自治体の教育課題は地域ごとに多様であることを踏まえ，ここに言う「参酌」とは「参考」の意に解すべきものとされている（平26.7.17文科初490初中局長通知）。また，同大綱の計画期間についての法の定めはないものの，4～5年程度が想定されている（同上通知）。なお，同大綱の趣旨に合致した計画をすでに策定済みの場合，「総合教育会議」（後述）で協議・調整した上で同計画を大綱に代えることができるが，自治体の長の交代に伴い，新たな大綱を定めそれが既存の計画と大きく異なっている場合，同大綱に則して既存計画を変更することが望ましいものとされる

（同上通知）。

　総合施策大綱の決定権者は，既述の如く，地方公共団体の長である（地教行法1条の3第1項）。

　地方公共団体の長が，総合施策大綱を決定しもしくはこれを変更しようとする場合，予め「総合教育会議」で協議することが義務付けられている（地教行法1条の3第2項）。そして，その協議の後，長が総合施策大綱を定めもしくはこれを変更した際には，遅滞なく，これを公表するものとされている（同条3項）。

　総合施策大綱の決定権者は地方公共団体の長であるが，このことは，教育委員会の職務を長が代わって行使することを容認したものでないことはもとより，長の職権権限が教育委員会のそれと競合することを認めることを意味するものでもない。このことにつき，地方教育行政法は，総合施策大綱の決定権者が地方公共団体の長であることを以て，長に対し，同法21条に規定の教育委員会の職務権限に属する教育事務を「管理し，又は執行する権限を与えるものと解釈してはならない」旨を明定している（地教行法1条の3第4項）。こうした歯止め規定が存在するにもかかわらず，総合施策大綱の決定が長の「専権事項」とされている点に着目して，その決定権限を文字通り専権的に行使することを通じ，長が地方教育行政を自在に操る実体が惹起されることへの懸念を示す見解も存する。

(b)「総合教育会議」

　総合施策大綱の決定・変更に関する協議等を行う機関として新たに総合教育会議を置くことが義務付けられたが，同会議の設置権者は地方公共団体の長である（地教行法1条の4第1項）。

　総合教育会議は，地方公共団体の長と教育委員会で構成される（同条2項）。同会議は，長と教育委員会という対等な執行機関同士の協議・調整の場として位置づけるべきものとされる（平26.7.17文科初490初中局長通知）。なお，総合教育会議の事務を教育委員会事務局に委任または補助執行させることに問題はない（同上通知）。

　総合教育会議における協議事項は，次の通りである（地教行法1条の4第1項）。

(i) 大綱の策定・変更に関する協議
(ii) 教育を行うための諸条件の整備その他の地域の実情に応じた教育，学術及び文化の振興を図るため重点的に講ずべき施策
(iii) 児童生徒等の生命または身体に現に被害が生じ，またはまさに被害が生ずるおそれがあると見込まれる場合等の緊急の場合に講ずべき措置
(iv) (i), (ii), (iii)に係る協議の結果を踏まえ，長と教育委員会の間の事務の調整

長及び教育委員会は，上記(iv)の事務調整の結果を尊重すべきものとされている（同条8項）。

総合教育会議の招集権者は，地方公共団体の長である（地教行法1条の4第3項）。教育委員会がその権限に属する事務に関して協議する必要があると判断した場合，地方公共団体の長に対し，総合教育会議の招集を求めることができる（同条4項）。総合教育会議は協議に当り，必要に応じ，協議事案の関係者や学識経験者から意見聴取をすることができる（地教行法1条の4第5項）。

総合教育会議は，個人の秘密保護や会議の公正性を確保する必要がある場合を除き，原則公開される（地教行法1条の4第6項）。また，議事録の速やかな公表も要請されている（同条7項）。

総合教育会議は，2015（平27）年度から始動するところとなったが，その活動は緒に就いたばかりであり，所期の目的に則して効果的な活動を展開するまでには，更なる時間の経過が必要と思われる。

参考文献

尾﨑春樹編『教育法講義――教育制度の解説と主要論点の整理――』悠光堂，2013年9月。
勝野正章・藤本典裕編『[改訂新版] 教育行政学』学文社，2015年3月。
木崎一明編『教育改革をめぐる重要課題』学事出版，2013年6月。
河野和清編著『新しい教育行政学』ミネルヴァ書房，2014年4月。
坂野慎二・福本みちよ編著『学校教育制度概論』玉川大学出版部，2012年11月。
佐藤晴雄『現代教育概論［第3次改訂版］』学陽書房，2011年4月。
土屋基規編著『現代教育制度論』ミネルヴァ書房，2011年6月。
村上祐介編著『教育委員会改革5つのポイント――「地方教育行政法」のどこが変わったのか――』学事出版，2014年12月。

第 7 章
勤務評定から教員人事評価へ

● 設 問
1. 教員の「勤務評定」制度の意義と同制度が抱えてきた課題を確認した後に、「教員人事評価」制度が導入されるに至った背景・経緯について説明してください。
2. 組織において営まれる「人事評価」の在るべき評価視点について論じてください。
3. 教員人事評価制度の意義・内容について述べた上で、そこでの「目標管理型評価」の位置付けについて説明してください。

1　勤務評定制度とその課題

1　勤務評定制度の法的根拠と実施主体

　公立学校教員を対象とする勤務評定の根拠規定は、地方公務員法及び教育公務員特例法にそれぞれ規定があった（本章では、教職にある教師を「教員」と記す）。

　これまで地方公務員法40条1項は、「任命権者は、職員の職務について定期的に勤務成績の評定を行い、その評定の結果に応じた措置を講じなければならない」と規定していた（2014（平26）年5月の地方公務員法改正により「人事評価」制度の導入が図られたことに伴い、同法40条は全文削除）。

　先述したように、都道府県立学校教員の身分は都道府県に属し、市町村立学校（義務教育諸学校）教員の身分は市町村に属している。都道府県立学校教職員の任命権者は、もとより都道府県教育委員会である。市町村立学校教員もその給与が県費で負担され「県費負担教職員」として制度上位置付けられていることと相俟って、その任命権者は、都道府県教育委員会となっている（政令指定都市の公立学校教員の場合、その給与は都道府県が負担する一方で、任命権は当

該政令指定都市の教育委員会に帰属していることは前述のとおり)。

ところが，人事管理に関わる権限が原則的に任命権者に帰属する一方で，当該市町村職員であることを前提に，地方教育行政法に基づき，その服務監督権等は市町村教育委員会が留保する(地教行法43条1項)。こうした法構造上の帰結として，勤務評定の実施主体に関する規定であった(旧)地方教育行政法46条は，「県費負担教職員の勤務成績の評定は，地方公務員法第40条第1項の規定にかかわらず，都道府県委員会の計画の下に，市町村委員会が行うものとする」と定められてきたのである。

2014(平26)年5月，地方公務員法改正との同時改正として，地方教育行政法においても教員評価に係る制度改正がなされた。すなわち，教職員の身分取扱いを定めた同法35条中に「人事評価」の文言が付加され，公立学校教(職)員を対象とする教員人事評価制度が始動することとなった。このことに伴い，同法46条は全文削除されることとなった。

2 勤務評定制度の課題

①勤務評定制度の意義

勤務評定制度のそもそもの目的は，(旧)文部省「勤務評定実施要項」(昭28.12.18訓令8号)によれば，昇任・昇格等の「人事上の諸問題の処理に当り，実証的な根拠により健全な人事行政の運営を図り，業務の能率増進」を図ろうとすることにあった。

②課　題

教員を対象とする勤務評定制度は，1956(昭31)年の地方教育行政法の制定に伴って導入されたものである。導入当初から，この制度に対する教職員組合等からの反発が強く，愛媛県が教員の定期昇給を勤務評定と連動させようとしたことから，日教組は組織を挙げて，全国規模で「勤評反対闘争」を展開させていった。

勤務評定は，都道府県のほとんどの自治体で実施に移された。しかし，勤務評定を昇給・昇格と直接連動させない自治体が大半を占めるなど，勤務評定制度の形骸化が進行していった。勤務評定の定着を阻んだ外的理由が教職員組合による熾烈な抵抗闘争にあったとしても，教員間の役割分担と責任における対

等性を前提に学校運営のなされる我が国学校組織並びに教員の勤務形態の特殊性の下で醸成された学校文化の風土の中に，勤務評定制度を根付かせることは極めて困難なことであった（加えて，地方公務員制度において，相当期間，職階制が存在していたことも，勤務評定制度の実効的な運営を阻む一因となっていた）。

そうした学校固有の組織・風土の下，勤務評定が形骸化の道を辿った要因として，a）もっぱら校長の観察を通じて評定を行う方式がとられており，評価の客観性やその制度に対する信頼を高めることができなかったこと，b）評定結果が教員本人に告知される仕掛けになっていなかったことから，その制度自体，改善や資質向上の契機として機能し得るものではなかったこと，c）相対評価ではなく，絶対評価の手法がとられていたことに伴い，評定結果を処遇に反映させることが困難であったこと，等の事柄が挙げられた。

2　教員人事評価制度

1　教員人事評価制度導入の背景

今日の教員人事評価制度に道を開いた背景を考える上で，最も重要なのは国家公務員制度改革である。

鈴木政権下に内閣直属の諮問機関として設置された第二次臨時行政調査会による諸提言を契機に，1980年代以降，行政の組織・運営のスリム化，効率化に向けた検討が進められ，2001（平13）年には，中央省庁再編等の抜本的な機構改革が断行された。公務員制度についても，人事管理の在り方の見直し等，その制度改革の模索が行われた。そして，2001年12月に閣議決定された「公務員制度改革大綱」によって，勤務評定制度に代わる「『能力評価』と『業績評価』」からなる「公正で納得性の高い」新たな評価制度の導入の提言がなされた。その後の2004（平16）年12月に閣議決定された「今後の行政改革の基本方針」において，能力本位の人材配置の実現と効率的な人材育成を図ることを目的に，2005（平17）年度中に本府省を対象とする試行的人事評価制度に着手することが確認された。こうした一連の動きを経た後，2007（平19）年7月，国家公務員制度改革を柱とする国家公務員法の改正が行われ，勤務評定制度に代わる新たな人事評価制度が導入されるところとなった。なお，国家公務員法

(旧) 29 条及び「国家公務員の職階制に関する法律」に制度上の根拠をもちながら、実効的な運用の行われなかった国家公務員の職階制は、同年の法改正に伴い、全廃された。

さて国家公務員法には、人事評価制度に関し、a）職員の人事管理は、採用年次や採用試験の種類にとらわれることなく人事評価に基づいて適切に行われるべきこと（国公法 27 条の 2）、b）人事評価は公正に行われるべきこと（同法 70 条の 2）、c）所轄庁の長は、定期的に人事評価を行うべきこと（同法 70 条の 3 第 1 項）、d）人事評価の基準・方法等については、人事院の意見を聴き政令でこれを定めること（同第 2 項）、e）所轄庁の長は、人事評価の結果に応じた措置を講ずべきこと（同法 70 条の 4 第 1 項）、等の規定が置かれるところとなった。

国家公務員法 70 条の 3 第 2 項の規定に基づき、2009（平 21）年 3 月に制定された政令が「人事評価の基準、方法等に関する政令」である。このいわゆる人事評価令により、人事評価は、「能力評価」と「業績評価」の二種で実施されることとなった。同令では、前者は、当該職員が、職務上発揮することが求められる能力（標準職務遂行能力）に応じた行動をとることができたかどうかが、別に定める「人事評価実施規程」に即してなされる評価であり、後者は、当該職員が果たすべき役割として期首に設定した「目標」が、期末までにどれだけ実現できたかの評価である、と定められている（評価令 4 条）。そこでは、近年、民間部門でその導入が急速に進んでいる「目標管理」型の評価の仕掛けが組み込まれている。そして人事評価の手順は、人事評価令 5 〜 18 条で詳細に定められている。それによれば、従来の勤務評定制度と大きく異なり、期首・期末に評価者・被評価者間で面談を行い意思疎通の機会がもたれ、評価結果についてもそれが被評価者に開示され、それを基に指導・助言がなされる仕組みとなっている。

地方公務員の人事評価の法制化については、2014（平 26）年 5 月の地方公務員法の改正に伴い、職員の身分取扱いに係る任命権者の権限を定めた同法 6 条 1 項中に「人事評価（認証、給与、分限その他の人事管理の基礎とするために、職員がその職務を遂行するに当たり発揮した能力及び挙げた業績を把握した上で行われる勤務成績の評価をいう）」とする文言が付加され、それまでの勤務評定の系

第7章 勤務評定から教員人事評価へ

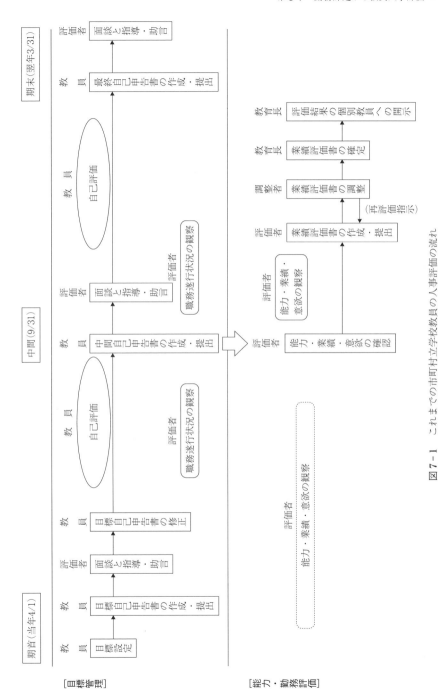

図7-1 これまでの市町村立学校教員の人事評価の流れ

譜に位置づけられる「能力評価」と，目標管理に依拠した評価手法である「業績評価」の二種から成る人事評価制度が実施されることとなった（同制度の本格実施は，2016年4月から）。この制度改正を受け，それまでの職階制の根拠限定であった地方公務員法23条が全文削除された。そして同法中に，新たに人事評価の趣旨・目的（23条），人事評価の実施とそのための手順（23条の2），人事評価結果の活用法（23条3），人事評価の実施に関する人事委員会から任命権者への勧告（23条4）に係る諸規定が置かれるところとなった。

さて，2005（平17）年10月「新しい時代の義務教育を創造する（答申）」は，「学校教育や教師に対する信頼を確保」するため，教員を対象とした評価制度の構築が必要である旨提言していた。そして「教師にやる気と自信をもたせ，教師を育てる」という視点から，主観や恣意を排し客観性を担保しつつ，「教師の権限と責任」の明確化の上に立って評価を行うのが効果的であるとした。

また官邸サイドからは，2007（平19）年7月の閣議決定「第1期教育振興基本計画」が，学校教育に対する信頼確保と教員の資質向上を図るため，「教員評価」の取組を促した。続く2010（平22）年6月の閣議決定「新成長戦略——『元気な日本』復活のシナリオ」の「2011年度に実施すべき事項」として，教員の資質向上を目指し教員を対象とした「評価の実施」が掲げられた。さらに，2013（平25）年6月の閣議決定「第2期教育振興基本計画」は，「教員一人一人の能力や業績を適切に評価する教員評価を実施し，評価結果を教員の処遇等へ適切に反映することを促進」する方向性を打ち出した。

こうした勤務評定から人事評価への移行を模索するという流れの中で，全国に先駆けて東京都が，2000（平12）年4月より「人事考課制度」による教員評価を開始した。東京都の教員評価は，教員自身の「自己申告」と評価者が職務遂行状況を評価する「業績評価」の組み合わせで行うものとされた。具体的な教員評価は，a）校長が定めた「学校経営方針」を踏まえ，個々の教員による自己申告書への取組目標の記入→b）取組目標をめぐり，校長・副校長と面談→c）校長・副校長による該当教員の授業観察その他の観察→d）自己申告した取組目標に対する「成果」と「課題」についての教員自己評価→e）校長・副校長との面談を通じ，自己申告書を確定し校長に申告→f）校長による絶対評価→g）市区町村教育委員会教育長による相対評価，というプロセスを通じ

て進められるものとされた。東京都の人事考課制度は、自己申告制の導入、評価者と被評価者の対話を通じての自己申告書の形成等、教員の資質向上の契機ともなり得るような「開かれた人事評価」として理解できる余地がある点において、それまでの勤務評定制度とは明らかに異なるものであった。こうした東京都の人事考課制度を皮切りに、教員評価制度構築の動きは全国に波及していくこととなった。

　ところで、1918（大7）年の市町村義務教育費国庫負担法制定以降、相当期間にわたり「義務教育諸学校」の教職員給与に要する経費の2分の1が国庫負担の対象とされてきたが、国家財政の状況が厳しさを増す中、その負担割合は3分の1へと低減した。また、現行制度下では、教員の給与等に係る費目ごとに設定されていた国庫負担限度額は撤廃され、都道府県が、実際の教職員数とそのための給与額等を勘案し、自主的判断で国庫負担金を支出できる「総額裁量制」が採用されている（「総額裁量制」の意義・課題については、第5章「教育行政の基本原理と国の教育行財政構造」第2節第2項「教育財政」を参照）。総額裁量制の導入とともに、国による補助金削減も手伝い地方公共団体の財政状況の悪化の中で、公立学校教員に対する処遇と連動させた人事評価制度の導入・促進は不可避的状況となっていた。

　こうした状況の下、先に見たように2014（平26）年5月の地方公務員法改正に伴い、地方公務員を対象とした人事評価制度が実施されるところとなった。これと同時並行的に地方教育行政法も改正され、同法35条中に、教員を対象とする「人事評価」の文言が加えられた一方で、勤務評定の根拠規定であった同法46条は削除され、教員評価の領域にも法制度上の人事評価システムが導入されることとなった。加えて、そうした新たな制度の導入に伴って、それまで、都道府県単位で県費員担教職員を対象に法定化されていた職階制の根拠規定（（旧）地教行法41条）が全文削除された。さらに、教育公務員特例法についても同様の改正が行われ、同法の目的規定である1条中に「人事評価」の文言が付加された。こうして公立学校教員に対しても、改正地方公務員法によって制度化された、目標管理型評価として性格付けられる「業績評価」及びこれまでの勤務評定の系譜にある「能力評価」の二種で構成される教員評価の手法が適用されるところとなった。なお、改正を見た地方教育行政法44条は「県

費負担教職員の人事評価」は「都道府県教育委員会の計画の下に，市町村教育委員会が行う」ものとされ，人事評価の実施主体に関しては，これまでの勤務評定制度における基本的枠組みが維持されることとなった。後述の如く，県費負担教職員を対象にこれまで相当程度普及してきている人事評価制度は，改正地方教育行政法等の法的根拠の基で本格実施の段階に移行する。

2 組織における人事評価

①組織における人事評価の意義

　営利，非営利の別を問わず，およそそれが「組織体」として成立・存続していく上で，経営マネジメント，財務・会計マネジメント，人材マネジメントの適切かつ効果的な遂行が不可欠である。人事評価は，このうち，人材マネジメントの範疇に属している。あらゆる組織は，今日の厳しい経済的社会的状況の下で，またあらゆる領域にグローバル化の波が押し寄せてくる中で，戦略的マネジメントの一環として，当該組織の活性化に向け，組織内スタッフの長所や成果を適切かつ公正に評価する人事評価の仕組みを確立することが求められている。

　このように人事評価の必要性が肯定されるべきであるとはいえ，「評価」そのものの在り方に対し，テクニカルな視点から疑問を呈する意見も少なくない。例えば，被評価者に対し，個別の評価項目ごとに丁寧な評価を行うべきところ，当該被評価者に対する先入観や全般的印象に依拠して評価してしまう（ハロー効果），極端な評価を敬遠しようとする結果，評価結果が中間に集中してしまう（中心化の傾向），被評価者の行動や結果を評価者が一貫して寛大に評価してしまう（寛大化の傾向）といったものが，評価を否定的に捉える意見として知られている。これらの主張には，評価には「評定誤差（バイアス）」を伴い，そもそも客観的評価を行うことを不可能視する意が含意されている点で共通している。

　人事評価におけるそうした評定誤差を克服できない大きな理由は，評価基準・評価指標それ自体に曖昧なものが多く，その適用に際して評価者間で解釈が異なってしまうこと，レイティングをするに当り，「良好」，「B」，「不十分」といった評定段階において求められる水準も明確化しきれず結局それが評価者

の判断に委ねられてしまうこと，等にある。

　しかし，こうした課題の存在を便法として持ち出し，評価の意義を否定し去ってしまえば，現下の我が国内外を取り巻く厳しい状況の中で，組織内スタッフの資質・能力の向上力が減殺されるにとどまらず，組織の持続力，体力の衰弱・衰亡につながりかねない。そこで，評価に内在する限界に留意しつつ，各組織の実情に合わせ，可能な限り公平・公正で，「客観的」な評価の仕組みを考究することが求められている。

　さて，人事評価を行う際の一般的な留意点として挙げられるのが，これを「絶対評価」として行うのか，それとも「相対評価」として行うのか，という点である。

　ここに言う「絶対評価」とは，「絶対的評価基準」に照らして，個々の組織内スタッフを評価する手法である。この手法は，何らかの絶対的な基準に照らしてスタッフを評価するものであることから，当該スタッフの評価結果が，他のスタッフの評価結果に影響を及ぼすことはない。一方「相対評価」とは，個々の組織内スタッフを，相互に比較することを通じて行う評価である。この手法では，当該スタッフの評価結果が，他のスタッフに対してなされる評価結果に影響し，各組織内スタッフのグループ内での順位や位置付けの確定が指向される。

　絶対評価は，公平かつ柔軟な評価ができるというメリットがあるのに対し，それぞれの評価項目について総得点中，何点獲得できたかを計算し，それに基づいて価値判断を行い結論を示すことが要請される点において手続が煩瑣となること等がデメリットとして指摘されている。他方，相対評価に対しては，比較の対象とされるグループ内の他のメンバー次第で，相対優位になったり相対劣位になったりするなどその地位が上下してしまうというデメリットがあるものの，人と人との比較を行う中で結論を容易に導き出せること等がそのメリットとして指摘されている。

　人事評価において，「短期の評価」を重視するのか，「長期の評価」を重視するのか，という視点も評価において重要である。

　評価結果を処遇に反映させることに対しての批判には，根強いものがある。そうした批判の存在を十分認識した上で一般論を述べるならば，評価結果を給

与と連動させるという点から見れば「短期の評価」が，「人を育てる」という点から見れば「長期の評価」が，よりなじみやすいと言える。とはいえ，産業界では，年功制から（後述の）成果主義に人事管理がシフトしつつあり，その点だけを見れば，人事評価にあっては，「短期の評価」が時代の趨勢となっている。

　人事評価において，「結論指向型評価（summative evaluation）」，「改善指向型評価（formative evaluation）」のいずれを目指すのか，という視点も大切である。

　「結論指向型評価」は，評価結果が他に選択の余地のない一定の結論を導き出す方向で作用する評価方式で，数量的な評価基準や指標が多用される点に特徴がある。「改善指向型評価」は，評価結果を，組織・活動や行動計画等の改善のために活用させる方向で作用する評価方式である。そこでは，数値基準が必ずしも絶対的な評価尺度とは見做されず，定性的観点からの評価も重視される点に特徴がある。「改善指向型評価」を軸に人事評価システムの制度設計を行う場合，傾向的に，組織内スタッフの合意を得ることが比較的容易である。そうした試みの実践に当っては，企業の一部等で比較的古くから導入されている「360度多面評価」と呼ばれる評価手法が参考になる。「360度多面評価」とは，組織内スタッフごとに，能力，スキル，職務行動，成果等を自己評価させるとともに，スタッフの上司，同僚，部下，取引先，顧客等から多面的に他者評価を受けた上で，自己評価結果と他者評価結果の比較の中で，自身の長所と課題を認識させ自己改善に連結させることを目的とする評価手法である。この評価手法の特徴は，ａ）被評価者自身が自らの評価を行うこと，ｂ）被評価者を，複数の評価者の目を通して評価すること，ｃ）被評価者に対し，自己評価結果と他者評価結果を比較させることを通じ，改善に向けたモティベーションを醸成させることが企図されていること，等の点に見出される。

　②近年の人事評価のトレンド

　近年，成果主義を軸とした「成果評価」という用語が盛んに用いられている。成果評価とは，達成目標及び予想される成果を測定する指標・数値目標を事前に設定した上で，実際の達成度合いを指標・数値目標に照らして定期的に評価し，評価結果を組織改革や処遇等に反映させることを内容とする評価概念で，「パフォーマンス・メジャーメント」とも呼ばれている。ここに言う「パフォ

ーマンス」には，成果並びに成果に結び付く行動の双方が含まれている。
　「成果評価」は，アメリカで誕生した評価手法で，明示的に設定された「成果（outcomes）」（「予め設定された到達目標」の意）との関連において評価基準・評価指標を設定し，個人の資質・能力・行動の検証を指向する「コンピテンシー・モデル」に支えられた評価の考え方である。
　人事評価が成果評価的な色彩を強めることに対しては，組織の内外を取り巻く厳しい環境・条件の下，一部において人件費抑制の具としてこの手法が活用されてきた経緯を踏まえ，組織内スタッフのまとまりや活力が損なわれる，各スタッフが短期的利益の追求に奔走しがちとなる，等の否定的意見も提起されてきた。しかしながら，「成果評価」は，「結果評価（アウトプット評価）」とは異なり，組織のミッション・目標や各人の目標に即して，そうしたミッションや目標がどれだけ達成されたかを，プロセスから結果さらには事後的影響も含め全体にわたって評価しようとするものである。しかも，自律性に基礎づけられた行動目標としての評価規範に即して，定性，定量のバランスを考慮しながら評価できるメリットが大きいということで，今日この評価手法が次第に受け入れられつつある。

３ 教員人事評価制度の諸相

　上に見たように，2000（平12）年４月より東京都が始動させた「人事考課制度」による教員評価をきっかけに，今次の人事評価に係る法改正に先んじて，教員を対象とする評価制度が全国に波及していった。ここでは，同制度をweb上で公表している都道府県の中から，特に千葉県，広島県，大分県，沖縄県について，その概要を簡単に押さえておくこととする。公表資料によってその紹介を行うので，各県ごとにその内容・項目等にばらつきがあることを予めお断りしておきたい。
　①千葉県の教員人事評価制度
　人事評価の目的は，公正な人事管理の確保，教員の能力開発と人材育成，学校組織の活性化に求められている。
　人事評価は，「目標申告」（＝校長の定めた学校の教育目標を踏まえて教員自身が設定した職務上の達成目標の自己評価）と「業績評価」（＝職務遂行過程で発揮

された能力，意欲並び業績の評価）の二種で構成されている。人事評価の対象は全教員である。教員の第一次評価者は副校長または教頭で，第二次評価者は校長である。

　人事評価のうち，「目標申告」の手順は，ａ）評価期間における教員自身の職務上の目標を目標申告書に記載→ｂ）教員は，職務遂行状況や達成状況について自己評価しそれを目標申告書に記載した上で，第一次評価者に提出→ｃ）第一次評価を受け第二次評価者は，教育長に目標申告書を提出→ｄ）第二次評価者は，教員に対しては，目標申告書に関わる面談を行い，指導・助言を提示，という流れとなる。一方，「業績評価」は，主に第二次評価者によって行われる。教育長は，第二次評価者が業績評価書に記載した評価結果を調整する権限をもつ。

　「業績評価」結果は，評価期間における教員の勤務成績を示すものと見做される。「業績評価」結果は，各教員ごとに開示される。

②広島県の人事評価制度

　人事評価の目的は，教員の意欲・資質の向上，適正な人事管理，学校組織の活性化と総合力発揮の動因とすること，に求められている。

　人事評価は，「自己申告による目標管理」（＝学校経営目標を踏まえ，自身が設定した目標に基づいて行う自己評価），「勤務評定（＝各教員の能力，実績，意欲等を対象とした評価）の二つからなっている。人事評価の対象は，全ての教員である。評価者は，「校長等」とされている。

　人事評価のうち，「自己申告による目標管理」は，ａ）教員による自身の設定した目標の自己申告→ｂ）校長等が各教員と面談し，指導・助言→ｃ）校長等との面談を基に，自己目標を修正・追加→ｄ）各教員が年度中間期に中間自己評価を行い，それを受けて校長等が指導・助言→ｅ）各教員が年度末に最終自己評価を行い，最終申告に係る自己評価書を作成→ｆ）校長等が，提出された最終自己評価書の指導・助言欄に所見を記入した後，各教員に提示，という手順で進められる。「勤務評定」は，中間評価の後に実施される。

③大分県の人事評価制度

　同県の人事評価制度を定める「大分県市町村立学校職員の評価システムの実施に関する規則」１条の目的規定で，同制度が（旧）地方教育行政法46条

(いわゆる勤務評定規定)に依拠したものであることが明示されている。また,同制度の目的が,教員への適切な指導と公正な人事評価を通じた教員の能力開発と資質の向上及び学校組織の活性化にあることが,そこで示されている。

　同県の人事評価は,「目標管理」と「人事評価」の二種の方式で行われるものとされる。人事評価は,全教員を対象に行われる。教員の評価者は,校長とされている。

　人事評価のうち,「目標管理」は,a)各教員は,学校の重点目標等を踏まえ,自身の職務上の目標を自己申告書に記載し校長に提出→b)提出された自己申告書を基に,校長は教員と面談し指導・助言(副校長または教頭等の同席が可)を行った後,当該教員に自己申告書を返付→c)指導・助言を踏まえ,自己申告書記載の目標を修正・追加→d)校長は,評価期間中の教員の職務遂行状況を観察するとともに,目標達成に向けた取組状況を把握し,適宜指導・助言→e)教員は,目標の達成状況を自己申告書に記載し,校長に提出(「中間申告」の実施)→f)教員は,目標の達成状況を自己評価するとともにこれを自己申告書に記載し,校長に提出→g)校長は各教員と,目標達成状況及び職務遂行状況について面談し(副校長または教頭等の同席が可),指導・助言の後,自己申告書を教員に返付→h)教員は,校長からの指導・助言を踏まえ,目標達成状況を自己申告書に記載し,これを校長に提出(「最終申告」の実施)の手順で進められる。一方,「人事評価」は,a)校長が,各教員ごとに,能力・実績と姿勢・意欲の評価を行い,個別の「人事評価書」を作成し,第一次調整者(市町村教育委員会の教職員人事担当課長)に提出→b)第一次調整者は,必要に応じ,「人事評価書」に調整を加え,最終調整者(教育長)に提出(最終調整者は,必要に応じ,「人事評価書」に調整を加え,場合により評価者や第一次調整者に対し「再評価」を指示),の手順で行われる。

　「人事評価」の結果は,当該教員の「評価」を示したものと見做される。「人事評価」の結果は,原則不開示とされるが,指導監督上の理由等で,開示が必要との判断がなされた場合,それが各教員に開示される。「人事評価」の結果に対する苦情の申出及び相談については,別途,対応するものとされる。

④沖縄県の人事評価制度

　同県の人事評価を制度化した「沖縄県市町村立学校職員に係る教職員評価シ

ステムに関する規則」1条の目的規定において，同制度が，それまでの「勤務評定」の根拠規定であった（旧）地方教育行政法46条に依拠するものであることが明記されている。また，そこで，同制度の目的が，教員の資質・能力の向上と学校組織の活性化にあることが示されている。

人事評価は，各教員の作成する「自己申告書」を基に進められる。その過程で，評価者と行われる面談等を経て，「業績評価書」が作成される。人事評価は，全ての教員を対象に行われる。教員の第一次評価者は副校長または校長で，校長が最終評価者とされる。

人事評価は，a）教員が自己申告書を作成し，第一次評価者に申告→b）第一次評価者は，自己申告書を基に各教員と面談し，指導・助言を行い，その能力・業績について評価し，最終報告（評価）者に対して意見具申→c）最終報告（評価）者は，教員の職務状況を観察し，自己申告書を基に面談し，指導・助言を行い，その能力・業績について評価し，業績評価書を作成，という手順となる。教育長は，校長に対し再評価の実施を求めたり，必要な指導・助言を行ったりすることができる。

業績評価書は，当該教員の評価を示すものと見做される。評価結果は，各教員に開示される。評価結果に苦情があれば，教育長に対し，苦情申出をすることができる。

4 「教員評価」の意義と課題

現在，全国で一般に「教員の人事評価」という呼称で展開されている「教員評価」は，概ね次の点で共通している（そうした教員評価の一般的な流れについては「図7-1」参照）。

(i) 「目標管理」を軸に据えた評価（目標管理型評価）と，従来の勤務評定の系譜に位置付けられる能力や勤務状況の評価（能力・業績査定型評価）の二種の組み合わせで実施される。

(ii) 目標管理型評価は「改善指向型評価」としての，能力・業績査定型評価は「結論指向型評価」としての色彩が強い（そして，前者は傾向的に，絶対評価の手法で，後者は相対評価の手法も交えて行われていると考えられる）。

(iii) 目標管理型評価と能力・業績査定型評価は，それぞれ独立に行われているわけではなく，目標管理型評価の結果（とりわけ中間結果）が能力・業績査定型評価の折に参照されるなど，能力・業績査定型評価は目標管理型評価に相当程度依存して進められる。

(iv) 目標管理型評価は，概ね，教員自身が設定した目標の達成状況を自己申告書に記載し，校長等の評価者との面談を行う中で同申告書を確定していくというプロセスで進められる。一方，能力・業績査定型評価は，校長等の評価者が主体的に行い，これを教育委員会事務局内部で調整の上，最終的に教育長が確定するという手順で進められる。

このように，全国に普及し定着してきた教員評価は，おおよそ上記のような四つの点において共通性を見出すことができる。そして，そこで展開されている「教員の人事評価」が，概ね勤務評定の系譜に位置付けられる能力・業績査定型評価に限定されずに，目標管理型評価とセットのものとして構成されている点で，改正地方公務員法を機に制度化された教員人事評価との親和性が高いことが理解できる。

しかしながら，その一方で第一次評価者が校長，副校長または教頭のいずれなのか，性格の異なる二種の教員評価の調整がどう進められるのか，評価結果がいかなる程度まで開示され苦情申立がどれだけの範囲で認められるのか，という点については，各自治体の間で依然ばらつきがあるようである。

こうした教員評価の在り方に対しては，各教員の教育活動に対し，行政が「目標管理」の手法を用いて権力介入を図るもので「不当な支配」を意味し，従来の勤務評定を上回るレベルにおいて，憲法の保障する「教育の自由」を侵害するものであるとする批判も根強い。この点について，教育という営為が人格の成長を促す内面に根差したもので行政統制から一定の距離を置くべきであることに加え，教員の勤務形態の特殊性を十分考慮すべきであるという視点に立つ限りにおいて，上記批判は傾聴に値する。

しかしながら，教員に保障された「教育の自由」は子どもの学習権に正当性の基礎を置くもので，教員が学習者の「学ぶ」権利に貢献するという視点からその資質向上の契機となるような評価を受けることには合理性がある。加えて，

相当程度の公的資金の裏付けを得て「公教育」を担う教員に対しては，社会の負託にこたえられるよう制度化された評価を通して自己改善を図っていくことが社会的責任であるとも言える（なお，教員に対する「自己申告票」の提出を義務付けることに違法性はない，と判断した判決例もある［大阪地判平20.12.25判タ1302号116頁］）。現に，国費依存で運営されている国立大学（法人）においても，憲法上，「教授の自由」が保障されているはずの大学教員を対象とする教員個人評価が定着しつつある（加えて，教育公務員特例法5条の2が，公立大学における教員人事評価を法廷化している）が，その所似は，学修者の権利擁護や社会への説明責任等の点に求められている。したがって，仮に現行の教員評価制度に対する批判が妥当するとすれば，その批判は，当該システムが教員の自律性の尊重の上に立ってその資質向上に資するものとなっているか，評価結果が各教員の自己改善にフィード・バックできるものとして制度設計されているか，という観点から展開すべきである。

　教員評価制度は，2014（平26）年5月の地方公務員法改正及び地方教育行政法改正などにより，公立学校教員を対象とした人事評価制度が法文化されたことにより新たな段階を迎えることとなった。同制度の本格実施を視野に収め，2015（平27）年12月の中央教育審議会「チームとしての学校の在り方と今後の改善方策について（答申）」は，同法改正の趣旨を踏まえ，教員の人事評価の基本目的が人材育成にあることをあらためて確認した上で，a）評価者である校長等の評価能力を高めるための研修を充実すること，b）人事評価プロセスに，授業やその他の校務の取組状況の観察を取り込むこと，c）併せて，それら活動を行う際の他の教職員との連携・協働の状況にも目配りをすること，などの点に留意する必要性について言及がなされた。

　このように教員人事評価制度が本格稼働していこうとする中，教職者としての教員が，自律的にその専門性を高めていく上で，自身が設定した目標に即してその遂行状況を自己評価することは，憲法保障事項である「教育の自由」の内実をより高めることになるものと考える。したがって，自身の立てた目標の達成状況の自己検証を軸に，評価者，被評価者が同じ評価プロセスの下で，対話を繰り返しながら進めていく「協働参画型評価（participatory evaluation）」の実現に向け，学習者の立場に寄り添った民主的な評価システムを関係当事者

間の合意の下で設計・運用していくことこそが，今後とりわけ重要となろう。

　なお中央教育審議会は，教員の養成・採用・研修の接続と一体性の強化策として，都道府県等の教育委員会主導で策定される「教員育成指標」（仮称）の活用可能性について検討を行ってきた。教員評価のうち，校長等が行う「業績評価」にあっては，明確な評価基準や評価指標が存在しない中でそうした評価の営為が執り行われている現状に鑑み，今後，教員育成指標が、事実上若しくは制度上の評価基準・指標としての役割を果たす可能性の可否について注視していく必要がある（「教員育成指標」の意義等については，「第3章　教職と教員養成・研修」第2節第2項を参照）。

参考文献

姉崎洋一・荒牧重人・小川正人・金子征史・喜多明人・戸波江二・広沢明・吉岡直子編『ガイドブック教育法』三省堂，2009年4月。

「大分県市町村立学校職員の評価システムの実施に関する規則」（平成18年大分県教育委員会規則第3号）2006年3月。

大分県教育委員会「大分県市町村立学校職員評価システム実施要綱」2013年4月。

大分県教育委員会「教職員評価システム実施手引」2013年4月。

沖縄県教育委員会「沖縄県市町村立学校職員に係る教職員評価システムに関する規則」（平成18年3月31日教育委員会規則第8号）2006年3月。

勝野正章『教員評価の理念と政策──日本とイギリス──』エイデル研究所，2003年9月。

金井壽宏・高橋潔著『組織行動の考え方──ひとを活かし組織力を高める9つのキーコンセプト──』東洋経済新報社，2004年4月。

河野和清編著『新しい教育行政学』ミネルヴァ書房，2014年4月。

坂田仰・山口亨編著『教育紛争判例詳解──問われるスクール・コンプライアンス──』学事出版，2011年3月。

DIAMONDハーバート・ビジネス・レビュー編集部編訳『人材育成の戦略──評価，教育，動機づけのサイクルを回す──』ダイヤモンド社，2007年3月

千葉教育委員会「千葉県市町村立学校職員の人事評価に関する規則」（平成23年千葉県教育委員会規則第2号）2011年3月。

日本教育法学会編『教育法の現代的争点』法律文化社，2014年7月。

廣崎憲一郎『「教員評価」と上手に付き合う本──教師力を高める自己チェック＆マネージメント──』明治図書出版，2007年3月。

広島県教育委員会「人事評価ハンドブック（第3版）」2012年4月。
八尾坂修編著『教員人事評価と職能開発——日本と諸外国の研究——』風間書房，2005年12月。

第8章

学校管理と学校経営

● 設 問
1．学校管理権の内容及びその帰属主体について述べてください。
2．校長の職務権限の内容を簡潔に述べた上で，教育委員会との関係について説明してください。
3．校務分掌の法的位置付けと，校務分掌組織の果たす役割について論じてください。
4．職員会議の法的性格について述べてください。
5．「学校経営」，「学級経営」，「学年経営」の意義について説明した上で，その各々について「経営」の語が付されているゆえんについて論じてください。

1　学校管理と「学校経営」の意義

　公教育を担う「学校」には，どのような種類のものがあるのだろうか。公教育を担う学校の制度上の枠組みを定める学校教育法は，1条にその定義規定を置いている。そこでは，同法に言う「学校」とは，従来，「幼稚園，小学校，中学校，高等学校，中等教育学校，特別支援学校，大学及び高等専門学校」とするものとされてきた。これらの学校は，通常「1条校」と呼ばれている。そして，2015（平27）年7月の学校教育法改正を経て，義務教育を一貫して行う「義務教育学校」が新たな学校種として，「1条校」に追加されるところとなった（「義務教育学校」と教員免許制度の関係性については，第3章「教職と教員養成・研修」第2節第2項「教員免許状の種類と内容・取得要件」32頁以下）。

　学校は，法制上の枠組みの中で，それぞれの学校種ごとに担うものとされる公教育の具体的展開に必要な人的資源，物的資源，財的資源を組織・編成するとともに，法の定める学校の教育目標の実現に向け，それらを適切に管理し執行することが求められる。「学校管理」とは，上記の意で理解されるもので，

これまでは概ね「学校運営」と同義のものとして扱われてきた。

しかしながら，中曽根政権下のいわゆる「臨教審路線」以降の国の行財政改革の一環として，規制改革・地方分権改革が教育分野でも本格的に推進されはじめた 2000 年以降の文教政策の流れの中で，学校に一定程度の自主権を与えることを通じそれぞれの学校が自身の創意工夫により学校運営を図っていく必要性が強調されるようになった。そこで，従来の学校管理，学校運営を，学校の自主性・自律性に根差した組織マネジメントの視点で捉え，「学校経営」という新たな概念からその運営の在り方を検証する必要性が次第に強調されてきた。

本章では，こうした学校運営の在り方に対する捉え方の有為性を肯定しつつも，「学校管理」を「学校経営」と一応区別し，学校の組織・運営におけるコンプライアンスの観点から，「学校管理」の内容・性格について見ていく。その上で，節を改めて，「学校管理」の上乗せ部分としての「学校経営」の意義・内容について概観したい。

2 学校の設置主体と管理権の帰属

学校の設置主体について定める学校教育法 2 条は，国（国立大学法人，独立行政法人国立高等専門学校機構を含む），地方公共団体（公立大学法人を含む），学校法人に限って，その設置者となることを認めている。ただし，例外として，2003 年の構造改革特別区域法の定める要件を充たした場合，株式会社もしくは NPO 法人にも，学校の設置が認められる。なお，同条は，専修学校や各種学校には準用されないので，これら学校の設置のため，特段の法人の設立は必要とされない。

学校の設置は，学校の種類に応じて文部科学大臣の定める「設備，編制その他に関する設置基準」により行われる（学教法 3 条）。同規定に基づき，学校の種類毎に，幼稚園設置基準，小学校設置基準，中学校設置基準，高等学校設置基準，高等専門学校設置基準，短期大学設置基準，大学設置基準，大学院設置基準，専門職大学院設置基準のほか，各種設置基準が文部科学省令で定められている。以上の設置基準は，設置時に充足しておくべき基準であるにとどまら

ず，設置後も，その各々の基準に従って学校を維持管理していくことを義務付けている。

　学校の管理権は，学校教育法5条前段の「学校の設置者は，その設置する学校を管理」するとの規定により学校の設置者に帰属する。併せて同条後段は，「法令に特別の定のある場合」を除き，設置者が学校の経費を負担するものとしている。このように同条前段で設置者管理主義が，後段で設置者負担主義が明定されている。なお後段部分の「法令に特別の定のある場合」とは，「義務教育費国庫負担法」に依拠しての市町村立小・中学校教職員（県費負担教職員）の給与等は都道府県の負担とされるとともに，そのための経費の3分の1を国庫が負担することがその代表例として挙げられる。

　学校の「管理」については，一般に，教職員の任免や服務，人事評価等の「人的管理」，学校の施設・設備等に対する「物的管理」，学校の教育活動を効果的に実施するための「運営管理」の三つの要素からなっていると理解されている。学校の管理権について，その管理権が学校設置者に帰属することが明示されている中，その例外として挙げられるのが，市町村立小・中学校等の教職員等の任命権についてである。これら教職員に対する任命権は，都道府県教育委員会に帰属している（地教行法37条）。

　ところで，学校教育法5条の明示する学校管理権の性格をめぐっては，上記三つの要素で構成される「管理」が直接的に教育活動に及ぶ場合，それが教育の内的事項にも及ぶ「不当な支配」に当らないかが問題とされてきた。

　先にも見たように，地方教育行政法21条によれば教育委員会は，地方公共団体が処理する教育事務のほとんど全てを管理・執行すべきものとされている。また，同法32条は，大学を除く教育機関を教育委員会が所管するものとされている。したがって，大学以外の公立学校の管理権は，地方公共団体の教育委員会に帰属する。さらに，教育委員会の権限に関わる事項を対象に教育委員会規則制定権を認めた地方教育行政法15条1項の一般規定を踏まえ，同法33条1項はさらに「教育委員会は，法令又は条令に違反しない限度において，その所管に属する学校その他の教育機関の施設，設備，組織編制，教育課程，教材の取扱その他学校その他の教育機関の管理運営の基本的事項について，必要な教育委員会規則を定めるものとする」と規定する。

こうした学校管理権を支える法規定を見る限り，法制度上，教育委員会が学校事務の管理権を有しているのみならず，各教育機関の教育活動に係る管理者でもあることは明らかである。ただし，両者の関係について見ると，教育上の専門性に裏付けられた教育委員会が「教育委員会規則」という法形式による「学校管理規則」を通じて，教育活動の管理運営の基本方針を指し示すとともに，同委員会と学校との間の教育事務の分担関係を明示することが企図されている。こうした点に鑑み，そこに学校管理規則の法的拘束性を窺うことができる一方で，各学校の自主性や自律性に一定の配慮を示す方向性が指向されてきたことも否定できない。また，教育委員会に配置されている常勤の専門教育職員である指導主事は，地方教育行政法18条3項の規定に基づき，同委員会と学校間の橋渡し役として連絡調整の任を担ってきたほか，各学校に対して教育課程や学習指導を含む高い専門性に基礎付けられた指導・支援的役割を担ってきた。

　このような意味において，学校の管理権に関するそうした制度設計の中で，各学校の校長等に対し，教育委員会の学校管理権に抵触しない方式によって，それぞれの学校の環境・条件に即した学校の具体的な管理・運営が任されることになる。次に，そうした学校の管理・運営の仕組みを，校長の職務権限を軸に見ていくこととする。

3　学校の管理・運営

[1]　校長の職務権限

　学校教育法37条4項（及びこれを準用する49条，62条等）は，校長の職務権限に関し，「校長は，校務をつかさどり，所属職員を監督する」旨を規定する。

　ここに言う「校務をつかさどり」とは，学校の活動を全般にわたって掌握・処理することを意味する。これを「校務掌理権」と呼ぶ。校務掌理権は，校務分掌権とも呼ばれ，その権限行使に当り，これまでの裁判例は校長に広範な裁量権を認めてきた。その一例として，新年度の担任から外された教師からの国家賠償請求の訴えに対し，裁判所は，学級担任の決定を「校務分掌の決定の一つ」としてそれが校長の職務権限に属することを認めた（名古屋地判平2.11.30

判時1389号150頁)。ただその一方で,教科担任の決定を含む教科内容に密接に関連する事項について,校長の裁量権に一定の制約を認めた判例(名古屋地判昭62.4.15判時1261号121頁)や,全校的教育事項の決定に当っては,それが教育上の専門的知見を備えた個々の教師の教育活動と密接に関連しているが故に,校長の一存でこれを行うことは不相当と判断した判例(宮崎地判昭63.4.28判タ680号65頁)の存在にも留意する必要がある。

　また,「所属職員を監督する」とは,学校教育法に定める教職員の全てに対して監督権が及ぶことを示している。これを「所属職員監督権」と呼ぶ。「監督」の態様には,状況の把握・観察,許可,承認,職務命令,取消し,停止等がある。

　「校長を助け,命を受けて校務をつかさどる」職として副校長を置くことができる(学教法37条5項及びその準用規定)。副校長は,校長から命を受けた範囲で校務の一部を処理することができる。校長の命により「所属職員を監督」する職務を補佐している場合,副校長は所属職員を監督できる立場にあることを理由に,所属職員に対し自ら職務命令を発することも可能であるとされる。

　ところで,校長の職務は,a)学校教育の管理,b)児童生徒の管理,c)教職員の人事管理,d)学校の施設・設備の管理,e)教育委員会への通知・折衝,f)保護者や地域社会との連絡調整,等に分けられ,学校活動はもとより,学校外での渉外も含め広範にわたる。

　これらa)〜f)の職務が校長に帰属する根拠については,学校教育法37条4項の校務掌理権(校務分掌権)から直接的に導き出されるもののほか,個別規定でこれを校長の職務として定めもしくはその権限が校長に帰属していることが推認できるものがある。

　校務掌理権から直接導出される重要な職務として,前記学級担任の決定が挙げられるほか,学校における教育課程の編成権も校長に帰属すると解されている。このことにつき,「学習指導要領」第1章総則第1の1「解説」は,「校長は,学校全体の責任者として指導性を発揮し,学校として統一のあるしかも一貫性をもった教育課程の編成を行うように努めることが必要」である旨明示している。これに関連して,道徳教育の実施に先立ち,道徳教育の全体計画と「道徳の時間」の年間指導計画は,「校長の方針の下」で作成されるべきもの

表8-1　校長の職務（例）

職務の領域	職務内容	学教法37条4項以外の個別規定（準用規定は省略）
学校教育の管理	教育課程の編成，実施	
	学級担任の決定	
	各学年の課程の修了，卒業認定	学教法施行規則57条
	卒業証書の授与	学教法施行規則58条(◎)
	授業終始の時刻の決定	学教法施行規則60条(◎)
	行事予定・計画の策定	
	職員会議の主宰	学教法施行規則48条2項(◎)
	学校評議員の推薦	学教法施行規則49条3項(◎)
	学校運営の状況の自己評価，学校関係者評価の実施	学教法施行規則66条〜68条
	学校運営の状況の自己評価等の結果の公表	同　上
	非常変災等の臨時休校	学教法施行規則63条(◎)
	退学，停学，訓告の処分	学教法11条，同施行規則26条2項(◎)
児童生徒の管理	学齢児童・生徒の出席状況の把握	学教法施行令19条(◎)
	指導要録の作成	学教法施行規則24条1項(◎)
	指導要録の抄本または写しの進学先，転学先への送付	学教法施行規則24条2項，3項(◎)
	健康診断の実施	学校保健安全法13条
	感染症による出席停止	学校保健安全法19条(◎)
教職員の人事管理	校長の職務代理者の定め	学教法37条6項，8項
	研修の承認	教特法22条2項(◎)
教育委員会への通知・折衝	中途退学者の通知	学教法施行令10条，18条(◎)
	長期欠席者の通知	学教法施行令19条，20条(◎)
	全課程修了者の通知	学教法施行令19条，22条(◎)
	非常変災等に伴う臨時休業の通知	学教法施行規則63条(◎)
	教職員の採用，異動，懲戒に関する申出	
	教育活動その他の学校運営の状況の自己評価結果，学校関係者評価結果の報告	学教法施行規則68条

（注）　(◎)は，当該規定が，職権権限の行使者を「校長」（もしくは所属機関の長）であることを明定している旨を表示。

とされている（「学習指導要領」第3章第3）。

ところで，学校教育法37条4項のほか，個別法令や個別規定により校長の職務権限として認められている事項に対し，教育委員会の指揮監督権が及ぶか否かが問題となる。これについては，その指揮監督権の存在を肯定しつつもそれは一般的な指揮監督に限られるとともに，これら事項を校長に代わって執行することは許されないと解されている。そうした個別規定等により校長の職務とされているもののうち，上記a）〜c）に関するもの，及びe）教育委員会への通知・折衝に関するもの，を表8-1に列記する。

2　校務分掌

①校務分掌の意義・内容

教育を軸とする学校が運営・処理する仕事の全体が「校務」であり，それらは，上記の如く，学校教育の管理，児童生徒の管理，教職員の人事管理，学校の施設・設備の管理，等で構成されている。これら校務遂行上の責任者は，学校教育法37条4項の規定に基づき校長とされるが，もとより校長一人でこれら校務の全てをこなすわけではない。校長は，校務掌理権に基づき，校務処理のため，所属教職員にその役割を分担させる。これを「校務分掌」と言い，これを組織化したものを「校務分掌組織」と呼ぶ。

通常の場合，学校の教師は，学級を担任し，教科等を受け持つ以外に，そうした校務分掌組織の一翼を担うものとして，一つ以上の校務を分任する。学校の教職員は，校長の職務遂行の補助機関として，これを具体的に分任し処理するのである。もとより，その処理に係る最終責任者は校長である。

こうした校務分掌組織編成の法的根拠は，学校教育法施行規則43条の「小学校においては，調和のとれた学校運営が行われるためにふさわしい校務分掌の仕組みを整えるものとする」という規定に求められ，他の学校種に対しても，その各々の準用規定を通じ校務分掌組織の制度化が求められている。

ここに言う「校務分掌の仕組みを整える」とは，全教職員による校務を分担する組織を有機的に編成し，その組織が有効に作用できるように整備すること，と解されている。したがって，学校規模や立地条件等を勘案しつつ，学校が創意工夫をしながら，その教育目標を実現する上で最適な校務分掌組織を編成す

べく，a) 各教職員の経験・専門性や得意分野等を考慮するとともに，b) 各教職員の意向等も斟酌し，さらにはc) 校務配分に偏りが生じないよう配慮して，その配置を決定することが必要とされる。教育目標の実現に最適な校務分掌組織を編成し，具体的に処理していく上で，各学校は，教育委員会が定める学校管理規則の枠組みの中で，その学校に固有の「校内規則」として校務分掌規程や校務処理手続規程等を明文化することが重要である。

校務分掌組織を具体的に見ると，校長─副校長（教頭）のラインの下に，「教務部」，「学習指導部」，「生徒指導部」，「事務部」といった部が置かれる。また，「研究部」，「研修推進部」といった部を置く学校が多く見られるほか，各学校の定めた教育目的・目標の実現に向けて多様な部が設置されている。また，学校には，校務分掌を担う委員会組織が置かれている。そうした委員会には，運営委員会（あるいは企画委員会等）と「各種委員会」がある。運営委員会は，校長─副校長（教頭）のラインに直接連なる基幹委員会で，校長の決定を導く準諮問機関的な役割を実質的に果たす場合もある（なお，これとは別に，校長の直下に，学校評価委員会や外部評価委員会を置く学校も散見される）。一方，各種委員会は，分担した校務の効果的な実施を企画するとともに，その具体的な実施と検証を行うことを任務とする。各種委員会の設置の態様については，これらを職員会議に連なる組織として置く学校と，これを校長─副校長（教頭）のラインに直結させる（場合によっては，主幹教諭を経由して校長─副校長（教頭）のラインに連結させる）という扱いをする学校の二種におおよそ区分できる。

図8-1で示したA市立M中学校の校務分掌組織によれば，同校には，「教務部」，「教育情報部」，「学習指導部」，「生徒指導部」，「庶務部」の五つの部が置かれている。「庶務部」は事務担当である。そして，部ごとにその役割が詳細に設定されている。一方，委員会組織について見ると，校長─教頭のラインに，基幹会議体である運営委員会が置かれている。そして，職員会議に連なる会議体として各種委員会が設置されている。各種委員会について，図8-1の注(2)でいくつか具体的な委員会名を挙げたが，それ以外にも数多くの委員会が置かれており，全体で18もの委員会が設置されている。これら委員会の職掌は，上記五つの部に割り当てられた職務分担の内容にほぼ対応したものとなっている。

第8章 学校管理と学校経営

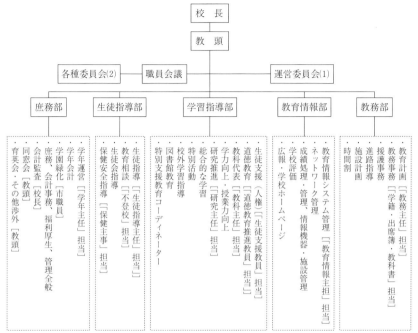

図8-1 校務分掌組織（A市立M中学校の例，2014年度現在）

(注) 1：運営委員会は，校長，教頭，教務主任，生徒指導主任，生徒支援教員，進路主担及び各学年の学年主任で構成。

2：各種委員会として，おおよそ以下のような委員会が設置されている。カッコ内は，委員会の構成員。
・生徒指導委員会（校長，教頭，生徒指導主任，学年生徒指導，不登校担当，養護教諭）
・道徳教育委員会（校長，教頭，道徳教育推進教員，生徒支援教員，道徳教育担当）
・人権委員会（校長，教頭，生徒支援教員，道徳教育担当）
・教育相談委員会（校長，教頭，生徒指導主任，不登校担当，教育相談担当，特別支援教育コーディネーター，養護教諭）
・学力向上対策委員会（校長，教頭，教務主任，学力向上主担当，研究主任ほか）
・研究推進委員会（校長，教頭，教務主任，研究主任，学年主任，教科主任ほか）
・学校評価委員会（校長，教頭，教務主任，生徒指導主任，人権教育担当，教育情報担当，学校評価担当）
・校内研究推進チーム（校長，教頭，教務主任，研究主任，拠点校指導員，教科主任）

他に，小中連携委員会，保健教育委員会，防災教育委員会，特別支援教育委員会など，10の委員会が設置されている。

表8-2 学校教育法施行規則により学校種ごとに置かれる主任等の種類

学校の種類	主任の種類	学教法施行規則の根拠条文
小学校	教務主任,学年主任,保健主事,事務長・事務主任	44条1項,3項,45条1項,3項,46条1項
中学校	教務主任,学年主任,保健主事,生徒指導主事,進路指導主事,事務長・事務主任	70条1項,3項,71条1項,3項,79条
高等学校	教務主任,学年主任,保健主事,生徒指導主事,進路指導主事,(複数学科を置く場合の)学科主任,(農業分野の学科を置く場合の)農場長,事務主任	81条1項,3項,104条1項

②主任制度と校務分掌

　学校教育法施行規則は,独立の職ではない職務命令による「当て職」として,各種の主任等の職に関する定めを設けている。主任制は,学校の教育活動の一層の活発化と教育指導体制の整備・充実を目的に,1975（昭50）年の学校教育法施行規則の改正によって制度化された。それまでも各学校の状況に応じ,各種主任等が置かれていたが,全国的に共通した基本的なもので,その職の重要性が認められるものについて法制化がなされた。これら法定上の主任で実際にその任を遂行している者に対し,教育業務連絡指導手当が支給される。

　学校教育法施行規則の改正により,法定化された主任は,表8-2の通りである。

　このうち,教務主任は,「教育計画の立案その他の教務に関する事項について連絡調整及び指導,助言に当たる」ものとされている（学教法施行規則44条4項）。また,学年主任は,「当該学年の教育活動に関する事項について連絡調整及び指導,助言に当たる」ものとされている（学教法施行規則44条5項）。このようにこれら主任は,もっぱら校務分担に関わる企画や教師間の連絡調整及び教師への助言等を行う役割を担っている。したがって,他の教師との間に職制上の上下関係は存在せず,職務命令を発する権限はもたない。(旧)文部省通達も,主任は中間管理職ではなく,それぞれの職務に係る事項について教職員間の連絡調整や個別教職員への指導・助言を与えるとともに,必要に応じ,校長や教頭の指示を関係教師に伝えたり所要の調整を行う役割を担うものであることを確認している（昭51.1.13文初地136事務次官通達）。

このように主任は，各学校の校務分掌組織の中において，各部の活動を牽引していく上で必要とされる企画・立案や連絡調整等の役割を果たすことが一般に求められている。すでに見たＡ市立Ｍ中学校の校務分掌組織においても，「教務部」の「教育計画」を教務主任が，「生徒指導部」の「生徒指導」を生徒指導主任（主事）が，「庶務部」の「学年運営」を学年主任がそれぞれ担当するなど，こうした法定上の主任が教育指導や生徒指導，さらには学年運営における重要な役割を担っている。

学校教育法施行規則はこの他にも，それぞれの学校の必要に応じ（すなわち，学校が置かれている地域の実情，学校の教育目標の重点的推進等の必要性に対応させ），校務分掌のため必要な主任等を置くことを認めている（学教法施行規則47条，79条，104条1項）。例えば，教科主任，道徳教育主任，研修主任等がこれに該当する。上記Ａ市立Ｍ中学校の校務分掌組織の例で言えば，「教育情報部」の中軸的な職掌である「教育情報システム管理」を「教育情報主担」が担っているほか，「学習指導部」の「教科代表」を「教科主任」が，同部の「研究推進」を「研究主任」がそれぞれ担い，各部の職掌の要（かなめ）として位置付けられている。

[3] 職員会議の法的地位・性格

小・中学校及び高等学校等の各学校には，全教職員で構成される「職員会議」が置かれている。職員会議は，a）学校の重要事項に関する協議，b）教務，学習指導及び生徒指導等を含む校務全般に関する連絡・調整，c）教育委員会や校長の方針等の伝達，d）研究・研修の機能，といった校務分掌のための組織・体制を実質的に支える上で重要な役割を果たしてきた。このように職員会議が枢要な機能を担ってきたにもかかわらず，長期にわたり，その設置の法的根拠が存在せず，それは慣行的に運営されていた。そのため，職員会議の法的地位・性格をめぐり論争が続けられ，議決機関説（最高意思決定機関説），諮問機関説，補助機関説の大きく三つの見解に分かれていた。

このうち，議決機関説は，学校教育法37条11項の「教諭は，児童の教育をつかさどる」とする規定を根拠に，職員会議を，学校の最高意思決定機関と位置付け，校長は公務執行に当りその議決に拘束される，とするものであった。

諮問機関説は，校長が意思決定権者であることを承認しつつも，その職務執行に当っては，職員会議にこれを諮問しなければならない，とする見解であった。これに対し，補助機関説は，学校教育法37条4項が校長の校務掌理権を定めていることの帰結として，職員会議は校長の職務を補助するための機関である，とする考え方であった。

　職員会議の法的位置付けについて，上記のような見解が鋭角的に対立し，学校現場においてもその役割についての対応が分かれる中，1998（平10）年9月の中央教育審議会「今後の地方教育行政の在り方について（答申）」は，校長のリーダーシップを発揮させ運営の効率化を図る観点から，職員会議の法令上の位置付けを明確化すべきことを提言した。そしてこの提言を受け，2000（平12）年の学校教育法施行規則の改正に伴い，「設置者の定めるところにより，校長の職務の円滑な執行に資するため，職員会議を置くことができる」（学教法施行規則48条1項）とするとともに，「職員会議は，校長が主宰する」（同2項）とする規定が設けられた。これら規定によって，職員会議が任意設置の会議体であることのほか，それが補助機関としての法的性格を有することが明らかとされた。2000年の同法施行規則改正に伴って発出された（旧）文部省通知も，校長の校務掌理に係る権限と責任の存在を前提に，職員会議が校長の職務の円滑な執行を補助するものとして位置付けられることに十分留意するよう求めた（平12.1.21文教地244事務次官通知）。

　この法改正に対しては，教育法学の立場から，職員会議と校長の関係を，省令である施行規則で定めたことは憲法26条の教育法律主義の原則に反する，職員会議に一切の決定権限を認めない趣旨であれば，憲法上疑義がある，とする主張も有力である。もっとも，教育法律主義違背かどうかの問題はともかく，学校教育法が校長に校務掌理権を当初より認めている以上，以後における職員会議の法制化に対し，直ちに権限分配の在り方に関わる憲法的疑義の問題は生じないものと考える。

　ともあれ，a）学校運営を適正かつ効率的に進めていくためには，校長及びその他の教職員が一丸となってこれに取り組まねばならないこと，b）そのためにも，学校の基本方針を学校全体で共有し，校長の円滑な職務執行を確保する上で，教職員間の意思疎通を図る必要があること，c）そうした意思疎通の

場として，これまで全教職員の参加を得て執り行われてきた職員会議の役割は依然重要であること，等の点に留意することが大切である。そうした意味からも，図8−1のA市立M中学校の例にも見られるように，校務分掌組織において，校長，教頭及び主任等によって構成される運営委員会とは別系統の職員会議の系列下に各種委員会を設置し，校務分掌を実質的に支える組織・体制が構築されている学校が少なからず存在していることは，職員会議が依然，学校運営の場で枢要な役割を果たしていることの証左である。

4　学校経営の態様

1　学校組織のマネジメント

　冒頭で言及したように，従来の学校運営を，学校の自主性・自律性に根差した組織マネジメントの視点で捉え，「学校経営」という側面からその在り方を検証する必要性が強調されている。学校の組織・運営ではまず，コンプライアンスの観点から，そのための基本的な要件や諸条件を充足・整備することが求められる。そして，それらが充足・整備されていることを前提に，創意工夫をしながら特色ある学校づくりをし，学校関係者の需要や要望に応えていくことが要請される。

　とはいえ，市町村立小・中学校について見ると，学校の管理者が教育委員会であるという基本的な枠組みを通じ，教職員人事権は教育委員会が掌握している（校長は，意見の申出ができるにとどまる，地教行法39条）。また，教育委員会が，自治体予算の範囲内での学校予算を執行するほか，施設・設備の費用も教育委員会が負担する。組織編制，教育課程等といった学校に関する基本的な事項は，教育委員会規則（学校管理規則）で定められる（地教行法33条1項）。この教育委員会規則の枠組みの中で，教育委員会による判断事項と，学校が判断し自主的に処理できる事項のすみ分けを行うことが建前とされている（しかし，実際には，学校に判断権が留保されたものに対しても，教育委員会による実質的な監督権が及ぶ場合も少なくない）。現行法制の下では，学校の管理者である教育委員会の権限の下，各学校に認められた裁量の範囲内で校長がその職掌を展開させる仕組みとなっている。

こうした法制上の仕組みについて，1998（平10）年9月の中央教育審議会「今後の地方教育行政の在り方について（答申）」は，子どもの個性を伸ばし，地域に開かれた学校づくりを目指すという視点から，a），地域の状況や学校の教育目的等に応じた学校運営が確保できるよう，教育委員会の学校管理規則による縛りを低減化させること，b）教育委員会が監督権を行使するに当っては，学校の主体性に十分配慮すること，c）人事異動の決定に際しては，校長の意見具申が尊重されるよう，その方法・手続に工夫を加えること，d）学校の意向が，自治体の学校関係予算編成に反映されるようにするとともに，個性的で特色ある学校づくりを推進できるよう，校長の裁量で執行できる予算措置を講ずること，等の提言を行った。これら提言は，基本的には，既存の法制度の弾力運用を通じて，学校の自主性を高める狙いをもつものであった。

　学校経営が効果的に機能していくためには，その要である校長のリーダーシップが適切に発揮される必要がある。ここに言う「校長のリーダーシップ」とはいったい何を指すのか。2015（平27）年12月の「チームとしての学校の在り方と今後の改善方策について（答申）」は，これをa）「チーム学校」を束ね，共通の目標に向かって人を動かす能力，b）学校内に「協働の文化」を醸成する能力，c）教師の指導能力を伸長させることができる資質，として意義づけた上で，汎用的な組織マネジメント能力と学校に固有のマネジメント能力を身に付けることの重要性を強調した。同答申は，併せて，校長のリーダーシップをより効果的に発揮させていく上で，a）教頭（副校長）による校長補佐体制の充実，b）教育委員会等による管理職養成システムの効果的運用，c）「ミドルリーダー」としての主幹教諭制度の有効活用，の諸点を強く求めた。

　ところで，学校がその立地条件に適応し保護者や地域の期待に応えていくためには，学校自身が創意工夫を凝らしその活動を展開する必要がある。そのためには，自身の手で，そうした需要や期待を見据えた目標設定を行い，目標の実現にその組織活動を注力し成果を挙げることが必要である。その意味から，今日，学校の運営を，マネジメントの視点から再定義し，「学校経営」として位置付けることが大切となる。

　学校の教育目標は，教育基本法や学校教育法等によって法定化されるとともに，学習指導要領により一層具体化されている。各学校には，そうした法定化

された教育目標を踏まえ，学校を取り巻く地域の実情や児童生徒の実態等を見据え，学校独自の教育目標を設定することが求められている。これを「学校教育目標」という。学校教育目標は，児童生徒をいかに育み成長させていくのか，ということに関わる各学校の目標である。学校教育目標は，学校関係者に対し，教育を通じて育成を目指す「児童・生徒の姿」を提示したものであるとともに，学校における各教師の教育目標・計画としての意味ももつ。

　「目標」に対する「成果」を展望して進められる学校経営は，適切に編制されたその学校の人的資源，物的資源，財的資源及び情報インフラ等の諸資源（インプット）を教育課程の編成・展開と教育活動を支える様々な校務に効果的に投入する（プロセス）ことを通じ一定の結果をもたらす（アウトプット）とともに，それが当初目標に対応した成果（アウトカム）かどうかを確認する，という一連の流れの中で行われる。そこでは，所期的な条件としてのインプットの適切性，「活動」を意味するプロセスの適切性と有効性，そしてプロセスの最終段階で産出されたアウトプットと当初目標との整合性のそれぞれについて検証がなされる。

　学校教育目標の成就に向けて，各学校は，当該学校及びそれを支える教職員の活動の具体的な計画を策定する。これを「学校経営計画」と呼ぶ。学校経営計画は，年度計画として策定されるほか，中期計画も作られる。その計画は，学校教育目標を達成するための言わば段取りを具体的に示したもので，目標達成の指標もしくは達成に向けた段階ごとの指標としての意義も有している。また，学校教育目標の達成に向けた組織活動の流れに対応する「インプット→プロセス→アウトプット→アウトカム」の段階ごとの有為性の検証を行うに当り，学校経営計画と照合しながらその確認作業を行っていくことが重要である。そして，そうした営為を各教師を単位として行うのが，既述した「教員評価」若しくは「教員人事評価」であり，学校全体として組織的に展開するのが，後述する「学校評価」である。

　今日，学校経営における「危機管理」の体制整備の重要性が強く指摘されている。学校の危機管理は，学校事故や事件への対策，感染症や熱中症等への保健衛生面での対処，いじめや非行等の生徒指導面での対応，教職員の服務等に関わる事件・事故への対処など，多岐にわたる課題が対象となる。

危機管理を効果的に機能させるためには，教育・研修の推進を含む予防的措置を実施することや危機を機敏に察知し事故・事件の発生を未然に防ぐリスク・マネジメントとともに，危機発生に伴う早期解決を通じてダメージを最小限に抑え，万全な事後措置を講ずることを内容とするクライシス・マネジメントのための取組を怠らないようにすることが大切である。学校の危機管理に関する法制として，2008（平21）年6月の「学校保健法」の改正に係る「学校保健安全法」が挙げられる。同法は，感染症予防について，出席停止や「臨時休業」といったクライシス・マネジメントに依拠する規定を置いている（同法19条，20条）ほか，学校安全については，本改正を経て学校安全計画の策定に加え，危険等発生時対処要領の作成などとりわけリスク・マネジメントの視点に立脚した規定整備（同26条～30条）がなされている。

2　学級経営

①学級編制

　「学級」とは，児童生徒の学習と生活のために公的に組織化された集団で，学校における基礎的な単位として位置付けられている。そして，児童生徒をそうした集団に組織化することを「学級編制」と呼び，そこに所要の教員を配置することを以てそれは完了する。

　公立義務教育諸学校の学級編制及び教職員定数の標準に関しては，「公立義務教育諸学校の学級編制及び教職員定数の標準に関する法律」に定めがある。そこでは，公立小・中学校の学級編制は，都道府県教育委員会が定めた基準を標準に，当該学校を設置する市町村教育委員会が，児童生徒の「実態」を考慮して行うものとされている（同法4条）。そして，市町村教育委員会が学級編制を行うと，速やかにこれを都道府県教育委員会に届けることが義務付けられている（同5条）。ここでは，学級編制の標準を定める権限が都道府県教育委員会に留保されているということ，しかしそれはあくまでも「標準」であって，実際の学級編制は学校設置自治体の教育委員会が児童生徒の実態に即してこれを行い，実施者が市町村教育委員会である場合，その完了後，直ちに都道府県教育委員会に対し「届出」を行うこと（編成計画の認可や事前協議は必要とされない），の二点を押さえておくことが重要である。

さて，その学級編制の重要な要素をなす学級定員に関しては，公立小・中学校40人を標準に都道府県教育委員会が定める（小学校第1学年の学級については35人）。ただし，複数学年で構成される複式学級の場合，小学校16人（第1学年の児童を含む学級については8人），中学校8人とされる（以上，公立義務教育諸学校標準法3条2項）。公立高等学校については，全日制課程，定時制課程ともに，1学級40人を標準とする（公立高等学校の適正配置及び教職員定数の標準等に関する法律6条）。学級編制における1学級の標準は以上のとおりであるが，児童生徒の「実態」を考慮して特に必要と認められる場合，都道府県教育委員会はこれを下回る数を1学級あたりの児童生徒数の基準として定めることを認めている（公立義務教育諸学校標準法3条2項但書）。公立高等学校についても，生徒の「実態」を考慮して都道府県教育委員会または市町村教育委員会に対し，上記同様の取扱いをすることを認めている（公立高等学校標準法6条但書）。

②「学級経営」の意義・内容

学級においては，各学校の「学校教育目標」の下，学級集団を構成する児童生徒相互間，児童生徒と教師の間の教育上，生活上の人間的ふれあいの中で，その目標を実現していくことが指向される。

小学校は学級担任制を採用する。一方，中学校，高等学校では教科担任制が採用されているが，それは，学級を基礎単位とするシステムで，多くの場合，教科担任もいずれかの学級を担任する。

ところで，学級運営に「マネジメント」の視点を投影させることに異論もなくはない。しかしながら，学級を閉ざされた自己完結的な空間と見做す「学級王国」の弊害を克服する観点から，学級経営の考え方の有用性が主張されてきたという側面も否定できない。目標の実現に向け学級の運営に責任を負う教師の役割の重要性や，学年，学校全体との協働及び保護者等との連携を通じて目的達成を図ることが要請される現状に鑑み，「学校経営」や後述の「学年経営」との有機的関連性の中で，「学級経営」を意義付けていくことが適切である。学級経営を担う各教師に対しては，a）個々の児童生徒の個性に配慮した教科指導と生徒指導，b）教室の環境・条件の整備，c）学級における集団の経営，を効果的に展開することが求められる。担任教師は，通常，年間の学級経営計

画を作成し，校長に提出する。計画には，上記ａ）～ｃ）に記した事項が，適宜，学校行事（コンクール，体育祭，文化祭等）等と関連付けられながら，個別具体的に記される。計画は，教師自身の自己評価を通じ，その達成状況の検証がなされるが，こうした機会を捉えて学級経営の力量を一層高めていくことが各教師に期待されている。

さて学級というシステムをその実態面から捉えれば，児童生徒間の意思疎通が希薄な状態から出発した「学級」は，そのコミュニケーションの輪の広がりの中で互いに励まし支え合いながら，集団としてのまとまりが芽生える。そして多くの場合，良好な学習環境，生活環境が醸成されていく。そうした学級の「進化」を牽引していく上で，教師のリーダーシップは欠かせない。今日的課題である教師のリーダーシップの在り方をめぐり様々な意見が提起されているが，まずは教師と児童との固い信頼の絆を基に，集団の「和」をどう構築していくかということを議論の端緒にすることが肝要である。

3　学年経営

「学年」とは，児童生徒の年齢に基づく単位であり，我が国の場合，同一年齢の児童生徒により学年が構成されている。また学年は，担任制を敷く学級の同質的なまとまりとしての意義を有している。その意味において，「学年」は，「学校」と「学級」の中間に位置する単位と見做されてきた。

そして，学校の教育課程は制度上，学年を単位に編成されていることから，「学校教育目標」の設定・実現に向けた「学校経営」の中における，学習指導の側面を重視した「学年経営」の果たす役割は重要である。とりわけ中学校，高等学校では，教科担任制を軸に，習熟度別指導，ティーム・ティーチング（複数教師により同一生徒集団の指導が，共同で策定した計画に基づいて行われる形態）などの特色ある指導形態を学年経営の局面で効果的に機能させることが期待されている。

学年経営に伴う活動としては，ａ）学年経営計画の企画・共有，ｂ）学年横断的な学習指導，生活指導，ｃ）学級経営の相互連絡・調整，ｄ）学年行事の企画・実施，ｅ）研究・研修，ｆ）学年経営計画の評価，等が挙げられる。こうした営為を通じ，児童生徒の活動の範囲は拡大しそのつながりの絆は学級か

ら学年へと拡大する。これに伴って，教師も学年という枠組みの中で，学年横断的な協働体制の構築に向け，教師相互の意思疎通の円滑化を図り，学年単位での児童生徒への指導体制の充実を図ることが求められている。

　そうした学年経営を有為に展開させていく上で，重要な役割を担うのが学年主任である。学年主任は，学年を担う教師等で構成される「学年会」やその他の機会を通じ，業務の企画や指導・助言，各教師間並びに校長と教師の間の連絡調整の局面で積極的な活動を展開することが要請されている。

参考文献

安彦忠彦・児島邦宏・藤井千春・田中博之編著『よくわかる教育学原論』ミネルヴァ書房，2012年4月。

教育法令研究会編著『図表でわかる教育法令［第2次改訂版］』学陽書房，2010年1月。

河野和清編著『新しい教育行政学』ミネルヴァ書房，2014年4月。

坂野慎二・福本みちよ編著『学校教育制度概論』玉川大学出版部，2012年11月。

佐藤晴雄『現代教育概論［第3次改訂版］』学陽書房，2011年4月。

汐見稔幸・伊東毅・高田文子・東宏行・増田修治編著『よくわかる教育原理』ミネルヴァ書房，2011年4月。

土屋基規編著『現代教育制度論』ミネルヴァ書房，2011年6月。

米沢広一『教育行政法』北樹出版，2011年10月。

第9章

学校評価

● 設　問
1. 「学校評価」の導入の背景を述べた上で，それが法制的に制度化されてきた過程を簡潔に説明してください。
2. 学校評価における「自己評価」，「学校関係者評価」，「第三者評価」の各々の意義とそれらの相互関係について説明してください。
3. 学校評価と学校による「積極的な情報提供」の関係性について論じてください。
4. 学校評価を改善・改革に向けた有為な営みとしていくためにどのような方途が求められるか論じてください。

1　「学校評価」導入の経緯

1　学校評価の基本的意義

　「学校評価」は，学校教育法に制度上の根拠をもつもので，学校の組織・活動の総体を包括的に評価することをその内容とする。学校評価では，「教育評価」とともに，教育活動を支える人的，物的，財的資源の整備・充実度の状況さらには組織・活動状況の有為性の検証を内容とする「学校経営評価」を軸に展開される。同評価の特質は，後述するように，「学校教育目標」等の目標の達成状況をマネジメント・サイクルの中で分析・検証することに重きが置かれており，そこに目標管理型の組織マネジメントの視点を垣間見ることができる。

　学校評価の基本は，「自己評価」であるが，その客観性や妥当性を担保させるため，「学校関係者評価」や「第三者評価」も制度化されている。

　「学校評価」制度の対象となる教育機関は，幼稚園，小学校，中学校，義務教育学校，高等学校，中等教育学校，特別支援学校，専修学校及び各種学校である。大学・大学院，専門職大学院，短期大学，高等専門学校については，別

に,「自己点検・評価」並びに公的第三者評価である「認証評価」に関する定めが学校教育法に設けられている（学教法109～112条）。

2 導入の背景

1990年代以降，窮迫化した公財政の立て直しや社会経済の活性化を取り戻すこと等を目的に推進された「規制改革」は，「官から民へ」，「競争と評価」，「社会へのアカウンタビリティの実現」をスローガンに，自由な競争環境の中での「評価」とその結果の公表を通じて「市場」を管理する政策を主軸の一としていた。

教育分野においても，これまで批判のあった学校の閉鎖的体質に風穴を開け，「学校経営」の観点に立って保護者や地域のニーズを汲み取りながら，学校運営を機敏に展開できる方途が模索されてきた。そして，2000（平12）年1月の校長任用資格の弾力化による「民間人校長」制の導入（学教法施行規則22条）（「民間人教頭」については2006［平18］年から，「民間人副校長」については2007［平19］年から），2000年1月の校長の補助機関としての「職員会議」の法定化（学教法施行規則48条），2000年4月の学校運営に保護者・地域住民等の意見を反映させるための学校評議員制度（学校教育法施行規則49条）や同様の目的に基づく2004（平16）年9月の学校運営協議会制度（地方教育行政法47条の5）の導入，等の法的措置が講じられてきた。また，義務教育諸学校の競争環境を醸成する一環として，2003（平15）年3月「学校選択制」の措置も講じられ，同制度を導入した市町村教育委員会が就学校を指定するに当り，保護者の意見を聴取することができることが明定された（学校教育法施行規則32条1項）（これら制度改正の経緯と各々の制度の具体的内容については，第13章「「開かれた学校」，「地域とともにある学校」づくりと保護者・地域，学校間の関係」を参照）。

こうした学校制度の自由化・弾力化に加え，学校間での競争的環境の醸成を促すための制度改正が始められようとする中，学校に評価システムを導入することを内容とする幾つかの提言が，政府サイドからなされた。

このうち，1998（平10）年9月，中央教育審議会「今後の地方教育行政の在り方について（答申）」は，学校を開かれたものとし，保護者や地域住民に学校の経営責任を明らかにするため「自己評価」制度導入の方向性を示した。

2000（平12）年12月，教育課程審議会「児童生徒の学習と教育課程の実施状況の評価の在り方について（答申）」は，a）児童生徒の学習状況や教育課程の編成・実施状況を自己点検・評価し，計画及び教育内容・方法の改善を図ること，b）保護者や地域住民の声を点検・評価プロセスに反映させるとともに，c）これらの人々に点検・評価結果を説明できるようにすること，を強調した。同年同月の教育改革国民会議「教育改革国民会議報告——教育を変える十七の提案」は，a）学校評価を通じ「健全な競い合い」を促進すること，b）評価結果を保護者と地域が共有し学校改善につなげるとともに，c）学校選択の幅を広げることにも資するようにすること，を提言した。2001（平13）年1月の文部科学省「21世紀教育新生プラン」は，各学校設置基準に自己評価に関する規定を整備することを明言した。さらに，同年12月，総合規制改革会議「規制改革の推進に関する第一次答申」は，「学校が自ら提供する教育サービスの質的向上」を図るとともに，児童生徒や保護者の適切な学校選択に資するよう，目標達成状況を自己点検・評価しその結果を社会に情報発信することの必要性を強く訴えた。

　これら政府答申等の諸提言を見ると，概ね「開かれた学校」の実現，学校の「経営責任」の明確化，教育内容の改善・改革等の諸点に学校評価システム導入を必要とする理由が集約されている。ただし，官邸主導で構想された提言が，評価システム導入と結果公表を通して学校分野に競争的環境を醸成し，以て「教育サービス」の良し悪しの判断を受益者の選択に資するようにすることを目指しており，そこでは教育の「市場化」が指向されている点にも留意が必要である。

3　制度化の経緯

　学校を取り巻く多岐にわたる環境・条件の変化に対応させ，学校制度が直面する当面の課題解決に向けた上記諸提言を受け，学校評価は，法制化に向けて動き出した。

　まず，2002（平14）年3月，新たに制定された小学校設置基準，中学校設置基準において，学校評価の制度化が明記された。これら設置基準の新規制定の目的の一端は，学校評価の法制化にあった。該当規定は，次の通りであった（なお，当時の該当規定はすべて削除された後，現在，それらは学校教育法及び同

施行規則に一括規定されている。この点については本章第2節「学校評価に関する諸規定の意義」の145頁以下で評述)。

> ・小学校設置基準（制定時）
> （自己評価等）
> 第2条　小学校は，その教育水準の向上を図り，当該小学校の目的を実現するため，当該小学校の教育活動その他の学校運営の状況について自ら点検及び評価を行い，その結果を公表するよう努めるものとする。
> 2　前項の点検及び評価を行うに当たっては，同項の趣旨に即し適切な項目を設定して行うものとする。
> （情報の積極的な提供）
> 第3条　小学校は，当該小学校の教育活動その他の学校運営の状況について，保護者等に対して積極的に情報を提供するものとする。
> ※　中学校設置基準2条，3条及び高等学校設置基準3条，4条も，上と同様の規定。

　学校評価の法定化は，当初，「学校を設置するのに必要な最低の基準」である省令設置基準の「総則中」に規定するという方式で行われた。このことは，評価システムの整備が「学校」であることの基本的要件として見做されることを意味した。評価結果の公表を含め，教育活動等の学校運営の状況を保護者その他社会一般に公表することを法文化したことの意義は大きい。その一方で，学校評価が自己評価方式で行われるとともに，当初はその実施及び公表が，努力義務にとどまっていた。

　しかし，こうした省令設置基準による学校評価の法定化により，各都道府県教育委員会等が自己評価ハンドブック等を作成したことが功を奏し，同制度は全国の学校で急速に普及していった。もっとも，そこでは，実施内容のバラツキや評価結果を公表しないケースが散見される等の課題も顕在化した。しかも，それが自己評価の段階にとどまるもので，あくまでも努力義務であったことから，その法定化の在り方や内容に対し，早急な見直しが迫られることとなった。

　2005（平17）年6月，「経済財政運営と構造改革に関する基本方針2005（閣議決定)」によって，多様性の拡大や「競争と選択」の視点から，義務教育諸学校の「外部評価の実施と結果の公表のためのガイドライン」を2005年度中に策定するとともに，これと対の施策として学校選択制の促進・普及を図るこ

とが政策の柱に掲げられた。また，2005年10月，中央教育審議会「新しい時代の義務教育を創造する（答申）」は，a）大綱的な学校評価のガイドラインを策定すること，b）自己評価の実施とその結果公表の義務化，c）自己評価結果に対する外部評価の充実，d）市町村教育委員会による学校活動の評価及び教育委員会自身の取組の評価並びにそれらに基づく対応策の明確化，e）第三者評価機関による全国的な外部評価体制の構築の検討の必要性，等の提言を行った。

　これらを受け，2006（平18）年3月には，文部科学省は，市区町村立義務教育諸学校を対象に，学校評価の目的・方法，評価項目，評価結果の公表方法を示した「義務教育諸学校における学校評価ガイドライン」を策定・公表した。そして，2007（平19）年6月，学校教育法の改正により，自己評価を法的義務とした。加えて，同年10月の学校教育法施行規則の改正により，自己評価結果の公表並びに設置者への報告を法的義務としたほか，「学校関係者評価」に関する規定を新設し，これを努力義務とした（これらの規定の内容・意義については145頁以下で詳述）。

　2007年8月，文部科学省内に置かれた「学校評価の推進に関する調査研究協力者会議」は，「学校評価の在り方と今後の推進方策について（第1次報告）」を策定した。そこでの論点は，自己評価・外部評価（学校関係者評価）・第三者評価の関係性とその課題，第三者評価の在り方，高等学校等における第三者評価の意義，学校評価と教員評価の関連等，多岐にわたっていた。こうした議論を踏まえ，文部科学省は2008（平20）年1月，市区町村立義務教育諸学校に高等学校等を加え，これらを対象とする「学校評価ガイドライン［平成20年改訂版］」を公表した。この後，同省内に置かれた「学校の第三者評価のガイドラインの策定等に関する調査研究協力者会議」は，2010（平22）年3月に「学校の第三者評価のガイドラインに盛り込むべき事項等について（報告）」を策定し公表した。そこでは，学校とその設置者が「実施者」となり，学校運営に関する専門家を中心とした評価者によって専門的視点から営まれる「第三者評価」の導入を通じ，学校評価全体の充実を図るべきことが提言された。そしてこうした提言等を受け，2010年7月，それまでのガイドラインに第三者評価に関する記載を加えた「学校評価ガイドライン［平成22年改訂］」が公にされた。

2　学校評価等に関する規定とその意義

1　学校評価等に関する法令上の規定

　学校評価及びこれに関連する学校の情報提供に関し，現行の学校教育法並びに学校教育法施行規則において，次のような定めが置かれている。

・学校教育法
[学校評価]
第42条　小学校は，文部科学大臣の定めるところにより当該小学校の教育活動その他の学校運営の状況について評価を行い，その結果に基づき学校運営の改善を図るため必要な措置を講ずることにより，その教育水準の向上に努めなければならない。
[学校による積極的な情報提供]
第43条　小学校は，当該小学校に関する保護者及び地域住民その他の関係者の理解を深めるとともに，これらの者との連携及び協力の推進に資するため，当該小学校の教育活動その他の学校運営の状況に関する情報を積極的に提供するものとする。

・学校教育法施行規則
[自己点検・評価と結果の公表]
第66条　小学校は，当該小学校の教育活動その他の学校運営の状況について，自ら評価を行い，その結果を公表するものとする。
2　前項の評価を行うに当たつては，小学校は，その実情に応じ，適切な項目を設定して行うものとする。
[学校関係者評価と結果の公表]
第67条　小学校は，前条第一項の規定による評価の結果を踏まえた当該小学校の児童の保護者その他の当該小学校の関係者（当該小学校の職員を除く。）による評価を行い，その結果を公表するよう努めるものとする。
[評価結果の設置者への報告]
第68条　小学校は，第六十六条第一項の規定による評価の結果及び前条の規定により評価を行つた場合はその結果を，当該小学校の設置者に報告するものとする。
※　以上の諸規定は，幼稚園，中学校，高等学校等にも準用される。

2 学校評価に関する諸規定の意義

①自己評価

　学校教育法42条は，小学校の自己評価について定めている。本条の規定は，幼稚園，中学校，高等学校等にも準用される。

　学校教育法42条の趣旨は，学校の自主性・自律性の尊重の下，保護者や地域住民の信頼に応え，児童生徒の健やかな成長に資することのできる質の高い特色ある教育が展開されるよう，「教育活動その他の学校運営の状況」を自ら評価しその結果を公表するとともに，その結果に基づいて改善を図るよう促すことにある。そこでは，評価に終始するにとどまらず，評価結果を受けて「改善を図るため必要な措置」を講ずるよう求めていることに着目し，本条は，改善・改革のための循環サイクルであるPDCAの仕組みを学校内に構築するよう努めることを求めた規定として理解できる。

　具体的な評価項目・指標等は，学校ごとに決められる。その設定に当り，それぞれの学校の重点目標に即し，その目標達成の度合いを明確に確認できるようなものとすることが必要となる。また，それらは，精選化されたものであるとともに，一般の人々にも容易に理解できるものでなければならない。

　学校教育法施行規則66条1項は，学校教育法42条に依拠する自己評価の実施とともに結果の公表を各学校に対し義務付けている。同条2項は，あらためて各学校の重点目標やその他の状況に合わせ，「適切な項目を設定」して自己評価を行うことを要請する。ところで，「公表」されるべき自己評価の「結果」の意に関しては，現状分析の結果のみならず，これを踏まえた改善方策までをも含むことが適当とされている。公表方法については，保護者並びに地域住民に広く伝えることができる方法によりこれを行うことが求められる（学校便りや学校のホームページへの掲載等）。

②学校関係者評価

　学校教育法施行規則67条は，「学校関係者評価」の実施とその結果公表を努力義務として定めている。

　本条は，自己評価の結果を踏まえて行うよう要請している点に見られるように，学校評価の実を挙げるべく，自己評価と学校関係者評価を一体運用する視

点に立脚した規定である。したがってそこでは，a）学校の重点目標等に即して行われた自己評価の結果を基礎に展開すること，b）学校関係者として，主に児童生徒の保護者が想定されるほか，当該学校の運営や児童生徒の育成に直接的に関わりのある人々（学校評議員，学校運営協議会の構成員，地域住民，接続する学校の教職員等）の参加を得て行われること，等が求められる。

　そうした学校関係者評価を実施する上での留意点として，a）委員会やグループを組織するなど，適切な実施体制を整備すること，b）保護者等を対象としたアンケート調査の実施のみを以て学校関係者評価を行ったと見做すのではなく，授業などの教育活動の観察や教職員との意見交換等，そこで様々な取組を行うこと，c）評価書面の取りまとめに当っては，現状説明に終始することなく，現状の把握とその分析結果の説明に加え，改善に係る検討結果も提示すること，等が要請されている。

　③学校評価の結果の設置者への報告

　学校教育法施行規則68条は，学校の自己評価の結果及び学校関係者評価の結果を学校設置者へ報告することを義務化している。本条の趣旨は，学校の設置者である教育委員会自身が，学校と連携しその評価結果を踏まえて学校運営の改善が行えるよう，学校に対しその評価結果を設置者に報告することを義務付けている点にある。

　教育委員会への報告は，自己評価及び学校関係者評価の結果報告書として作成したものを提出するという方式が適切とされる。その場合，両者を別々に作成する方法のほか，これらを一つの報告書として一本化する方式によることも妥当とされる。ただし，いずれの場合にあっても，現状把握もしくは現状把握に基づく分析結果の摘示にとどまらずに，その結果を踏まえた上での改善策の提示が適切かつ必要である。

3　学校による積極的な情報提供に関する規定の意義

　学校教育法43条は，小学校の教育活動その他の学校運営に関する情報の積極的な提供の義務付けに関する規定である。本条の規定は，幼稚園，中学校，高等学校等にも準用される。

　本条の趣旨は，教育活動その他の学校運営の状況を保護者や地域住民等へ積

極的に提供することを通じて公教育機関としてアカウンタビリティを履行することで，学校を取り巻くステークホルダーによる当該学校への理解を促すとともに，特色の発揮と課題解決のための方途を連携して推進していくための基盤を醸成することにある。

　学校による社会への積極的な情報提供は，「開かれた学校」として情報・データを系統的に集約しこれらを公表できる体制が整っていることが前提とされ，このことは，効果的な学校評価を行う上で不可欠的要件となっている。その意味から，本条は，学校評価について定めた前条とも密接に関連し合っている。

　本条は，学校運営に関する情報の積極提供を義務付けているが，具体的にどのような情報を提供するかは，各学校の自主的判断に委ねられている。ただし，学校法人の財務計算書類の公開を私立学校法の規定によって行うなど，情報提供の仕方について他の法律で別に定めがある場合には，その規定に従ってこれを行うこととなる。公表方法については，自己評価結果の公表の場合同様，保護者並びに地域住民に広く伝えることができる方法によりこれを行うことが求められる（学校便りや学校のホームページへの掲載等）。

3　学校評価の内容と実施手続

１　学校評価の内容

　学校評価の基本は，各学校により行われる自己評価である。それぞれの学校は，その固有の「学校教育目標」の実現に向けて，年度計画もしくは中期的な学校経営の方針や計画を策定する。そうした方針や計画の中で，学校として，重点的な取組を通じその長所を一層伸長させようとする事項や短期的な取組を通じて解決したい課題を基に，短期的な重点目標が作られる。

　学校は，こうした重点目標の達成に向けた取組などを評価項目として設定する。そして，評価項目の達成状況及び達成の度合いや進捗状況の把握のため，評価指標や基準等を設定する。評価項目や評価基準などは，評価の当事者はもとより，保護者を含む学校関係者にとって理解しやすいものとし，網羅的であったり詳細に過ぎたりしないよう，また高度に専門的な内容にならないよう配慮することが必要とされている。

表9-1 「学校評価ガイドライン[平成22年改訂版]」の示す評価対象分野・領域等

評価分野	評価領域	評価事項・項目	基礎データ・情報等
教育課程・学習指導	各教科等の授業の状況	・説明・板書・発問など,授業の実施方法 ・視聴覚教材や教育機器などの教材・教具の活用 ・体験的な学習や問題解決的な学習,児童生徒の興味・関心を生かした自主的,自発的な学習の状況 ・個別指導,グループ別指導,習熟度に応じた指導,補充的な学習や発展的な学習など個に応じた指導の状況 ・学習指導要領や設置者が定める基準に即しつつ,児童生徒の発達段階に応じた指導の状況 ・その他	
	教育課程等の状況	・学校の教育課程編成・実施の考え方についての教師間の共有の状況 ・児童生徒の学力・体力の状況を踏まえた教育課程の編成・改善等の状況 ・教育課程の編成・実施の管理の状況(指導計画や週案の作成等) ・教科等の指導体制,授業時数の配当の状況 ・体験活動・学校行事などの管理・実施体制の状況 ・部活など教育課程外の活動の管理・実施体制の状況 ・その他	・学力調査等の結果 ・運動・体力調査等の結果 ・観点別学習状況の評価・評定の結果
キャリア教育(進路指導)		・組織的にキャリア教育(進路指導)に取組むための体制の整備状況 ・児童生徒の能力・適性等を発見するための工夫及びそのための資料・情報の収集・活用の状況 ・進路相談の状況 ・キャリア教育(進路指導)のための保護者や地域社会,企業等との連携協力の状況 ・その他	
生徒指導	生徒指導の状況	・児童生徒の状況への理解を共有し,生徒指導に取り組むための体制の整備状況 ・問題行動の状況把握・共有とそれへの対処の状況 ・保護者や地域社会,関係機関との連携協力の状況 ・生徒指導のための教育相談の状況 ・その他	・児童生徒の出席率及び遅刻の状況 ・問題行動の発生状況

	児童生徒の人格的発達のための指導の状況	・自ら考え，自主的・自律的に行動し，自身の言動・行動に責任をもつことができるようにするための指導の状況 ・児童生徒の適性を発見し能力を引き出し，それを発揮できるような指導の状況 ・保護者と連携して基本的な生活習慣を身に付けさせるための工夫の状況 ・社会の一員としての意識（公正，公共心，公徳心や情報モラル等）を身に付けさせるための指導の状況 ・その他	・児童生徒の生活習慣の定着や人格的発達の状況 ・問題行動の発生状況
保健管理		・児童生徒の保健管理のための体制や指導・相談の実施状況 ・法定の学校保健計画の作成・実施の状況，学校環境衛生の管理状況 ・日常の健康観察や疾病予防，児童生徒の自己健康管理能力向上のための取組，健康診断の実施状況 ・その他	
安全管理		・学校事故や不審者侵入等の緊急事態発生への対処，危機管理マニュアル等の作成状況 ・法定の学校安全計画や学校防災計画等の作成・実施とそのための体制整備の状況 ・家庭や地域の関係機関，団体との連携及び安全確保のための取組状況 ・その他	
特別支援教育		・特別支援学校，特別支援学級と通常の学級の児童生徒との交流・共同学習の状況 ・特別支援教育のための校内支援体制の整備状況 ・個別の指導計画や教育支援計画の作成状況 ・その他	
組織運営		・校長などの管理職のリーダーシップの状況 ・校務分掌や主任制等が適切に機能するなど，明確な運営・責任体制の整備状況 ・職員会議等の運営・機能の状況 ・勤務時間管理や「職専免研修」の承認等，服務監督の状況 ・学校の財務運営の状況 ・その他	

研修（資質向上の取組）		・校内における研修の実施体制の確立状況，校内研修の継続実施と授業改善への組織的な取組状況 ・校内研修，校外研修への参加状況 ・指導が不適切な教師の状況把握とそのための対応状況 ・その他	
教育目標・学校評価	教育目標の設定と自己評価の実施状況	・児童生徒や学校の実態，保護者及び地域住民の意見や要望を踏まえた学校目標等の設定の状況 ・学校の状況を踏まえ重点化された短・中期の目標の設定状況 ・自己評価の組織的，定期的な実施状況 ・重点目標等を踏まえた自己評価項目の設定状況 ・自己評価結果の学校運営の改善への活用状況 ・外部アンケート等の実施・活用の状況，そこでの児童生徒の匿名性への配慮状況 ・その他	・学校の目標・計画等
	学校関係者評価の実施状況	・自己評価結果を踏まえた学校関係者評価の実施状況 ・学校関係者評価の組織・構成の状況 ・学校関係者評価結果の学校運営改善への活用状況 ・その他	
	学校に対する児童生徒・保護者の意見・要望等の状況	・児童生徒の満足度や要望の把握状況 ・児童生徒及び保護者の意見や要望に対する対応状況 ・その他	・児童生徒，保護者による授業等に関する評価の結果
情報提供		・学校に関する多様な情報の提供状況と個人情報への配慮 ・ホームページに掲記する情報の種類・内容とその定期的更新等，ホームページの管理・工夫の状況 ・学校便りや学級便りの発行等，主として保護者を対象とした情報の提供状況 ・その他	
保護者，地域住民等との連携		・学校運営への保護者，地域住民の参画・協力の状況 ・保護者，地域住民から寄せられた意見・要望の把握とその対応の状況 ・学校開放等の実施状況 ・地域の人材や教育資源（自然，文化財，行事等）の活用状況 ・その他	・保護者，地域住民を対象とするアンケートの結果

教育環境整備	施設・設備	・施設・設備の活用状況 ・施設・設備の安全・維持管理のための点検と整備の状況 ・多様な学習内容・学習形態，情報化等に対応した施設・設備の整備状況 ・その他	
	教材・教具等	・教材・教具・図書の整備状況 ・学習環境，生活環境充実のための取組状況 ・その他	

(出所)「学校評価ガイドライン［平成22年改訂］」に拠って作成。

　具体的な評価項目例として，表9-1を参照されたい。そこで挙げられる評価対象分野は，「教育課程・学習指導」，「キャリア教育（進路指導）」，「生徒指導」，「安全管理」，「組織運営」，「保護者，地域住民等との連携」，「教育環境整備」など12分野に及んでいる。各学校は，これらを参考としながら，自身の設定した重点目標等に照らして，必要な評価項目・指標等を独自に設定することが必要とされる。

　ところで，評価項目は，評価の切り口に着目して，重点目標に直接対応するアウトカム評価の視点に立脚するもの（例えば，学力の成果，進学・就職の状況，教師を対象とした研修の成果等），重点目標の達成に向けた諸活動などプロセス評価の視点に立脚するもの（例えば，教育指導・進路指導の状況，保護者や地域住民等との連携強化に向けた取組等），所与の条件の整備状況の確認といったインプットの視点に立脚するもの（例えば，教科の指導体制の整備状況，授業時間数の配当状況，教育／学習用の施設・設備の整備状況）といった区分が可能である。評価の目的・着地点をどこに求めるのか，何を評価するのか，という点を見定める上で，また評価に必要な資料・データの種類を確定・収集していく上で上記区分けに留意することも大切である。ただし，成果の産出は，所与の条件を基に多様な取組の中から発生するものであることから，インプット，プロセス，アウトカムを別個のものとして理解するのではなく，相互依存の関係にあることへの留意と理解も要請される。

　評価活動の中で，現状把握とその分析・検証を行い，今後の改善方策を見定めていく上で，各学校の基礎データ，方針や計画等を示す書面（学校経営の方針・計画，指導計画，研修計画，予算書，校務分掌の機構図等）などに加え，児童

生徒，保護者並びに地域住民から寄せられた意見やアンケート結果の活用も重要である。もとよりアンケート結果は「評価結果」と等価的に位置付けられるものではなく，その結果を基に学校独自の立場でその中身を検証し，その綿密な評価を行うことが必要である。

　学校関係者評価は，自己評価結果を基に実施されるので，自己評価の際に用いた書面やデータ，自己評価結果を取りまとめた書面（暫定版も可）等によってこれを行う。これら書面等を補完するものとして，その評価に参加した「学校関係者」と教職員や児童生徒との意見交換，授業の観察，施設見学等が行われ，その所見等も重要な評価資料となる。

2　学校評価の体制・実施手続

①体　制

　自己評価は，校長のリーダーシップの下，全教職員の参加を得て，組織的，系統的に取り組むことが必要である。適宜，評価委員会などの学校評価の中軸をなす常設もしくは臨時の会議体が学校内に設けられ，評価活動の枢要な役割を担う。

　自己評価の終盤に行われる学校関係者評価の実施組織は，当該学校により，委員会方式として設置することが原則とされる。委員会には，児童生徒の保護者を加えることを基本に，学校評議員，学校運営協議会の構成員，地域住民や地元企業関係者その他関係機関の関係者などが構成メンバーとなる。さらに，接続する他段階の学校の教職員や大学等の研究者を加えることも想定されている。なお，学校関係者評価委員会を置くことに換え，透明性の高い広がりのあるものとすることを条件に，学校評議員制や学校運営協議会等の既存の組織等の活用も可能とされる。

②実施手続

(a)自己評価実施の際の留意点

　自己評価の実施に当っては，a）現状把握と分析・検討に終始することなく，その結果を基に改善策を示すこと，b）学校の重点目標，評価の目的，評価項目・指標に対し全教職員間で認識を共有すると同時に，長所を一層伸長し課題解決のための方策の策定に当っても全教職員の合意を図ること，c）目標の達

成状況や達成に向けた進捗状況とそのための取組の有効性に関わる因果関係も検証すること，d）目標や計画，設定された評価項目・指標の適切性，有効性も評価対象に含まれること，等の点に留意が必要である。

　また，学校関係者評価は自己評価を基に行われるものであることから，同評価が実を挙げるためには，その前提となる自己評価が有為に行われていることが不可欠となる。このことを踏まえ，学校関係者評価ではとりわけ自己評価結果を基にした改善策の適切性の評価が重要となるが，目標・計画及び評価項目・指標の適切性等の検証も大切である。

(b)評価プロセス

　評価プロセスについては，図9-1を参照されたい。評価は，概ね次の手順で行われる。

(ⅰ) 評価の実施体制の確立
(ⅱ) 重点目標，評価の目的に対する認識の共有を前提とした評価項目・指標の設定
(ⅲ) 評価項目に対応した情報・データ，その他資料の収集及び必要に応じ関係者との意見交換
(ⅳ) (ⅲ)の段階で得られた情報・資料等の分析・検証
(ⅴ) 分析・検証の結果を踏まえた改善策や一層の向上策の策定とそれらへの合意形成
(ⅵ) 自己評価結果の取りまとめ（暫定版）
(ⅶ) 学校関係者評価の実施
(ⅷ) 学校関係者評価の結果の取りまとめ
(ⅸ) 自己評価結果の最終まとめ
(ⅹ) 自己評価報告書，学校関係者評価報告書の保護者等への公表と設置者への提出

　なお，学校や設置者の判断により，評価の最後に「第三者評価」が行われることもある。

具体的かつ明確な重点目標の設定と学校全体での重点目標の共有

⇩

目標達成に必要な取組等を評価項目に設定。達成に向けた進捗状況を測定するための指標を設定

（重点目標達成に向け具体的な取組） ⇒ 学校運営に関する多様な情報・資料の継続的な収集・整理

⇩

自己評価活動の具体的な実施

・校長のリーダーシップの下，全教職員参加の組織的取組として実施。
・評価項目・指標に拠って，達成状況，達成に向けた取組状況を測定・把握しこれを評価。評価結果を踏まえ，「今後の改善方策」を検討。
・取組状況の把握に当り，児童生徒による授業アンケート結果，児童生徒・保護者・地域住民アンケート等（外部アンケート等）の結果や児童生徒・保護者・地域住民から寄せられた意見や要望等を活用。

⇩

（必要に応じ「中間評価」を実施。その結果を基に，適宜，重点目標，評価項目・指標等を見直し。）

⇩

自己評価の結果報告書を作成。そこでは，「結果」だけでなく，必ず「今後の改善方策」を記述。

⇩

学校関係者評価の実施

・学校が，当該学校と直接関係のある者から成る学校関係者評価委員会を組織化。
・委員会は，学校から，重点目標，自己評価の取組状況を聴取。
・さらに委員会は，授業参観，施設・設備の観察，校長等の教職員や児童生徒と対話。
・委員会は，上記活動を基に，自己評価結果と改善方策，目標・評価項目の在り方等を評価。
・委員会は，評価結果を取りまとめ。

⇩

・学校は，学校関係者評価の結果を踏まえ，自己評価結果に基づき既に取りまとめた「今後の改善方策」を見直し。
・改めて，「今後の改善方策」を検討し，これを「学校関係者評価報告書」の評価結果に併記（※「学校関係者評価報告書」を，「自己評価報告書」と合本として作成しても可）。

⇩

自己評価報告書及び学校関係者評価報告書，「今後の改善方策」を広く保護者等に公表。

⇩

自己評価報告書（「今後の改善方策」が記載されたもの），学校関係者評価報告書（同左）を設置者に提出。

⇩

上記「今後の改善方策」に即し，次年度の目標設定や現に行われている具体的な取組を改善。

図9-1 「学校評価」における自己評価，学校関係者評価のプロセス

第**9**章 学校評価

3 第三者評価

　学校評価における「第三者評価」は，「学校評価ガイドライン［平成 22 年改訂］」によって新たに導入された評価の仕組みである。第三者評価は，法令上の実施義務や努力義務を伴って行われるものではない。それは，学校や設置者の判断と責任の下で行われる。

　第三者評価の趣旨は，自己評価や学校関係者評価の実施状況を踏まえ，学校評価全体を充実させる観点から，学校の優れた取組を明らかにするとともに，学校運営の課題の改善方向を提示することにある。その実施に当っては，ａ）保護者や地域住民による評価とは異なり，学習指導や学校マネジメント等についての専門的視点からの評価，ｂ）当該学校とは直接関係のない立場から，当該学校の教職員や保護者等とは異なる視点による評価，ｃ）学校運営の改善に向けた当該学校と設置者との連携状況の評価（その際に，教育委員会の行った自身に対する自己点検・評価結果の活用も視野に入れる必要あり），に心掛けることが重要とされる。

　第三者評価の実施体制として，上記「ガイドライン」は，次の三つの類型を例示する。

ａ）学校関係者評価の中に，学校運営に関する外部の専門家を加え，学校関係者評価と第三者評価の両方の性格を併せもつ評価を行う。
ｂ）例えば中学校区単位等の，一定の地域内の複数の学校が協力して，互いの学校の教職員を第三者評価における評価者として評価を行う。
ｃ）学校運営に関する外部の専門家を中心とする評価チームを編成し，評価を行う。

　第三者評価結果の取りまとめは，評価者の責任において行われる。複数の評価者により評価が実施される場合，主たる責任者が中心となってそのとりまとめが行われる。

　第三者評価結果報告書は，評価対象校に提出されると同時に，同報告書の内容等をめぐって，評価者と評価対象校との間で意見交換が行われる。第三者評価の結果の扱いについては，設置者（さらには任命権者）の支援を必要とする場合のあることを想定し，設置者（設置者と任命権者が異なる場合，設置者を経

由して任命権者へも）にも提出することが望ましいとされている。

4　学校評価を通じた質保証

⌈1⌉　PDCA による改善のための循環サイクル

　学校の裁量の幅が広がり自律的な学校経営のための諸条件が整えられる中，児童生徒が満足できる質の高い教育を提供することが今日の学校に求められている。それぞれの学校は，学校評価を通じ教育の質保証を行い一層の改善・向上に邁進するとともに，保護者等に対し，学校及びその運営に関わる情報を恒常的かつ積極的に提供することを通じてアカウンタビリティを履行することが求められている。また，学校の設置者も，学校評価の結果等を踏まえ，それぞれの学校に対し必要な支援を行うことが求められている。そうした学校評価の目的が効果的に達成されるためには，学校内に，改善・向上を誘因するための循環サイクルが有効に機能できる場が設定されることが必要である。そのサイクルに「学校評価」の営為を落とし込むことによって，長所をさらに伸ばし，課題解決の取組を機動的に進めることが可能となる。

　そうした評価の役割に重要な位置づけを与える組織マネジメント・サイクルとして一般に知られるのが「PDCA サイクル」である。この手法に対しては，目標管理型の経営手法の模倣であり，成果の発出に時間がかかり目に見えない成果も多く含まれる教育領域には適用し難いとの意見も根強い。しかし，このサイクルは，自主的，自律的な運用が基本的前提とされるほか，「結論指向」というよりは改善・改革に照準を定めたマネジメントの仕組みであることから，教育領域にも十分なじむものと言える。

　学校経営の視点に立ってこの PDCA サイクルを見れば，「学校教育目標」や重点目標等の設定とその計画化の段階（Plan）を経た後に，それらが教育活動を軸とする学校の諸活動として実施に移され（Do），目標・計画の達成状況が評価され，それを基に改善・改革のための諸方策が模索される（Check）。自己評価を軸とする学校評価は，この"Check"の段階に位置付けられる。そこで模索された諸方策を企画・立案し，具体的に実行する中で，特色の発揮を一層確かなものとする一方で，課題の解決の方途が見出され実行される（Action）。

第**9**章　学校評価

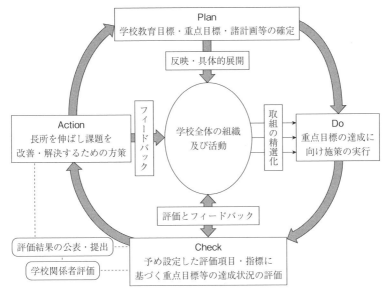

図9-2　自己評価に基づくPDCAの循環サイクル

この一連のサイクルを経た後に，当初の目標や計画等の見直しが図られ，改善・向上のための新たなPDCAサイクルが始動する（この循環サイクルの流れについては，図9-2を参照）。

こうしたPDCAサイクルの好循環を通じて，児童生徒や保護者等に信頼される確かな学校運営が保証されると同時に，評価結果の公開を通じて社会への説明責任を確実なものにできる。それは，教育の充実向上への努力や熱意を設置者に理解してもらうことに資すると同時に，設置者による各学校への支援の必要性の拠り所を示す役割も果たし得る。

2　学校評価と教員評価，教育委員会の自己点検・評価との諸関係
①学校評価と教員評価

学校評価は，重点目標の達成状況の検証を射程に収め教育活動を軸に学校運営全体を包括評価しようとするもので，主に教育の改善・向上やアカウンタビリティの履行が目的とされる。これに対して，教員評価は，今日一般に「教員の人事評価」と呼称されるように，個々の教師の職能開発や人事管理を主たる目的としている。

両評価制度の目的がそれぞれ異なることから，例えば，学校評価で活用される授業アンケートや生徒指導等に関わる児童生徒・保護者等のアンケートの結果は，個別教師単位ではなくもっぱら学年単位で集計・分析されたり，校務分掌の有効性についても，各教師の活動に照準を当てるというよりは，そこで営まれる組織・活動の有為性を包括的に検証するというように，評価の手法等についても両者は相異なっている。また，評価結果の公表についても，社会への説明責任を十全ならしめる視点から，学校評価の結果の積極的な公表が望ましいとされるのに対して，教員評価の結果はおよそ公表にはなじまないものと考えられている。

　もっとも，教師を対象とする人事評価は，「目標管理型評価」と従来の勤務評定の流れをくむ「能力・業績査定型評価」からなっており，とりわけ前者は，教師自身が設定した目標の達成状況を自己申告書に記載し，校長等の評価者との面談を行う中で，同申告書を確定していくというプロセスで進められる。しかも，両者はそれぞれ独立して行われるのではなく，目標管理型評価の結果（とりわけ中間結果）が後者の評価の折に参照されるなど，後者の評価は目標管理型評価に相当程度依存して進められる。

　こうしたことから，学校評価を教員評価から完全に切り分けるのではなく，学校評価を全教職員による協働参画型の活動として効果的に機能させることにより，学校全体と各教師が共有する目標の実現に向けて，評価の内容・方法を相互に参照し合うという局面を切り拓くことを可能とする。学校評価と教員評価の趣旨・目的が異なるという前提の下，そうした協働参画型の学校評価を適切に機能させることにより，各教師は，そこで自身のもつ強みと要解決課題を的確に認識し，自己評価を契機とした納得のいく職能開発に連結させることが一層容易になるものと考える。

②学校評価と教育委員会の自己点検・評価

　学校評価のうち，自己評価結果と学校関係者評価結果は，設置者（教育委員会）に報告することが法令上，義務付けられている（学校教育法施行規則68条）。

　また，第三者評価は，学校とその設置者を「実施者」として行われるものであることから，設置者への報告が要請されている（「学校評価ガイドライン［平成22年改訂］」）。そのゆえんとして，第一に，第三者評価においては，学校改

善を進める上で学校と設置者との適切な連携が不可欠であることを理由に，「教育委員会の自己評価の結果」を参考に，両者の連携状況それ自体を重要な評価項目として位置付けることが求められていること，第二に，設置者は，第三者評価結果を踏まえて学校の指導を行い所要の改善措置を講ずることと併せ，その評価結果を「教育委員会の自己点検・評価の際の資料として活用」することが望ましいとされていること（同上「ガイドライン」），等の点を挙げることができる。

ここに言う「教育委員会の自己点検・評価」とは，地方教育行政法26条に依拠する教育委員会の教育事務の管理・執行に関する点検・評価のことを指す。教育委員会は，第三者評価を含む「学校評価」全体の結果を吟味し，各学校に対して必要な支援を行うと同時に，教育事務の管理・執行の適切性・有効性を検証しその活動の改善を図っていくことが求められているのである。

点検・評価結果を受けて，教育委員会は自身の業務改善を図るとともに，各学校による学校評価の結果を基に，それぞれの学校に対し，設置者としての立場からその業務の一層の改善・向上のための効果的な支援を行うことが要請されている。そのための指針として，2015（平27）年7月の「学校現場における業務改善のためのガイドライン—子供と向き合う時間の確保を目指して—」の十全な活用が期待されている。

参考文献

金子郁容編著『学校評価——情報共有のデザインとツール——』筑摩書房，2005年2月
木岡一明編『教育改革をめぐる重要課題』学事出版，2013年7月。
河野和清編著『新しい教育行政学』ミネルヴァ書房，2014年4月。
坂野慎二・福本みちよ編著『学校教育制度概論』玉川大学出版部，2012年11月。
篠原清昭編著『学校のための法学［第2版］——自律的・協働的な学校をめざして——』ミネルヴァ書房，2008年5月。
鈴木勲編著『逐条学校教育法［第7次改訂版］』学陽書房，2009年11月。
土屋基規編著『現代教育制度論』ミネルヴァ書房，2011年6月。
西村文男・天笠茂・堀井啓幸編『新・学校評価の理論と実践——外部評価の活用と内部評価の充実——』教育出版，2004年5月。

文部科学省「学校現場における業務改善のためのガイドライン――子供と向き合う時間の確保を目指して――」2015 年 7 月。

文部科学省『学校評価ガイドライン[平成 22 年改訂]』2010 年 7 月。

横浜国立大学教育人間科学部附属横浜中学校編『学校間評価――自己評価と学校関係者評価とをつなぐ新しい学校評価システムの構築――』学事出版,2009 年 3 月。

第10章

教育課程と学習指導要領

● 設　問

1. 学校の教育活動における「教育課程」の位置付けについて述べてください。
2. 教育課程を秩序付けている法構造を簡潔に説明した上で，そこでの「学習指導要領」の位置付け・意義について論じてください。
3. 戦後の学習指導要領の変遷の流れの中における各改訂ごとの学習指導要領の特質を簡潔に説明してください。
4. 現行の学習指導要領の意義・特質について述べてください。

1　教育課程

1　教育課程の意義

「教育課程」は英語の「カリキュラム（curriculum）」の訳語とされる。戦前から戦後の初期段階までは，学校教育における教育内容を示す言葉として，「教科課程」，「学科課程」が用いられていたが，1951年版「学習指導要領一般編（試案）」において「教育課程」の用語に統一された。

その1951年版学習指導要領（試案）では，「教育課程」を，児童生徒が「どの学年でどのような教科の学習や教科以外の学習に従事するのが適当であるかを定め，その教科や教科以外の活動の内容や種類を学年的に配当づけたもの」と定義付けた。そして続けて，「教育課程は，それぞれの学校で，その地域の児童や生徒の社会生活に即して教育の目標を考え，その地域の生活を考えて，これを定めるべき」ものと述べていた。その上で，そうした視点に立脚しつつ，同試案が提示する教育課程を「教育の骨組」をなすものとしての「一応各学校が参考」とすべき基準（=「参考的基準」）として，学校の所在する地域や児童生徒の実情を考慮し，指導計画を策定することの有用性を強調した。

教育課程を上記のように定義付けたことは，それが教科活動の枠組みにとどまらずに，学級活動や学校行事などの教科外活動を含むものとして概念付けられたことを意味していた。教育課程をこのように理解することを通じ，以後，教科活動，教科外活動の有機的連関性の中で，児童生徒の調和のとれた人間形成が目指されることとなった。併せて，そこでは，国が教育課程の指針を提示することの正当性のゆえんが明らかにされた一方で，学校が，その取り巻く諸条件に応じ固有の指導計画を策定することの必要性に言及されていたことにも留意が必要である。

2　教育課程の編成

　学校の教育活動は，編成された教育課程の具体的展開を通じて行われる。教育課程の編成・展開は，一般に四つの局面から捉えることができると考えられている。
　その第一が，教育課程の基準を示す国法体系とこれを運用する行政の存在である。教育課程は，教育基本法の示す基本理念の下，学校教育法，学校教育法施行規則の枠組みの中で編成しなければならない。その編成に当っては，学校教育法施行規則に法制度上の根拠をもつ学習指導要領に準拠していることが必要とされる。授業で用いられる教科書も，同要領に準拠したものでなければならない。第二が，学校の教育活動の計画である。学校ごとの年間指導計画や時間割，教科書その他の教材等がこれに該当する。第三が，編成された教育課程に基づき教師レベルで営まれる授業実践である。各教師は，予め作成した指導案などに基づき，自身の能力や技術を駆使し授業を展開する。しかし，指導案などに依拠して授業を行うことを意図した場合でも，教室環境や児童生徒の対応も，授業実践に影響を及ぼす。後者は，「実践されたカリキュラム」と呼ばれる場合がある。第四が，「学ぶ」側に立つ児童生徒の「学習の成果」に関わるもので，教師によって意図的に営まれた授業実践を通じ実際にどのような知識・能力や技術，価値観等を身に付けたか，ということである。それは，教師が求める成果を期して行った授業実践が児童生徒にどう受け止められたかということに着目して「経験されたカリキュラム」と呼ばれることもある。今日，初等教育から高等教育に至る全ての教育階梯において，「何を教えるか」から

「何を学び何ができるようになるか」を問う「ラーニング・アウトカム（learning outcome）」の視点から教育課程や教育活動の有効性を検証することの重要性が強調されている。国の教育政策と学校や個々の教師による計画と実践の質にとどまらず，授業を核に展開される学習経験の結果や成果の評価を通じてこそ真の意味での教育の有為性が保証されることになる。

3 「潜在的カリキュラム」の問題

　教育課程の概念を，上記第四の局面で説明した「学習者としての児童生徒」の学習経験も含めて理解しようとする場合，国や学校が意図的，計画的に編成・展開する教育課程（「公式的なカリキュラム（official curriculum）」と呼ばれることもある）に加え，「潜在的カリキュラム（hidden curriculum）」の存在を認めることが大切であると考えられている。そのため，従来の教育課程の概念である「公式的なカリキュラム」を「狭義の教育課程」として位置付けるとともに，「公式的なカリキュラム」，「潜在的カリキュラム」の双方を以て「広義の教育課程」として概念化しようとする見解も有力となってきた（後者を，「公式的なカリキュラム」である「教育課程」とは区別し，広く「カリキュラム」と概念付ける見解もある）。

　児童生徒に与える潜在的な教育的影響は，国の教育政策や戦略，入試制度等の諸施策や諸制度に負うところが少なくない。しかしここに言う「潜在的カリキュラム」とは，公式的な教育課程の展開過程にあって，意図もされず計画もされていないことが，結果として学習者によって経験され修得されてしまう非明示的な内容をもつものと捉えられ，それは，「教室」空間の中で潜行的に児童生徒に作用するものとして理解されている。

　「潜在的カリキュラム」の大きな特徴は，その要素が「教師 ↔ 児童生徒」といった「教える者と学ぶ者」との間に存在する非等位的な関係の中で醸成される点にあり，「規則（Rules）」，「規制（Regulations）」，「慣例（Routines）」の3Rがその典型であるとされてきた。「潜在的カリキュラム」のもつそうした特徴は，その効果を正負の両側面から評価することが必要である。同時に，「公式的カリキュラム」の教育上の実を挙げ得るような効果をもつ「潜在的カリキュラム」の要素を考究し，「公式的カリキュラム」と「潜在的カリキュラム」の

両者が相補的に作用し，児童生徒の人格的な成長を促すことのできる方途を模索していくことの重要性も指摘されている。

2　教育課程の法制と学習指導要領

1　教育課程の編成・展開の体系

　学校の「教室」という教育空間を中心に，児童生徒と直接向き合い授業実践を行うのは教師である。教師は，学校を取り巻く環境条件や児童生徒の発達段階を考慮に入れながら，授業実践を効果的に行うために，教師自身の手で教育課程の展開が具体的に計画される。そうした意味から，教師は，教育課程編成の最終段階における責任主体として位置付けられる。このように教育の現場で具体的かつ直接的に展開される教育課程は，これを規律する法制に依拠した教育課程に関わる国の基準に即してその骨格が決定され，国と地方の教育課程行政，学校，教師の各段階を動的に経由していく中でその内実が付加される。

　すなわち，まず第一段階として，教育課程の基本大綱は，教育基本法の理念の下，学校教育法及びその関係法令に従い，文部科学大臣の権限としてそれが定められる。続く第二段階として，地方教育行政機関である教育委員会が，教育課程に関する事務を管理・執行（地教行法21条5号）するとともにそれに関わる所要の教育委員会規則を定める権限（同33条1項）を有していることの帰結として，教育課程の管理・執行とそのための基本事項の設定並びに各学校に対する必要な指導・助言が行われる。これら第一段階，第二段階は，教育課程行政として行われるものである。第三段階として，こうした教育課程行政の枠組みの下で，各学校は，教育課程を具体的に編成し展開する。教育課程は，校長の責任と指導の下，学校を構成する全ての教師の主体的参加を経てその編成が行われ，教育現場で具体的に展開される。学校の行う教育課程の編成作業は，年間指導計画，学期別・月別の指導計画，教科別・領域別の指導計画等という形をとって具現化される。そして第四段階として，学級や教科等を担任する教師が，それらの指導計画に基づいて，児童生徒に対して個別具体の指導を行うのである。

第10章 教育課程と学習指導要領

2 教育課程を規律する法の体系

①教育関係法に見る教育課程編成の目的・目標

学校教育法33条は,「小学校の教育課程に関する事項は,第29条及び第30条の規定に従い,文部科学大臣が定める」と規定する。中学校では同法48条,高等学校では同法52条に同内容の規定を置いている。本条の趣旨は,a) 教育課程に関する事項は,法の定める目的・目標を具体的に実現したものであること,b) それらの事項は文部科学大臣が定めるとしたこと,にある。

教育権の基本規定である憲法26条は,教育の機会均等を保障するとともに,普通教育の義務を規定する。あわせて,教育(行政)法律主義を規定する。

憲法26条等の教育権規定の趣旨を実現するための教育関係法の最上位に位置する現行教育基本法は,その1条で「教育の目的」を概括的に定めるとともに,2条で5項目にわたり「教育の目標」を具体的に規定する。加えて,5条2項は,普通教育として行われる義務教育の目的を包括的に規定する。

そして,我が国教育制度の基本的枠組みを定める学校教育法はその21条において,義務教育の目的に関する上記教育基本法5条2項を受け,義務教育の目標を10項目にわたって詳細に掲げている。本条に規定する目標は,「普通教育を行う者が達成に向けて努力すべきめあて」,すなわち「教育を行う者にとっての目標」であって,児童生徒の側の義務付けを伴う到達目標ではないものとされる(鈴木勲編著『逐条学校教育法』193-194頁)。また,学校教育法は,小学校における「教育の目的」を29条で,「教育の目標」を30条で定めるとともに,中学校における「教育の目的」を45条で,「教育の目標」を46条で定める。高等学校については,50条に「教育の目的」の,51条に「教育の目標」の定めが置かれている。特に高等学校の「教育の目標」に関する51条の定めは詳細な規定ぶりとなっている(表10-1)。

文部科学省の学習指導要領は,これら教育上の目的・目標に準拠したものとなっているが,そこではとりわけ目標の具現化を図ることに重点が置かれていることを,ここで改めて確認したい。

②教育課程に関する法構造

教育課程は,既述の如く,教育基本法及び学校教育法の教育目標に関する規定の内容を具体的に実現するものとして編成される。

表10-1 教育関係法に見る「教育目標」に関する規定とその内容

教育基本法	
2条 (教育の目標)	教育は，その目的を実現するため，学問の自由を尊重しつつ，次に掲げる目標を達成するよう行われるものとする。 1　幅広い知識と教養を身に付け，真理を求める態度を養い，豊かな情操と道徳心を培うとともに，健やかな身体を養うこと。 2　個人の価値を尊重して，その能力を伸ばし，創造性を培い，自主及び自律の精神を養うとともに，職業及び生活との関連を重視し，勤労を重んずる態度を養うこと。 3　正義と責任，男女の平等，自他の敬愛と協力を重んずるとともに，公共の精神に基づき，主体的に社会の形成に参画し，その発展に寄与する態度を養うこと。 4　生命を尊び，自然を大切にし，環境の保全に寄与する態度を養うこと。 5　伝統と文化を尊重し，それをはぐくんできた我が国と郷土を愛するとともに，他国を尊重し，国際社会の平和と発展に寄与する態度を養うこと。
5条 (義務教育の目的)	2　義務教育として行われる普通教育は，各個人の有する能力を伸ばしつつ社会において自立的に生きる基礎を培い，また，国家及び社会の形成者として必要とされる基本的な資質を養うことを目的として行われるものとする。

学校教育法	
21条 (普通教育の目標)	義務教育として行われる普通教育は，教育基本法第5条第2項に規定する目的を実現するため，次に掲げる目標を達成するよう行われるものとする。 1　学校内外における社会的活動を促進し，自主，自律及び協同の精神，規範意識，公正な判断力並びに公共の精神に基づき主体的に社会の形成に参画し，その発展に寄与する態度を養うこと。 2　学校内外における自然体験活動を促進し，生命及び自然を尊重する精神並びに環境の保全に寄与する態度を養うこと。 3　我が国と郷土の現状と歴史について，正しい理解に導き，伝統と文化を尊重し，それらをはぐくんできた我が国と郷土を愛する態度を養うとともに，進んで外国の文化の理解を通じて，他国を尊重し，国際社会の平和と発展に寄与する態度を養うこと。 4　家族と家庭の役割，生活に必要な衣，食，住，情報，産業その他の事項について基礎的な理解と技能を養うこと。 5　読書に親しませ，生活に必要な国語を正しく理解し，使用する基礎的な能力を養うこと。 6　生活に必要な数量的な関係を正しく理解し，処理する基礎的な能力を養うこと。 7　生活にかかわる自然現象について，観察及び実験を通じて，科学的に理解し，処理する基礎的な能力を養うこと。 8　健康，安全で幸福な生活のために必要な習慣を養うとともに，運動を通じて体力を養い，心身の調和的発達を図ること。 9　生活を明るく豊かにする音楽，美術，文芸その他の芸術について基礎的な理解と技能を養うこと。 10　職業についての基礎的な知識と技能，勤労を重んずる態度及び個性に応じて将来の進路を選択する能力を養うこと。

第10章 教育課程と学習指導要領

29条 (小学校の教育目的)	小学校は，心身の発達に応じて，義務教育として行われる普通教育のうち基礎的なものを施すことを目的とする。
30条 (小学校の教育目標)	小学校における教育は，前条に規定する目的を実現するために必要な程度において第21条各号に掲げる目標を達成するよう行われるものとする。 2　前項の場合においては，生涯にわたり学習する基盤が培われるよう，基礎的な知識及び技能を習得させるとともに，これらを活用して課題を解決するために必要な思考力，判断力，表現力その他の能力をはぐくみ，主体的に学習に取り組む態度を養うことに，特に意を用いなければならない。
45条 (中学校の教育目的)	中学校は，小学校における教育の基礎の上に，心身の発達に応じて，義務教育として行われる普通教育を施すことを目的とする。
46条 (中学校の教育目標)	中学校における教育は，前条に規定する目的を実現するため，第21条各号に掲げる目標を達成するように行われるものとする。
50条 (高等学校の教育目的)	高等学校は，中学校における教育の基礎の上に，心身の発達及び進路に応じて，高度な普通教育及び専門教育を施すことを目的とする。
51条 (高等学校の教育目標)	高等学校における教育は，前条に規定する目的を実現するため，次に掲げる目標を達成するよう行われるものとする。 1　義務教育として行われる普通教育の成果を更に発展拡充させて，豊かな人間性，創造性及び健やかな身体を養い，国家及び社会の形成者として必要な資質を養うこと。 2　社会において果たさなければならない使命の自覚に基づき，個性に応じて将来の進路を決定させ，一般的な教養を高め，専門的な知識，技術及び技能を習得させること。 3　個性の確立に努めるとともに，社会について，広く深い理解と健全な批判力を養い，社会の発展に寄与する態度を養うこと。

教育目標は，学校教育法施行規則及び学校種別の
学習指導要領に示す教育課程の骨子の中で具現化

　学校の「教育課程に関する事項」は，文部科学大臣が定める（学教法33条ほか）。教育課程に関する事項を文部科学大臣が定めるゆえんについて，a）教育の機会均等の確保と一定水準の教育を全国レベルで維持する上で全国的な基準が必要であること，b）教育課程に関する事項は，本質的に教育上の問題であり極めて専門的，技術的事項であることに加え，時代の進展に応じ適宜改善を要すること，との説明がなされてきた。

　教育課程の編成に関しては，学校種ごとに学校教育法施行規則に具体的な定めがある。加えて，同様に学校種ごとに，同施行規則では，「教育課程の基準」

は，文部科学大臣が別に公示する「学習指導要領」による旨を定める。次に，小学校，中学校，高等学校の別に，法の定める教育課程のアウトラインを概観する。

③小学校の教育課程

小学校の教育課程は，「各教科」，「道徳」，「外国語活動」，「総合的な学習の時間」，「特別活動」によって編成され，「各教科」は，国語，社会，算数，理科，生活，音楽，図画工作，家庭，体育で構成される（学教法施行規則50条1項）。ただし，私立小学校の教育課程の編成に当っては，「宗教」をもって「道徳」に代えることが認められている（同条2項）。年間標準授業時数については，学校教育法施行規則51条により同施行規則別表第1で，教育課程の区分別，学年別の授業時数が示されている。そこでは，授業時数の1単位時間が45分（別表第1備考1）であることが併せて明示されている。

また，上述のように，「教育課程の基準」は，小学校学習指導要領に拠るものとされているが，「合科的指導」（一部教科を対象に，これらを合わせて授業を行うもの）の特例（学教法施行規則53条），教育課程の改善に資する研究を行うための特例（「研究開発学校」特例）（同規則55条），地域の特色を生かした特別の教育課程の編成に関する特例（同規則55条の2），不登校児を対象とする特別の教育課程の編成に関する特例（同規則56条），日本語に精通しない児童のための特別の教育課程に関する特例（同規則56条の2），等の特例措置が認められる（「合科的指導」を除き，同様の特例措置は，中学校でも認められている。高等学校の場合，教育課程の研究上の特例及び地域的な特例並びに不登校生徒等を対象とする教育課程編成上の特例措置が認められている）。また，心身の状況により履修困難な各教科に対する配慮を求める規定（同規則54条）も，別途置かれている。

このほか，各学年の課程の修了及び卒業の認定は，学校教育法施行規則57条で，また全課程修了者への卒業証書の授与については同規則58条でそれぞれ定められている。

④中学校の教育課程

中学校の教育課程は，「各教科」，「道徳」，「総合的な学習の時間」及び「特別活動」によって編成され，「各教科」は，国語，社会，数学，理科，音楽，

美術，保健体育，技術・家庭，外国語で構成される（学教法施行規則72条）。ただし，私立小学校の場合同様，「宗教」をもって「道徳」に代えることが認められている（同条2項）。年間標準授業時数は，学校教育法施行規則73条により同施行規則別表第2で，教育課程の区分別，学年別の授業時数が示されている。授業時数の1単位時間は50分とされる（別表第2備考1）。

また，教育課程編成上の特例措置は，上記の如く「合科的指導」を除き中学校でも認められている。心身の状況により履修困難な各教科への配慮措置も認められている。

小学校における課程の修了・卒業認定並びに卒業証書の授与に関する規定は，中学校にも準用される。

⑤高等学校の教育課程

高等学校の教育課程は，「各教科」に属する科目，「総合的な学習の時間」及び「特別活動」によって編成される（学教法施行規則83条）。「各教科」を構成する科目は，同規則別表第3で，「各学科に共通する各教科」と「主として専門学科において開設される各教科」の別に大きく区分された上で，教科ごとに当該教科に属する科目が具体的に掲記されている。授業時数の1単位時間は50分で，35単位時間の授業を1単位として計算される（「高等学校学習指導要領」第1章総則第2款1「卒業までに履修させる単位数等」）。

課程修了に必要な最低所要単位数は74単位であり，校長は，当該所要単位数以上の修得者に対し，全課程の修了認定を行う（学教法施行規則96条）。

また，高等学校についても，「教育課程の基準」は，学習指導要領に拠るものとされるが，特例措置として，小学校，中学校の場合同様，教育課程の研究上の特例（学教法施行規則85条），教育課程編成の地域的な特例（同規則85条の2）及び不登校生徒を対象とする特別の教育課程編成の配慮措置（同規則86条）に関する定めがある。心身の状況により就学困難な教科への配慮事項は，高等学校にも準用されている。

ところで，高等学校教育にあっては，一定の要件を充たせば，生徒が在学する学校以外の高等学校や専修学校等での学修成果を，在学校の単位として認める措置が講じられている。その第一が，校長の定めるところにより，他の高等学校もしくは中等教育学校後期課程で修得した科目の単位を，当該生徒の在学

する高等学校の課程修了に必要な単位数に加えることができるとする措置である（学教法施行規則97条）。その趣旨は，在学校において開設の困難な教科・科目について，生徒の希望に応じ他校の科目における学修成果を在学校の科目として単位認定することにある。第二が，校長の定めるところにより，ａ）文部科学大臣が別に定めるもので，大学や高等専門学校での学修，専修学校（高等課程もしくは専門課程）での学修，文部科学大臣が別に定める社会教育施設等での学修，ｂ）文部科学大臣が別に定める知識・技能に関する審査等への合格に係る学修（英語検定や簿記検定等），ｃ）文部科学大臣が別に定めるボランティア活動等に係る学修，を在学校の科目の履修と見做し，当該科目の単位を与えることを内容とする措置である（学教法施行規則98条）。このような学校教育法施行規則97条，98条に依拠して，在学校が生徒に付与できる卒業所要単位数の上限は，36単位とされている（学教法施行規則99条）。なお，「高等学校卒業程度認定試験」の合格科目に係る学修，高等学校別科で修得した科目に係る学修も，単位認定の対象とする措置が講じられている（学教法施行規則100条）。

　このほか，通常の高等学校もしくは中等教育学校（後期課程）という枠組みを超えて，高等学校教育へのアクセスを広く望む人々の幅広いニーズに対応させ，多様な履修形態での学修を可能にさせる単位制高等学校制度についても簡単に言及しておきたい。同制度は，1988（昭63）年に始動したもので，その根拠規定は学校教育法施行規則103条である。単位制高等学校制度の具体的な内容は，同施行規則103条2項に依拠する省令「単位制高等学校教育規程」に委ねられている。単位制高等学校の制度上の特徴として，ａ）学年による教育課程の区分が設けられていない（学教法施行規則103条1項）ため，一定数の単位を累積加算することで卒業が認められること，ｂ）過去に在籍した高等学校で修得した単位の加算も可能で，これにより全課程の修了認定がなされること（単位制高等学校教育規程7条），ｃ）生徒の入学・卒業は，（4月入学，3月卒業に固定化されず）「学期の区分に従い，生徒を入学させ，又は卒業させることができる」ものとされていること（同教育規程3条），等の点が挙げられる。

第10章 教育課程と学習指導要領

3 学習指導要領の意義・性格

①学習指導要領の意義と法的性格

「学習指導要領」とは，「教育課程」について定めた学校教育法の諸規定（33条，48条，52条等）に基づき，学校教育法施行規則の諸規定（50条，51条，72条，73条，83条等）の定める教育課程の骨子を基本に据えつつ，同じく同法施行規則52条とその準用規定の委任を受けて定められた「文部科学大臣が別に公示」する小学校，中学校及び高等学校の「教育課程の基準」である。このことからわかるように，学習指導要領は，小・中・高等学校等の教育課程に関わる国の大綱的基準であり，それぞれの教育階梯における教育指導計画の指針を示したものである。しかもそれは，教育課程の編成基準としての役割を果たすにとどまらず，教科書検定や入試問題等にも影響を与えている点に留意が必要である。

学習指導要領が，文部科学大臣の下で公示されるゆえんとして，ａ）普通教育を軸とするこれら学校教育が「公の性質」をもつものである以上，国民が共通に身に付けるべき内容がそこで確保されなければならないこと，ｂ）教育の機会均等の原則に基づき，全国どこでその教育を受けようとも，それは一定の水準が確保されるべきこと，等の点が挙げられている。すなわち，全国共通の教育の水準と質を担保する機能を学習指導要領に求めようとするのである。

そうした学習指導要領の意義・役割を踏まえつつも，その法的性格をめぐっては，諸説が展開されてきた。1947（昭22）年に初めて公にされた学習指導要領とその第1次改訂版は「試案」として示され，教育課程編成のための参考的手引きとしての意味合いが強かった。これに対し，1958（昭33）年の第2次改訂版以降，文部科学大臣（当時は文部大臣）が「告示」としてこれを公にする形式をとるに至ったことに伴い，政府見解等においては，学習指導要領に法的性格を認めその法的拘束力を肯定するのが一般的となった。一方，主に教育法学研究の分野では，これに否定的立場をとった者が少なくない。その代表が，「大綱的基準説」と呼ばれる学説である。同説は，教育課程の基準は，学校の教育課程編成権を侵害するものであってはならないにもかかわらず，学習指導要領の相当部分が法令による委任の限界を逸脱していること，「告示」は本来的には法規ではなく，その内容いかんによって法的拘束力のない指導助言的な

ものとして意義付けられる場合があること，等をその内容としていた。同学説は，学習指導要領の法的拘束力が争われた裁判例の一部に大きな影響を及ぼした（福岡高判昭42.4.28判時490号34頁，札幌高判昭43.6.26判時524号24頁等）。同学説は，その後，憲法26条に依拠し，かつ教育行政の基本原理でもある教育（行政）法律主義の立場を鮮明に打ち出した「学校制度的基準説」へと発展した。そこでは，学校制度に関する大綱的枠組みは法律や省令によって法定化できる一方で，それを超え教育内容を対象に告示の形式で公示された学習指導要領は指導・助言的性格にとどまるものであり，法的拘束力をもつ法規たり得ない旨が強調された。

　このように学習指導要領の性格をめぐって論争がある中で，最高裁は，「旭川学力テスト事件」判決において，（中学校）学習指導要領の法的性格についての見解を示した。そこでは，同要領が「大綱的基準」をもつものであることを肯定するとともに，同要領には生徒に内容を一方的に教え込むことを強制するような側面がないことなどを理由に，教育政策上の当否はともかく法的見地に鑑み，それは「必要かつ合理的な基準の設定として是認」できる旨が判示された（最大判昭51.5.21判時814号33頁）。この判決は，学習指導要領に法的拘束力を認めようとする政府の立場を支持したものかどうかは必ずしも明確ではなかった。その後，教育指導における（高等学校）学習指導要領からの逸脱や教科書不使用等を理由とした教師への懲戒処分の当否が争われた「伝習館高校事件」において，最高裁はその法規的性格を認めた。すなわちそこでは，同事件控訴審判決において，教育の機会均等と一定水準の維持を目的に（高等学校）学習指導要領の法的拘束力を認めた判断（福岡高判昭58.12.24判時1101号3頁）を「正当として是認」できるとした上で，「遵守すべき基準を定立する必要があり，特に法規によってそのような基準が定立されている事柄については，教育の具体的内容及び方法につき高等学校の教師に認められるべき裁量にもおのずから制約が存する」と判示した（裁一判平2.1.18判時1337号3頁）。

　②学習指導要領の弾力化

　今日，国の教育基準である学習指導要領に対し法的性格を認めることが，一般的な流れとなっている。とはいえ，実体としての学習指導要領の文言を見る限り，それが学校や教師の教育の内容・方法に対し厳しい縛りをかけるような

書きぶりとはなってはいない。そうしたことから，学校や教師は，児童生徒の発達段階に応じ，また各学校を取り巻く諸条件等を考慮し，その創意工夫に基づく教育活動を展開するとともに，適宜，個性重視の教育を一層充実する観点から，学習指導要領が示す指針の延長線上に位置づけられる内容を加えて教育指導することまで是認されている。そうした教育現場における取組を有為に支援できるよう，学習指導要領の枠組みを基礎に，各教育委員会は教育課程に関する基本的事項を定め，それぞれの学校の特色のさらなる発揮を誘引できるような指導と助言を行うことが一層求められている。

4 学習指導要領の変遷

① 1947年版学習指導要領

1947（昭22）年，文部省は，第一次米国教育使節団報告書の提言を踏まえつつ，教育基本法，学校教育法及び同施行規則の趣旨を受けて学習指導要領を刊行した。同要領は，「一般編」と「教科編」が別建てで公にされた。「一般編」の表紙には「試案」と表示されるとともに，同要領が，教育課程編成のための教師用の手引書である旨の説明もなされた。「教科編」は，学校種別・教科別の構成となっていた。

小学校では，9教科制とされるとともに，かつての修身，公民地理，歴史が廃止され，社会科，家庭科，自由研究が新設された。中学校は，必修科目10教科，選択科目4教科で構成された。また，小学校同様，社会科，自由研究（選択）が新設された。草創期の学習指導要領では，社会科，自由研究等に示されるように，総じて経験主義，生活体験主義に立脚した教育課程編成原理が重視された。そして高等学校では，「新制高等学校教科課程」（通達）を基に，必修・選択制と単位制が採用されることとなった。

② 1951年版学習指導要領

1951年版学習指導要領は，1947年版学習指導要領同様，「試案」として示された。また，それまでの「教科課程」に代え，「教育課程」の用語が用いられた。

小学校では，教科を9教科制から四つの経験領域の枠組みに変更するとともに，その各々に充当し得る授業時数を総授業時数に対する比率で示すことにより，その弾力的運用が目指された。また，自由研究が廃止され，これに代わる

ものとして「教科以外の活動」(学級会，クラブ活動等の特別教育活動)が新設された。中学校では，従来の必修・選択教科制の枠組みは維持された。しかし，小学校同様，自由研究に代わるものとして，特別教育活動が新設された。高等学校については，1947年の教科制を確認・整備するものとして学習指導要領一般編の改訂版が刊行された。

③ 1958年版学習指導要領

1958年8月に学校教育法施行規則が改正され，「小学校の教育課程については，この節に定めるもののほか，教育課程の基準として文部大臣が別に公示する小学校学習指導要領によるものとする」(同施行規則(旧)25条)との規定が設けられた。この規定を受けて，学習指導要領から「試案」の文字が消えるとともに，それは「告示」の形式で公にされ，以後政府は，それが法的拘束力をもつ国家基準であることを強調するところとなった。また従来，学習指導要領に記されていた授業時数は，同施行規則に年間最低授業時数として明示されることとなった。このほか，一般編とそれぞれの教科編から成っていた学習指導要領は，一つの告示にまとめられた。この1958年版学習指導要領によって，今日に至る学習指導要領の大枠ができた。

さて，小・中学校学習指導要領では，その教育課程が，「各教科」，「道徳」，「特別教育活動」，「学校行事」の4領域構成となった。そして，道徳教育を推進するために，「道徳の時間」が特設された。「道徳の時間」は，学校全体で行う道徳教育を補充・深化・統合する役割を担うものとして位置付けられた。また，従来の経験主義に依拠した教育課程編成原理に軌道修正を施し，科学技術向上の観点から系統性を重視する編成原理を指向することとなった。そうした系統性の追求は，算数・数学，理科において顕著であったほか，国語，社会でもその方向性が具体化された。

ところで，高等学校については，1951年版学習指導要領一般編の中から高等学校の部分について，1956(昭31)年に改訂がなされ「高等学校学習指導要領一般編」がつくられた。この改訂によって，系統的な学習を可能とするため，必修教科・科目の増加が図られた。1960(昭35)年，新たに「告示」の形式で公示された高等学校学習指導要領は，1956年版改訂の方向性をさらに徹底化させるもので，必修教科・科目の一層の増加が図られた。加えて，そこでは道

徳教育の一環として,「倫理・社会」が新設された。

④ 1968年版学習指導要領

1957（昭32）年の旧ソビエトによる人工衛星の打ち上げ初成功に刺激を受け,欧米各国は科学技術の急速な高度化に対応可能なカリキュラム改革に邁進した。高度経済成長期の只中で高等学校進学率が大きな上昇傾向にあった我が国も,アメリカの教育改革の影響下で「教育内容の現代化と高度化」を特徴とする学習指導要領の改正を行った。

その改正に先立ち,1968年7月に学校教育法施行規則の改正がなされ,それまでの年間授業時数が「最低」時数とされていたのを「標準」時数へと改められた（同施行規則（旧）24条の2）。また,小・中学校の教育課程がそれまで四領域編成であったものを,「特別教育活動」と「学校行事」を統合し「特別活動」とすることによって三領域編成へと改められた。

小学校について見ると,1968年版小学校学習指導要領により,算数,理科において「教育内容の現代化」の特色が端的に示され,科学の方法や考え方重視の方向性が鮮明となった。1969年版中学校学習指導要領も,小学校のそれと同様に,「教育内容の現代化」に傾斜した改訂となった。授業時間についても,週2時間の増加が図られた。

また高等学校関連について見ると,すでに1962（昭37）年に5年制の高等専門学校が,1968（昭43）年に「理数科」クラスがそれぞれ制度化されるなど,理科教育・数学教育重視の政策が進行していた。そうした流れを受けた1970年版高等学校学習指導要領でも同様の傾向が見られたほか,知識詰め込み型の教育に陥り,受験競争に直面する生徒に一層の負担を押しつけると同時に,それがいわゆる「落ちこぼれ」生徒を生み出す原因ともなった旨の指摘もなされた。

⑤ 1977年版学習指導要領

前回版の学習指導要領が,知識詰め込み主義,知識偏重教育に陥っていたとの指摘や批判を踏まえ,児童生徒に豊かな人間性を育むことを目指し,「ゆとりと充実」をスローガンとする教育課程の編成が目指された。

学校教育法施行規則の関係規定並びに1977年版小・中学校学習指導要領により,次のような改正・改訂がなされた。小学校,中学校ともに,教科に関わ

る授業時数が削減される一方で，各学校の裁量と創意工夫によって内容の編成ができる「学校裁量の時間（ゆとりの時間）」が新設された。この時間は，授業時間数には組み込まれないが，教科に関わる授業時数の削減分がこれに充てられることとなった。加えて，教育内容の精選化や指導内容・方法に関する記述の削減を含め，学習指導要領の中身が大幅に簡素化されたことに伴い，各学校が創意工夫をもって特色ある教育指導を展開する余地が相当程度増大した。中学校では教科の選択の幅が広げられるなど，学習における選択上の多様化が図られた。一方で，「知・徳・体」の調和を目指すという観点から，道徳教育や体育の一層の充実が指向されるとともに，社会奉仕活動や勤労体験学習が重視されることとなった（こうした方向性は，以後の改訂学習指導要領にも引き継がれた）。

1982年版高等学校学習指導要領でも，小・中学校と同様の傾向が見られた。すなわち，卒業所要単位数の引き下げ（85単位→80単位）が行われるとともに，普通科での必修科目の必要単位数が減じられ，教科の選択の幅が広げられた。このほか，習熟度別学級編制が認められた。

なお，小・中学校，高等学校に共通の事項として，「知・徳・体」の調和を目指すという方針の一環として，小・中学校の特別活動，高等学校の教科外活動での「儀式」において，「国旗」掲揚，「国歌」斉唱の奨励がなされた（この方針も，以後の改訂学習指導要領に引き継がれた）。

⑥ 1989年版学習指導要領

1984（昭59）年に首相直属の諮問機関として設置された臨時教育審議会の審議動向を踏まえ，教育内容・方法の弾力化，生涯の学びにつながる自立的な教育力の涵養（「新しい学力観」），基礎・基本の重視，日本の文化・伝統の尊重と国際理解の推進，の視点から学習指導要領の改訂が進められた。

1989年版小学校学習指導要領では，小学校低学年の理科と社会科が「生活科」へと再編された。また各教科を通じ，問題解決型学習や体験的学習など自主性，自立性の涵養を目的とする活動が重視された。また，同年版中学校学習指導要領によって，選択教科が全教科に拡大され教科選択の弾力化がなされたほか，習熟度別指導の奨励が図られた。さらに同年版高等学校学習指導要領により，「社会科」が「地理歴史科」と「公民科」に分けられ，世界史が必修と

なった。「家庭科」の男女必修化も始動した。高等学校も，中学校同様，選択教科が拡大された。

そして，小・中学校並びに高等学校を通じ，道徳教育の充実化が図られた（高等学校における「公民科」の新設はその一例）ほか，「国旗」や「国歌」に関する指導も一層強化された。なお，高等学校における学習者の選択履修の幅を大幅拡大する「総合学科」を制度化するため，1993（平5）年，高等学校設置基準の規定整備が行われた。

⑦ 1998年版学習指導要領

グローバル化の波が，科学技術分野にとどまらず，経済，社会の隅々にまで及ぶ兆しが見えるとともに，窮迫化の様相が顕著となった国の財政構造の見直しを行うべく，規制緩和路線に政策が転換するさなか，学習指導要領の新たな改訂を見た。

この時期の学習指導要領改訂の趣旨は，2002（平14）年度より実施の完全学校週5日制を見越し，a）「ゆとり」ある教育を展開する中で，基礎・基本を重視するとともに，学習者の個性を生かす教育を充実させること，b）「自ら学び，自ら考える力」を基本とする「生きる力」を育成する教育を重視すること，c）創意工夫を凝らし特色ある教育を行えるような学校づくりを進めること，等の諸点に求められた。

この時期になされた学習指導要領の最も顕著な特徴は，同改訂に伴って小学校（3年次以上）・中学校及び高等学校のいずれにおいても，教育課程の新領域として「総合的な学習の時間」が新設されたことが挙げられる（小学校1～2年次はこれに該当するものが「生活科」）。「総合的な学習の時間」のねらいは，学習者の主体性を引き出し，自己の生き方を自ら考えることができるよう，各学校に対しその創意工夫に基づく特色ある教育活動を展開させることにあった。

1998年版小・中学校学習指導要領により，完全学校週5日制導入を予定し，各学年で1週当り2時間の授業時数が削減されるとともに，教育内容についても相当程度（およそ3割）のスリム化が図られた（このことは「総合的な学習の時間」が，時間と分量の両面で相当程度の比重を占めることを意味した）。授業の1単位時間（小学校45分，中学校50分が基本）について，各学校の適切な判断で変更可能とするとともに，時間割の編成に関しても各学校の創意工夫に基づき

これを弾力的に行うことができるようにした。小学校にも，習熟度学習が取り入れられた。中学校の外国語は，新たに必修とされた。

　1999年版高等学校学習指導要領においても，完全学校週5日制に対応させるべく，「ゆとり」ある教育の中で「生きる力」を育むことを基本に，標準授業時数及び卒業所要単位数が引き下げられた（80単位→74単位）。そこでは同時に，必修科目の単位数の引き下げが行われ，学習者の履修選択の幅を増大させた。また，普通教科として「情報」が新設された。

　2003年には，1998年版小・中学校学習指導要領及び1999年版高等学校学習指導要領を踏まえた上で，その一部改訂が行われた。この改訂により，学習指導要領が示す各教科等の「内容の範囲や程度等を示す事項は，すべての児童に対して指導するものとする内容の範囲や程度等を示したもの」とされ，それが最低基準としての性格を持つことが明確化された。そしてそれが最低基準であることを前提としながら，最低基準を上回る教育指導に制限を加えたそれまでの「歯止め規定」を原則削除し，個々の児童生徒の状況に応じ，学習指導要領に示されていない内容の指導（「発展的学習」）ができることも明確化された。

⑧ 2008年版学習指導要領

　教育基本法の全面改正とそれに伴う学校教育法改正を受けて改訂を見たのが，現行の学習指導要領である。これら教育に関わる基本法令の改正の背景には，我が国の社会経済状況の変化及び学校，児童生徒を取り巻く厳しい環境・条件に効果的に対応可能な教育への転換を求める世論の後押しがあった。それら法令に掲げられた教育目標の具体的実現を図る使命を改訂学習指導要領は帯びることとなった。また，「ゆとり教育」の是非についても，OECDの国際学力調査における我が国の成績不振問題と絡み合って加熱した論争が展開され，その路線の軌道修正を行う役目も改訂学習指導要領が担うこととなった。

　そうした改訂学習指導要領の趣旨として，a）知識基盤社会を迎え一層重要となった「生きる力」を支える「知・徳・体」の調和のとれた教育の重視，b）「確かな学力」を育成するため，基礎・基本の確実な習得に加え，それらを活用し課題解決に必要な思考力，判断力，表現力等を育むことの必要性，c）学校における道徳教育や体育の重視，等の諸点が挙げられている。

　そこでまず，2008年版小・中学校学習指導要領について見ていくと，小学

校，中学校のいずれにおいても授業時数の増加を見た（小学校の低学年で週2時間，中・高学年で週1時間の増加，中学校で週1時間の増加）。具体的には，小学校では，国語，社会，算数，理科，体育の授業時数が増加した。小学校高学年では，教育課程の新領域として週1時間の「外国語活動」が新設された。中学校では，国語，社会，数学，理科，保健体育の授業時数が増加した。その一方で，選択教科に充てられてきた授業時数の表記が削除されたことに伴い，各学校が必要と判断した選択教科については，授業時数の枠外で手当てすることとなった。「総合的な学習の時間」については，学習指導要領中，独立の「章」で記述されるなどその位置付けが明確化された一方で，小学校，中学校のいずれにおいても，その授業時数が削減された（週1時間程度の削減）。また，我が国の伝統・文化に関する教育，「道徳の時間」を要（かなめ）とする学校教育全体を通じて営まれる道徳教育の双方の教育の充実が強調された。さらに体験活動の充実の必要性も強調された。

　2009年版高等学校学習指導要領について見ると，卒業所要単位数は従来通り74単位以上で，この点に変更はない。但し，学校の判断で標準授業時数1週当り30単位時間を超えて授業を行えることが明記された。また，小・中学校同様，「総合的な学習の時間」の位置付けが明確化されたほか，道徳的指導を学校教育全体を通して行う必要性が強調されるなど，ここでも道徳教育重視の方向性が示された。

5　学習指導要領の変遷の意義

　学習指導要領の変遷を通して，我が国学校の教育課程の枠組みの変容の流れを見ると，敗戦直後における学習者中心の経験主義，生活体験主義に根差す教育課程の編成方針は，1958年改訂学習指導要領以降，次第に系統主義に基礎を置く教育課程編成の骨格へと姿を変えていった。そこでは，教育の内容・方法に対する国の関与が強まり，学習指導要領に法的性格が付与されるところとなった。そして引き続き，系統主義に基づく知識偏重に傾いた学習指導要領の改訂がなされる一方で，今度はそれに対する過度な詰め込み教育の弊が指摘された。この後，教育課程行政上の政策転換がなされ，1977年改訂学習指導要領以降，「ゆとり」，「新しい学力観」，「生きる力」といったキーワードに象徴

される経験主義に傾斜した教育課程の骨格が提示されていった。この時期，学習指導要領の法的拘束性が次第に緩和されることと歩調を併せ，学校裁量の範囲が拡大され特色ある教育の展開が奨励されていった。しかし，「ゆとり教育」批判と「学力低下」への懸念が対をなす形で，それまでの学習指導要領に対する見直し論議が高まる中で，「生きる力」を支え得るような「確かな学力」を培おうとする方向に再度転換し，質・量の双方から学校教育の充実の方途が模索された。

このように，経験主義と系統主義のはざまで教育課程行政が進展し反復する様を「振り子現象」として見る向きもある。それは，戦後我が国の教育課程行政の特質を象徴的に言い表したものであり，今後も，そうした流れで文教政策が推移することは間違いないであろう。

もっとも，2008年版学習指導要領によって，改訂以前のそれに比べ授業時間数の増加が見られたとはいえ，それは「詰め込み教育主義」と揶揄された時期の水準に回帰したわけではない。今日，小・中・高・大の教育接続と連携の必要性やいずれの教育階梯においても学習（修）成果のアセスメントを通じて教育内容・方法の有為性を担保することを求める社会的要請を受けて，小学校から大学までの一貫性を確保できる教育の「質」をより重視することが一層求められている。

また，経験主義，系統主義のいかんに関わりなく，道徳教育重視は，学習指導要領の一貫した流れでもある。「道徳教育」では愛国心の鼓舞に関わる問題に関心が注力されがちである。しかし，近年の政府機関の答申・報告等を見る限り，家庭や地域社会の教育力低下が叫ばれる中で，いじめ，不登校や青少年による凶悪犯罪の増加等に対し，道徳教育を軸とする学校教育の果たす役割が強調されている。近時の教育基本法，学校教育法さらには地方教育行政法までもが，それら法改正を通じ，家庭，地域，学校間の教育連携を確立し，児童生徒を取り巻く厳しい状況に対処できる体制を整えようとしているのである。なお，現在，高等学校における必修科目として，規範意識や社会倫理さらには社会的自立に不可欠な知識・能力をはぐくむことを目的とする「公共」の新設が計画されている。それは，高等学校に固有の新たな「道徳の時間」として位置付けられなくもないが，選挙権年齢を18歳に引き下げ社会参画の機会を制度

的に保障したことに伴う若者の市民性の涵養を図ることを主眼としたものでもあり、「シティズンシップ教育」を具現化した科目としてその意義を積極評価することも可能である。

　ところで，今日の国及び地方の公財政は逼迫の度を増しつつあり，教育財政面はもとより，教育課程行政においても，実質的に国が集権的に公教育機関の教育課程を統制できる状況にはない。学習指導要領を必要最低限の大綱的基準として位置付けるという前提の下で，各学校はその特色を発揮することを通じて，児童生徒一人ひとりの個性を伸ばす教育に邁進することが求められている。学校教育分野において，「消費者主権」の機運がさらに高まり，公教育の「市場化」が進むにつれ，学習指導要領の法的拘束性はより緩和していくことが予想される。

　現在，新たな学習指導要領の設定に向け，中央教育審議会で鋭意審議が行われており，2016（平成28）年度中に公表予定の答申においてその改訂方向が提示されることになっている。

参考文献

安彦忠彦・児島邦宏・藤井千春・田中博之編著『よくわかる教育学原論』ミネルヴァ書房，2012年4月。
尾﨑春樹編『教育法講義——教育制度の解説と主要論点の整理——』悠光堂，2013年9月。
加藤幸次編『［第2版］教育課程編成論』玉川大学出版部，2011年2月。
佐藤晴雄『現代教育概論［第3次改訂版］』学陽書房，2011年4月。
鈴木勲編著『逐条学校教育法［第7次改訂版］』学陽書房，2009年11月。
田中耕治編『よくわかる教育課程』ミネルヴァ書房，2009年9月。
田沼茂紀『豊かな学びを育む教育課程の理論と方法』北樹出版，2012年10月。
土屋基規編著『現代教育制度論』ミネルヴァ書房，2011年6月。
寺脇研『「学ぶ力」を取り戻す——教育権から学習権へ——』慶應義塾大学出版会，2013年5月。
西川信廣・長瀬美子編『学生のための教育学』ナカニシヤ出版，2010年4月。
日本教育法学会編『教育法の現代的争点』法律文化社，2014年7月。
樋口直宏・林尚示・牛尾直行編著『実践に活かす教育課程論・教育方法論』学事出版，2009年4月。

嶺井正也編著『ステップアップ教育学』八千代出版，2011 年 5 月。
森山賢一編著『教育課程編成論』学文社，2013 年 4 月。
文部省『学制百二十年史』ぎょうせい，1992 年 10 月。
山田恵吾・藤田祐介・貝塚茂樹『学校教育とカリキュラム［新訂版］』文化書房博文社，2009 年 4 月。

学習指導要領の変遷における各要領の正文については，Web に掲載の国立教育政策研究所「学習指導要領データベース作成委員会」作成「学習指導要領データベースインデックス」(https://www.nier.go.jp/guideline/ 2015 年 12 月 20 日閲覧）を参照した。

第11章
教科書行政

● 設　問
1.「教科書」の意義，法的位置付けについて述べるとともに，「補助教材」との関係について説明してください。
2.「教科書検定」制度について説明するとともに，その在り方について論じてください。
3.「教科書採択」制度について説明するとともに，その在り方について論じてください。

1　「教科書」の意義とその位置付け

1　「教科書」の意義

　我が国学校教育における「教科書」の位置付けについて，学校教育法34条1項は「小学校においては，文部科学大臣の検定を経た教科用図書又は文部科学大臣が著作の名義を有する教科用図書を使用しなければならない」と規定するとともに，同条項は中学校，高等学校，中等教育学校，特別支援学校等にも準用される。ここに言う「教科用図書」が何かを明らかにする規定は学校教育法には存在しないが，それが「教科書」と同義であることに対して特段の異論はない。そして，「文部科学大臣の検定を経た教科用図書」がいわゆる検定教科書である。

　「教科書」の意に関しては，教科書の発行に関する臨時措置法2条1項が「小学校，中学校，義務教育学校，高等学校，中等教育学校及びこれらに準ずる学校において，教育課程の構成に応じて組織排列された教科の主たる教材として，教授の用に供せられる児童又は生徒用図書であって，文部科学大臣の検定を経たもの又は文部科学省が著作の名義を有するもの」とこれを定義付けて

いる。このように，小・中学校，高等学校等の公教育を営む教育機関にあって，教育課程を構成する教科の主たる教材として用いられ，文部科学大臣の検定を経た図書並びに文部科学省が著作の名義を有する図書が「教科書」である。

教科書は，教育課程を構成する教科の主たる教材であることから，教育課程編成における全国基準として文部科学大臣が告示する「学習指導要領」の趣旨・内容に沿っていることが必須要件とされている。

2 「教科書」の使用義務の法的性格

冒頭で見たように，学校教育法34条1項は，学校にあっては「教科用図書を使用」する旨を規定する。この規定の文言をめぐっては，a）教科書を使用するに当っては，検定教科書を使用することを義務付けたもの，b）学校の教科書使用義務を定めたもの，の2説に解釈が分かれている。

この点については，教科書が「教科の主たる教材」であり，教科書以外の副読本等の補助教材の存在を前提とする規定であること，教職の専門性に根差した教師の「教育の自由」が憲法上の要請であること，等を理由に，学説上，b）説に多くの支持が集まっている。もっとも，政府は，学校での教科指導に当っては，必ず教科書を使用する義務があること，そこに言う「教科書」とは，検定教科書もしくは文部科学省著作の教科用図書であることを要すること，との立場（昭26.12.10委発332初中局長回答）をこれまで堅持してきた。判例もこの立場を支持している（福岡高判昭58.12.24判時1101号3頁，最一判平2.1.18判時1337号3頁）。

3 教科用図書以外の補助教材

学校では，教科書以外にも補助教材を用いることができる。学校教育法34条2項は「教科用図書以外の図書その他の教材で，有益適切なものは，これを使用することができる」と定める。

ここに言う補助教材には，教科書の存在しない道徳等の教科で用いられる準教科書のほかに，副読本，学習帳，地図，図表，スライド，ビデオ，CDなどが広く包含される。補助教材は，無償配布される教科書とは区別されるものであることから，道徳教育に供するために2002（平14）年より公費で支給され

てきた『心のノート』（現『私（わたし）たちの道徳』）を除き，その使用は保護者の私費負担が前提とされている。

　学校が補助教材を使用するに当っては，各教育委員会規則の定めるところにより，予め教育委員会に対してそのための届出を行い，または教育委員会の承認を得る手続が必要である（地教行法33条2項）。この規定からもわかるように，補助教材の使用及びどの補助教材を使用するのかの第一次的な判断権は学校に委ねられている。そして補助教材の使用に関する教育委員会への手続を学校として行うことになるので，学校における補助教材使用判断に係る決定権は校長に属する。

　学校が補助教材の使用に係る判断・決定を行うに当っては，a）その内容が，教育基本法，学校教育法，学習指導要領等の趣旨を踏まえていること，b）児童生徒の発達段階に即していること，c）政治や宗教上の見地において，偏りのないものであること（以上，昭49.9.3文初小404号初中局長通達），d）家計への負担を課すものでないこと，の諸点に留意する必要がある。教科用図書検定に不合格となったものを補助教材その他の教材として使用することはできない（昭23.8.24発教119教科書局長通達）。なお，校長裁量ですでに使用している補助教材を，教育委員会が「有益適切」でないとの判断の下に，その使用禁止の措置をとることを認めた行政実例がある（昭28.7.10初中局地方課長回答）。

2　教科書検定制度

1　教科書検定の意義・目的

　教科書検定とは，民間の出版社が教科の用に供する目的で著作・編集した図書について，文部科学大臣が，教育基本法及び学校教育法の趣旨に徴しその使用を適切と認めた場合，同図書に対し教科用図書（教科書）としての資格を付与することをいう。教科書検定制度の法的根拠は，学校教育法34条1項及び文部科学省の所掌事務の一つとして「教科用図書の検定に関すること」を明示した文部科学省設置法4条10号に求められている。但し，同法34条は，教科書使用について定めたもので，法律上，教科書検定制度に係る該当の条文は存しないとの意見もある。

教科書検定制度の目的は，a）国民の教育を受ける権利を保障すべく，全国的な教育水準の維持・向上を図ることにより，教育の機会均等を実質的に担保すること，b）適正な教育内容の維持，c）教育の中立性の確保，等の点に求められている。したがって，国が特定の歴史認識の浸透を図ろうとしたり，歴史的な「事実」の確定を企図することは，同制度において予定されてはいないとされる。

2　教科書制度の経緯

　1872（明治5）年の「学制」発布当時，民間が自由に教科書を編集・発行し，それが自由に採択される自由発行・自由採択制が採られていた。その後，1881（明治14）年の開申制（採択した教科書を文部省に届出），1883（明治16）年の認可制（文部科学省が教科書を認可）が採られるところとなった。そして，1886（明治19）年の小学校令，中学校令を契機に教科書に対する国家統制がさらに強められて新たに検定制が導入され，1903（明36）年には，国が著作権をもつ図書を教科書として使用させる国定制に移行した。

　こうした国が強い統制権をもつ教科書行政は，戦後教育改革の過程で廃され，1947（昭22）年の学校教育法の公布を機として1948（昭23）年に「教科用図書検定規則」が発効し，教科書編集の任を民間に委ねることを柱とする検定制が導入された。当時の検定制は，公選の都道府県教育委員会にその権限を委譲する「地方検定」の構想も視野に収められていた。しかしながら，1953（昭28）年の学校教育法改正により，文部大臣の検定権限が固定化され，「地方検定」構想の実現には至らなかった。そして，1956（昭31）年の文部省設置法施行規則に依拠した教科書調査官制度の新設，1958（昭33）年の学習指導要領の「告示」形式での公示とそれに伴う教科用図書検定基準の全面改正を通じ，文部省の検定は実質的な強化を見た。この後，1987（昭62）年の臨時教育審議会「教育改革に関する第三次答申」における検定制度の改革提案等を受けて，1989（平元）年に義務教育諸学校及び高等学校の教科用図書検定基準の改正が行われ，現行検定制度に継承される枠組み構築がなされた。なお，同検定基準は，2009（平21）年に全面改正され，その後若干の改正を経て現在に至っている。

第11章 教科書行政

3 教科書検定の実施手順

①教科書検定の基準

　民間出版社が申請した図書を教科用図書として認めるに当り，文部科学省は，検定基準に従ってその可否に係る審査を行う。その検定基準が，文部科学省告示として公示されている「教科用図書検定基準」である。教科用図書検定基準は，「義務教育諸学校教科用図書検定基準」と「高等学校教科用図書検定基準」の2本の柱から成っている。教科用図書検定基準は，「第1章　総則」，「第2章　各教科共通の条件」，「第3章　各教科固有の条件」の3章建となっている。

　このうち，義務教育諸学校教科用図書検定基準「第1章総則(1)」は，教科用図書について「検定のために必要な審査基準を定めることを目的とする」と定めている。審査の基本的視点として，同教科用図書検定基準は，教育基本法，学校教育法の教育目標及び学習指導要領の目標を踏まえ，a）「知・徳・体」の調和がとれ，生涯にわたり自己実現を目指す自立した人間，b）公共の精神を尊び，国家・社会の形成に主体的に参画する国民及び我が国の伝統・文化を基盤として国際社会を生きる日本人の育成，の2点を掲げている（同基準「第1章総則(2)」）。

　そして，教科用図書の具体的な検定基準として，そこでは各教科共通条件とともに，国語，社会，数学（算数），理科等の教科ごとに固有の条件を定めている。

　このうち，各教科共通条件を見ると，そこに掲げられた検定のための審査の基本的視点の特質として，a）教育基本法，学校教育法の掲げる教育目的・目標や学習指導要領への適合性の要請，b）児童生徒の心身の発達段階への配慮，c）偏りを排し，公正性を確保，d）引用文献の取扱い上の注意，e）系統的な記述の確保，f）学習指導要領の趣旨を逸脱しない範囲内での「発展的な学習内容」に関わる記述の容認，g）記述内容・方法の正確性，の諸点を挙げることができる（「義務教育諸学校における教科用図書検定における各教科共通条件」の中身については，章末の「義務教育諸学校の教科用図書検定における各教科共通条件（要約）」を参照のこと）。

　なお，各教科中，「社会」における固有の条件として，「選択・扱い及び構成・排列」について「(5)近隣のアジア諸国との間の近現代の歴史的事象の扱い

に国際理解と国際協調の見地から必要な配慮」(いわゆる「近隣諸国条項」)をするよう求め,我が国と中国・韓国等のアジア諸国との間で歴史認識に間隙がある事象の記述に当っては細心の注意を払うことを要請している点に十分留意が必要である。

高等学校教科用図書検定基準の内容も,義務教育諸学校教科用図書検定基準のそれとほぼ同様である。

②教科書検定の手続

教科書検定は,各教科書につき,後述の教科書採択に係る期間との関連において概ね4年の周期で行われる。ここで,民間出版社が編集した図書を教科書として使用したい旨の申請に対し,文部科学省が当該図書をどのような手続によって検定するのか,教科用図書検定規則等に依拠してその過程を段階を追って見ていきたい(以下の記述と併せ,図11-1も参照)。

(i) 図書の著作者または発行者がこれを教科書としての使用に供しようとする場合,その図書の検定を文部科学大臣に申請する(同規則4条1項)。

(ii) 文部科学省の教科書調査官が,申請図書について必要な調査を行い,調査意見(検定意見原案)の記載された資料の作成を行う(同規則11条)。

(iii) 検定の申請がなされた図書の調査審議を行う任を有する教科用図書検定調査審議会(文部科学省組織令75条に根拠を置く審議会)は,文部科学大臣の諮問を受け,教科書調査官の上記調査結果を踏まえつつ,教科用図書検定基準を基に,当該図書の教科書としての適切性について判断し,同大臣に答申する(国家行政組織法8条,学校教育法施行令41条)。

(iv) 文部科学大臣は,審議会答申を踏まえ,検定の決定または検定審査不合格の決定を行い,その旨を申請者に通知する。但し,必要な修正の後に再審査を行うことが適当と判断した場合,合否決定を留保し申請者に「検定意見」を通知する(同規則7条)。

(v) 検定意見を通知された申請者は,文部科学大臣が指示する期間内に,同意見に従って修正した内容を所定の様式に基づく「修正表」として同大臣に提出する。修正表の提出を受け,文部科学大臣はあらためて合否決定を行い,これを申請者に通知する。指定期間内に修正表が提出されない場合,

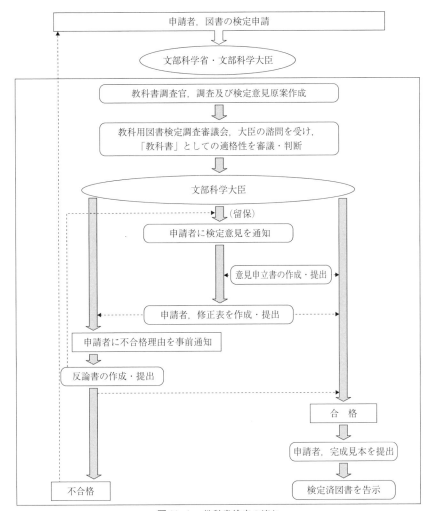

図11-1　教科書検定の流れ

不合格の決定がなされる（以上，同規則10条）。なお，検定意見を通知された申請者は，その指定期間内に，検定意見に対する「意見申立書」を文部科学大臣に提出することができる。同大臣が意見申立の内容を相当と認めた場合，当該検定意見は取り消される（同規則9条）。

(vi) 文部科学大臣が，検定審査不合格の決定を行おうとする場合，予想される不合格決定の根拠となる理由を申請者に事前通知する（同規則8条1項）。

(vii) 不合格決定に係る事前通知を受け取った申請者は，指定期間内に，所定の様式に基づく「反論書」を同大臣に提出することができる（同規則8条2項）。

(viii) 指定期間内に反論書が提出されない場合，不合格の決定がなされる（同規則8条3項）。反論書の提出を見た場合，それを踏まえ，文部科学大臣は，申請図書に係る検定の合否決定を行う。但し，必要な修正の後に再審査を行うことが適当と判断した場合，合否決定を留保し申請者に「検定意見」を通知する（同規則8条4項）。

(ix) 検定審査不合格の決定の通知を受けた申請者は，申請図書に必要な修正を加えた後，文部科学大臣に対し指定期間内に再申請することができる（同規則12条）。

(x) 検定の決定通知を受理した場合，申請者は，指定期間内に，完成見本を文部科学大臣に提出する（同規則17条）。

(xi) 検定審査の終了の後，文部科学大臣は，申請図書，見本，調査意見及び検定意見の内容その他申請に係る資料を公開する（同規則18条）。

(xii) 文部科学大臣は，検定済図書を官報で告示する（同規則19条1項）。

以上見てきた教科書検定の手続に対しては，ａ）検定手続の簡素化が図られたこと，ｂ）文部科学大臣の権能や教科書調査官の役割が明確化されたこと，ｃ）検定審査過程で提出・作成された資料や書面の公開を明文をもって定めたこと，などを理由に，主に手続の透明性の確保の観点からこれを肯定的に評価する意見がある。その一方で，ａ）検定手続の簡素化は逆に検定強化につながるものである，ｂ）合否決定を留保し申請者に提示する「検定意見」は，事実上強い拘束力をもっている，などとしてその手続自体を消極評価する意見も根強い。

なお，不合格図書の扱いに関し，昨今，新たな取扱上の方向性が提示されている。現行制度下では，義務教育用教科書に係る不合格図書は，不合格理由通知後，70日以内に再申請が可能とされている。しかしながら図書の修正に十分な時間的余裕とその審査時間を十全に確保する必要があるとの理由から，不合格図書の年度内再申請を認めず，翌年度での再申請を可能とする制度に改め

る方向性が打ち出された。但し，各教科書の検定の周期がおおよそ4年であること等に伴う申請者の営業上の利益をできるだけ損なわないよう，翌年度再申請の後に合格した図書については，都道府県教育委員会による調査研究の後，市町村教育委員会等が必要に応じ，採択替えを行うことができるとする措置導入に係る提言も併せてなされた（教科書図書検定調査審議会「『特別の教科 道徳』の教科書検定について（報告）」）(2015.7)。

　さて昨今，教科書発行会社が，検定手続期間中に，検定審査途上の教科書を教育関係者の閲覧に供し，一部会社については金品の供与を行ったことが問題視されている。閲覧の背景には，閲覧に伴う教育関係者の意見を基に内容を訂正し，より充実した中身の教科書に仕上げたいという教科書発行会社関係者の思いがあるとも言われている。とは言え，検定期間中の外部者への内容の告知は，教科書採択に影響を及ぼすだけに，金品の授与を伴う行為の結果に対しては大きな法的責任を負う可能性を回避することはできない。前記の如く，教科用図書検定規則 18 条は，検定審査終了後に，文部科学大臣により申請図書，見本等が公開される旨を定める。同条は，同規則の細則である教科用図書検定規則実施細則の趣旨とも相俟って，検定申請者に対し，検定手続期間中，内容等の漏示がないよう厳格な管理義務を課している。

　教科書検定制度の是非の問題については，さらに，次項でも見ていくこととする。

4 教科書裁判

　憲法 21 条 1 項は，民主政を支える最重要の人権である「表現の自由」を保障するとともに，同条 2 項は，その自由への大きな脅威となる事前規制の代表格である「検閲」を絶対的に禁止している。ここに言う「検閲」とは一般に，公権力が，外に発表される表現物の内容を事前に審査し，不適当と認めたときはその発表を禁止する行為であると解されている。

　小・中・高等学校等の教科書は，これまで見てきたように，文部科学大臣の検定を経たものであることを要するが，この教科書検定制度が憲法が絶対的に禁止する「検閲」に当らないかどうかがここでの問題である。この問題は，法廷の場で，元東京教育大学教授家永三郎が第 1 次（国家賠償の請求），第 2 次

（行政処分取消の請求）そして第3次（国家賠償の請求）にわたって提起した一連の「教科書裁判」によってその合憲性が争われてきた。第1次訴訟は1965（昭40）年に，第2次訴訟は1967（昭42）年に，第3次訴訟は1984（昭59）年にそれぞれ提訴された。

このうち，第1次訴訟の第1審東京地裁判決（「高津判決」）は，教育権の所在が国にあることを認めるとともに，教科書検定制度が，表現の自由に対する「公共の福祉」による制約として受忍すべきことを肯定した（東京地判昭49.7.16判時751号47頁）。控訴審判決（「鈴木判決」）は国の主張を全面的に受け入れるとともに，裁量権の乱用も否定した（東京高判昭61.3.19判時1188号1頁）。最高裁も，国側の主張にほぼ沿う判断を下した（「可部判決」）（最三判平5.3.16民集47巻5号3483頁）。

つづく第2次訴訟では，第1審東京地裁判決（「杉本判決」）が，親を軸とする国民に子どもの教育権が所在するとの判断を示した上で，適用違憲という憲法保障の手法を用い原告側の請求を容認した。すなわちそこでは，教科書検定制度自体は違憲とは言えないが，同制度が執筆者の思想や学説の当否の審査に及ぶ限りにおいて表現の自由を侵す事前審査（検閲）に該当するとの判断の下，本件審査がそうした内容の当否にまで及ぶもので，公権力による教育への「不当な支配」の排除を定めた（旧）教育基本法10条に違反する，と判示した（東京地判昭45.7.17判時604号29頁）。控訴審判決（「畔上判決」）も，ほぼ同様に，本件処分が検定基準等を逸脱し前後の一貫性を欠く行政行為であることを肯認し，原告の主張をほぼ認めた（東京高判昭50.12.20判時800号19頁）。これに対し，最高裁は，本件処分当時の学習指導要領がすでに改訂されていることに伴い，処分取消請求に係る「訴えの利益」が消滅した可能性があるとし，控訴審判決を破棄し差戻した（「中村判決」）（最一判昭57.4.8民集36巻4号594頁）。これを受けて行われた東京高裁の差戻し判決（「丹野判決」）において「訴えの利益」の消滅が確認（東京高判平元6.27判時1317号36頁）され，第2次訴訟は原告敗訴で終結した。

第3次訴訟では，東京地裁が教科書検定制度を合憲とした上で，一部の検定を違法とした（「加藤判決」）（東京地判平元10.3判タ709号63頁）。控訴審も，同様に，一部検定を違法とした（「川上判決」）（東京高判平5.10.20判時1473号

3頁)。さらに，最高裁はこうした流れに沿って制度そのものを合憲としつつ，一審，二審で検定違法が認定された箇所にさらに1か所加え，計4か所について裁量権を逸脱した検定違法を認めた(「大野判決」)(最三判平9.8.29判時1623号49頁)。

　教科書検定をめぐる一連の教科書裁判は，子どもの教育権の所在や教育内容への国家関与の在り方への世上の関心を惹起させると同時に，教育権論をめぐる学説の発展にも寄与することができた。最高裁は，一連の教科書裁判を通じ，一貫して国家教育権論に親和的であったと評価されているものの，教師の「教育の自由」それ自体を全く否定し去ることはなかった。また，教科書検定制度が，教育の機会均等や児童生徒の発達段階に応じた全国的な水準維持を目的とするものであるという国の主張が覆ることはなかったとはいえ，学説状況や教育状況に照らし「看過し難い過誤」がある場合には，これを行政の裁量権逸脱とし検定違法を認める判例が定着したことも事実である。家永教科書裁判は，教科書制度とともに教育行政の在り方そのものを正面から問うたものであり，そこには以上見たような多大な意義が認められる。

[5] **教育課程改革に伴う検定教科書をめぐる最近の動き**

　昨今の政府の教育課程改革の一環として，従来の「道徳の時間」が「特別の教科　道徳（道徳科）」へと格上げされることに伴い，小学校では2018（平30）年度より，中学校では2019（平31）年度より，道徳科に固有の検定教科書を用いての授業が順次行われることになる。

　教科用図書検定調査審議会は，道徳科の教育指導が，自我に芽生え人格の形成・発達の途上にある児童生徒の内面的価値に直接迫るという教育上の特性を有していることに鑑み，従来型の各教科の教科書検定との異同を考慮しつつ，道徳科の特性に配慮した教科書検定の在り方について一定の方向性を提示した（教科用図書検定調査審議会「『特別の教科　道徳』の教科書検定について（報告）」(2015.7))。そこでは，現行の教科用図書検定基準における「各教科共通の条件」を踏まえながら，道徳科の教科用図書の条件として，a）学習指導要領の「道徳科」の部分で示された題材等に対応した教科書となっていること，b）学習指導要領に示されている「道徳科」の教材に対して求められる配慮事項に

整合した教科書になっていること，c）教科書に掲載されている教材が，学習指導要領の「道徳科」に列記された内容項目のどれに対応しているかが明確化されていること，の３点の充足を求めた規定の新設の必要性が強調された点が特に重要である。

3　教科書採択制度

1　教科書無償給与制度と教科書採択制度

　憲法 26 条は，義務教育の無償について規定している。そこに言う「無償」の範囲については，従来よりそれが「授業料不徴収」の意なのか，教科書を含めた就学に必要な一切の費用を指すのか，について争いがあった。最高裁は，「教科書国庫負担請求事件」において，これを前者の意において解釈する一方で，保護者の教科書等の費用負担の軽減措置については，国の財政等の事情を考慮し，立法政策の問題として解決されるべきであるとの判断を示した（最大判昭 39.2.26 判時 363 号 9 頁）。

　戦後教育改革を通じ教育民主化の方途が模索される中，教科書有償が原則とされていた一方で，その採択は，実質的に現場の教師の主体的判断に委ねられていた。そうした中，上記「教科書国庫負担請求事件」の最高裁判決が示される直前の 1963（昭38）年 12 月に公布された「義務教育諸学校の教科用図書の無償措置に関する法律」(教科書無償措置法) は，義務教育諸学校で用いられる教科書の無償給与を実現した。同時に同法の制定に伴い，それまでの現場の教師が自律的に教科書採用を行っていた慣行に代わるものとして，教科書採択に係る権限の所在や採択手順に関する法的整備が図られた。

　ここに言う「教科書採択」とは，教科ごとに複数種類発行されている検定教科書の中から，学校で使用する教科書を決定することを意味する。次に，教科書採択権の所在を確認した上で，上記・教科書無償措置法及び関連する法律に基づき，説明の便宜上，「教科書選定の手続」と「教科書採択の具体的手順」の２段階に区分して教科書採択の流れを見ていくこととする。

2　教科書採択権の所在

　教科書採択の権限は，公立学校の場合，これを所管する教育委員会にあるとされている。その法的根拠は，教育事務に関する教育委員会の管理・執行権を定めた地方教育行政法21条中，その6号が「教科書その他の教材の取扱いに関すること」と明示している点に求められている。国立学校，私立学校については，下記に見る教科書選定手続を経て都道府県教育委員会が選定した教科書の中から，学校ごとに校長が採択することになっている。その法的根拠は，「教科書の発行に関する臨時措置法」7条1項の「国立学校及び私立学校の長は，採択した教科書の需要数を，都道府県の教育委員会に報告しなければならない」とする規定に求められている。公立高等学校についても，都道府県教育委員会が選定した教科書の中から，学校ごとにその採択が行われる。

　その一方で，市町村立義務教育諸学校については，教科書無償措置法によって，都道府県教育委員会が「市町村の区域又はこれらの区域を併せた地域」を一つの地理的まとまりとする「教科用図書採択地区」を設定（同法12条1項）するとともに，それが「2以上の市町村の区域を併せた地域」（「共同採択地区」）である場合，当該採択地区内の市町村が協議により規約を定め「教科用図書採択地区協議会」を設けるとともに，そこでの協議結果に基づき，教科用図書の教科に応じて分類された「種目」ごとに同一の教科書を採択する（同法13条1項，4項，5項）という仕組みとなっている。こうしたいわゆる「共同採択方式」が制度として採り入れられているゆえんは，教師の教科書研究，児童生徒の転校時における利便，迅速確実な教科書供給の確保等の点に求められている。また，保護者や社会に対する説明責任の視点から，市町村教育委員会等に対し，採択する教科用図書に種類・採択理由等の速やかな公表が，2014（平26）年4月から努力義務化された（教科書無償措置法15条）。

　但し，上記のような教科書無償措置法制定に伴う教科書採択権の一般的な在り方に対しては，教職にある教師の教育専門性，各学校の意向，地域の特性への配慮等の諸要素を勘案し，教師の自主性に裏付けられたそれぞれの学校に対し教科書採択権を留保させるべきである，とする意見も根強い。同意見は，1966（昭41）年9月に採択されたILO・ユネスコ「教員の地位に関する勧告」の，教材の選択・採用への教師の主体的関与を求めた61条の規定等も根拠に

主張されている。

3 教科書選定の手続

発行者が，検定教科書を文部科学大臣に届け出た後，都道府県教育委員会によって教科書の選定資料が作成され，採択関係者等へ提示される手続を次に示す。

> ［第1段階］
> 　発行者は，文部科学大臣に対し，発行を予定する検定教科書の届出を行う。
> ［第2段階］
> 　文部科学大臣は，届出のあった教科書を基に「教科書目録」を作成する。
> ［第3段階］
> 　教科書目録は，都道府県教育委員会を通じ，各学校や市町村教育委員会に送付される。併せて，新規の検定教科書については，発行者が作成した編集趣旨を示した書面を送付する。
> ［第4段階］
> 　発行者は，採択の参考に供するため，教科書見本を都道府県教育委員会，市町村教育委員会，国・私立学校の校長等に送付する。
> ［第5段階］
> 　都道府県教育委員会は，採択権者による適切な採択を確保するため，対象となっている教科書を調査・研究し，採択権者に指導・助言・援助を行う。その指導・助言・援助に当り，都道府県教育委員会は，専門家などで構成される「教科用図書選定審議会」を設置し意見聴取を行う（教科ごとに数名の教師が同審議会の「調査員」として委嘱され，そこで実質的な調査・研究が営まれる）。
> ［第6段階］
> 　都道府県教育委員会は，教科用図書選定審議会の調査・研究結果を踏まえ選定資料を作成し，これを採択権者に送付する。この選定資料の送付をもって，選定権者への助言とする。
> 　また，都道府県教育委員会は，学校の校長や教師，採択関係者の調査・研究の参考に供するため，一定期間，各都道府県に置かれた「教科書センター」などの教科書の常設展示場等で教科書展示会を催す。
>
> 　（出所）　文部科学省 http://www.mext.go.jp/a_menu/shotou/kyoukasho/gaiyou/04060901/1235091.htm（文部科学省HP 2015年9月20日閲覧）。

4 教科書採択の具体的手順

　都道府県教育委員会が教科書を調査・研究し選定資料を作成するとともに，教科書展示を行っている時期と並行して，市町村の単位で教科書採択の手続が進められる。

　具体的には，すでに見たように都道府県教育委員会によって設定された「教科用図書採択地区」において各地区単位で，市町村立義務教育諸学校で使用する教科書の採択が当該地区の市町村教育委員会の下で行われる。採択手続は，都道府県教育委員会による指導・助言・援助の下，教科ごとに1種類の教科書を採択するという方式で進められる（教科書無償措置法13条1項）。

　教科用図書採択地区が，2以上の市町村の区域を併せた地域である場合，使用する教科書については同地区の市町村教育委員会が協議の上，種目ごとに同一の教科書が共同採択される。

　その採択に当り，上述の通り教科用図書採択地区内の市町村は「教科用図書採択地区協議会」を設置し，共同で調査・研究を行う。調査・研究は，各学校から選ばれ調査員として委嘱された教師等が担っている。

　教科書の採択は，これを使用する年度の前年度の8月31日までに行うこととされている（教科書無償措置法施行令14条）。なお，同一教科書の採択期間は，原則4年とされている（教科書無償措置法14条，同施行令15条1項）。

　国は，毎年度，教科書無償措置法の規定に基づいて採択された義務教育諸学校の教科書を購入し，その設置者に無償で「給付」する（同法3条）。教科書の無償給付を受けた設置者は，各学校の校長を通じてこれを児童生徒に「給与」する（同法5条1項）。

5 残された課題

　2011（平23）年夏，石垣市，八重山郡（竹富町，与那国町）の3市町から成る教科用図書採択地区である沖縄県八重山地区に設置された「八重山地区協議会」が採択を答申した中学校公民教科書の扱いをめぐり，各自治体間での対応の違いが表面化した。石垣市，与那国町の各教育委員会は，協議会答申に基づく教科書の採択を決定した一方で，竹富町教育委員会は，同教科書は保守色が強いとして別の発行会社の教科書を独自に採択することとした。こうした中，

3市町の教育委員全員が集まってこの問題を協議した後，多数決で竹富町の対応を支持する旨の議決がなされた。これに対して，石垣市，与那国町の両教育長は，同議決が無効である旨を表明した。結局，当時の文部科学大臣の意向を踏まえ同省は，八重山地区協議会の答申を基に教科書の採択を行った石垣市，与那国町の両教育委員会に対し教科書の無償提供を行う一方で，竹富町は独自に採択を決定した教科書を購入し，これを生徒に無償供与するという選択肢を採ることとなった。

　この問題の表面化を受け，文部科学省は，「平24.9.28文科初718初中局長通知」をもって，採択地区の適正規模化，市町村教育委員会と採択地区との関係の明確化等を内容とする公式見解を示した。さらに，現行規定に見られるように，2014（平26）年4月に教科書無償措置法を改正し，教科用図書の採択地区を「市郡」から「市町村」に改める（同法12条1項）とともに，「教科用図書採択地区協議会」が市町村教育委員会の協議による規約に基づいて設置される（同法13条4項）ものとして，同協議会の位置付けの明確化を図る等の規定整備がなされた。

　上記のような措置が講じられたことにより，教科書採択に係る紛争の発生が低減化すると考えられなくもないが，現行の共同採択地区方式が維持される限り，採択権の所在をめぐる議論は今後も続くものと考える。すなわち，同採択方式をめぐっては，地方教育行政法上，本来採択権限のあるはずの市町村教育委員会の意向が反映されにくい等の制度上の問題が依然指摘されていることに対して，教科書採択に関しては，特別法である教科書無償措置法の該当条項（同法13条4項）が一般法である地方教育行政法の該当条項（同法21条6号）に優先するのでそこで特段の問題は生じない，との反論も政府側からなされてはいる。しかしながら，教科書採択における教職としての教師の専門的判断を重視する立場から，教師が主体となり地域や保護者の意見を参酌しつつ学校ごとに教科書採択を行う法改正の必要性を強調する意見が根強く存在することにも留意する必要がある。

参考文献

　尾﨑春樹編『教育法講義——教育制度の解説と主要論点の整理——』悠光堂，

2013 年 9 月。
鈴木勲編著『逐条学校教育法［第 7 次改訂版］』学陽書房，2009 年 11 月。
髙妻紳二朗編著『新・教育制度論――教育制度を考える 15 の論点――』ミネルヴァ書房，2014 年 4 月。
田中耕治編『よくわかる教育課程』ミネルヴァ書房，2009 年 9 月。
土屋基規編著『現代教育制度論』ミネルヴァ書房，2011 年 6 月。
日本教育法学会編『教育法の現代的争点』法律文化社，2014 年 7 月。
横井敏郎編著『教育行政学――子ども・若者の未来を拓く――』八千代出版，2014 年 9 月。

義務教育諸学校の教科用図書検定における各教科共通条件（要約）

※ 高等学校教科用図書検定基準もほぼ同内容

1．基本的条件

（教育基本法及び学校教育法との関係）

(1) 教育基本法の教育の目標，義務教育の目的及び学校教育法の義務教育の目標，各学校の目的・教育目標と一致していること。

（学習指導要領との関係）

(2) 学習指導要領「総則」の教育方針や同要領の各教科の目標と一致していること。

(3) 「学習指導要領に示す目標」に従い，「学習指導要領に示す内容」及び「「学習指導要領に示す内容の取扱い」に係る事項を不足なく取り上げていること。

(4) 教科用図書の内容には，学習指導要領に示す目標，学習指導要領に示す内容及び学習指導要領に示す内容の取扱いに照らして不必要なものは取り上げていないこと。

（心身の発達段階への適応）

(5) 図書の内容が児童生徒の心身の発達段階に適応し，心身の健康や安全及び健全な情操の育成へ必要な配慮がなされていること。

2．選択・扱い及び構成・排列

（学習指導要領との関係）

(1) 図書の内容の選択・扱いには，学習指導要領に照らし不適切なところその他学習上に支障を生ずるおそれのあるところはないこと。

(2) 図書の内容に，学習指導要領に示す他の教科などの内容と矛盾はなく，話題や題材が他の教科などにわたる場合，十分な配慮なく専門的知識を扱っていないこと。

(3) 学習指導要領の内容及び学習指導要領の内容の取扱いに示す事項が，学校教育法施行規則別表に定める授業時数に照らし図書の内容に適切に配分されていること。

（政治・宗教の扱い）

(4) 政治や宗教の扱いは，教育基本法の規定に照らして適切かつ公正であり，偏りや非難の記述はないこと。

（選択・扱いの公正）

(5) 話題や題材の選択及び扱いには，偏りがなく全体として調和がとれていること。

(6) 図書の内容に，特定事柄を強調し過ぎたり，一面的な見解を十分な配慮な

く取り上げたりはしていないこと。
(特定の企業,個人,団体の扱い)
(7) 図書の内容に,特定企業,商品などの宣伝や非難はないこと。
(8) 図書の内容に,特定個人,団体などの活動に対する政治的,宗教的な援助・助長や権利・利益の侵害のおそれはないこと。
(引用資料)
(9) 引用,掲載された教材,写真,挿絵,統計資料等に信頼性があり公正な扱いであること。
(10) 引用,掲載された教材,写真,挿絵,統計資料などに,著作権法上必要な出所や著作者名その他学習上必要な事項が示されていること。
(構成・排列)
(11) 図書の内容は,全体として系統的,発展的に構成され,相互の関連は適切であること。
(12) 図書の内容のうち,説明文,注,資料などは,主たる記述と適切に関連付けて扱われていること。
(13) 実験,観察,実習,調べる活動などに関するものは,児童生徒が自ら当該活動を行うことができるよう適切な配慮がされていること。
(発展的な学習内容)
(14) 児童生徒の理解や習熟度に応じ,学習内容を確実に身に付けることができるよう,学習指導要領に示す内容及び学習指導要領に示す内容の取扱いに示す事項を超えた事項を取り上げることができること。
(15) 発展的な学習内容を取り上げる場合には,学習指導要領に示す内容や学習指導要領に示す内容の取扱いに示す事項との適切な関連の下,学習指導要領の趣旨を逸脱せず,児童生徒の負担過重とならないものとすること。
(16) 発展的な学習内容を取り上げる場合には,それ以外の内容と区別され,発展的な学習内容であることが明示されていること。
3.正確性及び表記・表現
(1) 図書の内容に,誤りや不正確な記述,相互矛盾はないこと。
(2) 図書の内容に,誤記,誤植または脱字がないこと。
(3) 図書の内容に,理解し難い表現や,誤解のおそれのある表現はないこと。
(4) 漢字,仮名遣い,送り仮名,ローマ字つづり,用語,記号,計量単位等の表記は適切で不統一はなく,「別表」の基準によっていること。
(5) 図,表,グラフ,地図などは,各教科に応じて,通常の約束,方法に従って記載されていること。

(出所)『[平21.3.4文部科学省告示第33号]義務教育諸学校教科用図書検定基準』「第2章 各教科共通の条件」より作成。

第12章 生徒指導

● 設 問

1. 生徒指導の意義について述べた上で，その「在るべき姿」について論じてください。
2. 憲法が保障する教育人権に照らし，「校則」が規律対象とすることのできる範囲と限界について論じてください。
3. 生徒等への「懲戒」の法的根拠について述べるとともに，「体罰」の法的問題に関し説明してください。
4. 今日，「いじめ防止」のためにどのような制度的な施策が講じられているか，「出席停止」制度の運用や「不登校」への対応等の問題と関連付けながら述べてください。

1 生徒指導の意義と『生徒指導提要』

1 生徒指導の意義

「生徒指導」に関し，中学校学習指導要領は「教師と生徒の信頼関係及び生徒相互の好ましい人間関係を育てるとともに生徒理解を深め，生徒が自主的に判断，行動し積極的に自己を生かしていくことができるよう，生徒指導の充実を図ること」の必要性を強調する（「同要領」第1章総則　第4-2(3)）。小学校学習指導要領も，教師と児童の信頼関係，児童相互の好ましい人間関係の確立と児童への深い理解に主眼を置いた生徒指導の充実の必要性について言及する（「同要領」第1章総則　第4-2(3)）。

ここで，「中学校学習指導要領解説（総則編）」に即して，「生徒指導」の意義について見ていく。まず，同「解説」では「生徒指導」とは，「一人一人の生徒の人格を尊重し，個性の伸長を図りながら，社会的資質や行動力を高めるように指導，援助」するものとして定義付けられている。また，生徒指導の目

的は，生徒の問題行動への対処といった消極面でのみ理解されるものではなく，「すべての生徒のそれぞれの人格のよりよき発達」及び「学校生活が全ての生徒にとって有意義で興味深く，充実したものになるようにする」ことにあるとする。

これら一連の記述から，生徒指導の役割が，a）児童生徒の人格の尊重を基本に据えつつ，その「人格のよりよき発達」を促すこと，b）生徒指導のそうした基本目的が適うための条件として，教師と児童生徒の信頼関係並びに生徒相互の好ましい人間関係の醸成を通じた，有意義で魅力のある学校生活の充実・向上，という点にあることが理解できる。このうち，a）に言う「人格のよりよき発達」の意について，同「解説」は，各生徒の健全な成長とともに，自身の「現在及び将来における自己実現を図っていくための自己指導能力の育成」としてこれを定義付けている。このように，生徒指導の中軸が，生徒一人一人の基本的人権の尊重とその基礎をなす「個人の尊厳」への十二分な配慮を前提に，個々の生徒が主体的判断において，将来にわたって健全な市民生活を営み自身の特性に即したキャリア形成を図るための基礎となる能力や態度・志向性を身に付けることができるよう側面的支援を行うことに据えられていることが理解できる。したがって，上記のうち，a）が生徒指導の基本目標であり，b）はその基本目標を達成するための原理的な手段であって，仮にa）とb）の価値が具体的事象において矛盾・競合する場合には，a）の価値がb）のそれに対して優越的地位に立つという点に留意する必要がある。

また，同「解説」は，生徒指導が「特別活動」における学級活動等を中核としつつ，学校の教育課程の全領域で展開されるべきことを要請する。加えて，教師と生徒との間の信頼関係の醸成に関連して，同「解説」が，そのために教師がなすべき態度や指導の在り方として，a）日頃の人間的な触れ合いと生徒とともに歩む教師の姿勢，b）授業等を通じて生徒に充実感や成就感を生み出すことができるような指導，c）個々の生徒の特性・状況に応じた的確な指導と不正や反社会的行動に対する毅然とした態度，の諸点を挙げていることは極めて興味深い。

なお，「生徒指導」とほぼ同義の用語として，「生活指導」の言葉が当てられることもある。「生活指導」の考え方は，学校における教科外の教育活動，い

じめや問題行動等への対応，学業やキャリア形成等への対処や相談等を通じ，自己人格の実現，自己と他者との関係並びに自己と社会との関係等の点を中心に児童生徒の内省を促すための教育的営為としてこれを理解する。いずれの用語を用いてもさしたる不都合が生じるとは考えにくいが，学習指導要領をはじめとする公的文書が「生徒指導」の語を用いていることに加え，それが法令用語としても定着を見ている（教育委員会の職務権限を定めた地方教育行政法21条5号の「生徒指導」や学校教育法施行規則70条の「生徒指導主事」等）ので，ここでは「生徒指導」の語を用いることとする。

2　生徒指導と『生徒指導提要』

『生徒指導提要』とは，文部科学省内に設置された「生徒指導提要の作成に関する協力者会議」が，生徒指導に携わる学校や現場の教師の参考に資することを目的に，児童生徒を取り巻く学校内外の状況認識を踏まえ，生徒指導の理論や指導方法等を網羅的にまとめた生徒指導のための基本書である。刊行年月は，2010（平22）年3月である。

同『提要』に示された生徒指導の意義・目的に関しては，文言上，上記学習指導要領の生徒指導について言及した箇所を敷衍したものとなっている。同『提要』の特徴は，a）生徒指導の多岐にわたる分野・領域を俯瞰し詳細な解説がなされる一方で，b）「中学校学習指導要領解説（総則編）」が生徒指導の目的として位置付けた「現在及び将来における自己実現を図っていくための自己指導能力の育成」のうち，「自己実現」を基礎付けるものが「自己選択」，「自己決定」であるとしている点，c）それらをより洗練させていくため「自己指導能力」の育成を図ることが重要であるという趣旨が一貫している点，等に求められる。

同『提要』は，まず最初に，生徒指導の理論に関わる章建て構成をとっている。具体的にそこでは，生徒指導の意義と基本原理，生徒指導における集団指導と個別指導の役割分担，学校運営と生徒指導の関係，教育課程と生徒指導の関係，児童生徒の発達段階に即した生徒指導の在り方，など多岐にわたり記述がなされている。次いで，教育現場の実態に即した生徒指導のための組織体制とその実施方法について具体的に記されている。そこでは，喫煙，飲酒，薬物

乱用や少年非行，暴力行為，いじめ，不登校等への個別具体の対処法等についての詳細な記述がなされている。インターネット・携帯電話に関わる問題といった今日的諸課題や発達障害等についても言及がなされている。このほか，生徒指導に関する法制度や生徒指導における学校と家庭・地域・関係機関との連携の在り方についての説明も見られる。

このように，同『提要』は，そこで扱われている内容が詳細，多岐にわたっていることや生徒指導遂行上の現下の課題を余すことなく網羅している点において，教育現場で適切に活用できる公的文書として一定の評価に値する。もとより，同『提要』は文部科学省の責任において公にされた文書であるとはいえ，あくまで学校や教職員の生徒指導の現場における参考手引であって，法的性格を有するものではない。

2 「児童（子ども）の権利条約」と「子どもの人権」

「児童（子ども）の権利条約」は，1959（昭34）年の国連総会「児童権利宣言」から30周年の1989（平元）年11月，第44回国連総会において全会一致で採択され，1990（平2）年に発効した。我が国は，1994（平6）年4月，本条約を批准し158番目の批准国となった。そしてそれは，翌月の5月に国内発効した。

同条約では，国際人権規約に定められた権利の享有主体が成人同様，「児童」にも及ぶことの確認の上に立って，「児童の最善の利益」を確保するという観点から一人ひとりの子どもの権利の尊重・擁護を図るべく詳細かつ具体的な規定がなされている。

「児童の権利条約」には前文が付されるとともに，本文は3部構成となっている。第1部には「児童の権利」に関する具体的規定が列記され，第2部では「児童の権利に関する委員会」の設置と構成に関する規定から，第3部は同条約の署名，批准及び同条約の改廃に関わる手続規定から成っている。

上記の如く「子どもの人権」の保障に関わる諸規定は，第1部に記されている。そこでとりわけ目を引くものとして，それぞれの児童に対し影響の及ぶ事項について「自由に自己の意見を表明」する権利（12条1項）及び表現の自由

の保障（13条1項），思想，良心及び宗教の自由の保障（14条1項），児童による具体的権利行使に当り保護者が指示を与える権利・義務の尊重（14条2項），プライバシーの権利を含む人格的利益の保障（16条1項，2項），心身の障がいをもつ児童に対する「個人の尊厳」の確保と自立に向けた支援を受ける権利の保障（23条1項），児童の「個人の尊厳」に適合し得る限度内での「学校の規律」の存在の承認（28条2項），等の諸規定が挙げられる。

　これら規定の特質として，a）固有性，不可侵性，普遍性に裏打ちされた基本的人権が，原則として「子ども」に対し成年と同等の価値において保障されるものとされていること，b）国境や民族，文化の壁を越え，全ての子どもに対して基本的人権が無差別，均等に保障されるものとされていること，c）子どもが自立性に裏付けられた人格的存在であるという考え方が強く打ち出されていること，d）成長過程にある子どもの生来的権利を強く保障しようとしていること，e）子どもと親，保護者との関係性，子どもに対する親，保護者の養育や教育の権利・義務に対する配慮が十全になされていること，等の点が指摘できる。

　なお，条約と法律との間の法的効力関係について見ると，我が国憲法が国際協調主義を宣明していることや，条約の「誠実な遵守」を国に求めている（憲法98条2項）ことなどから，条約は法律に対し一般に形式的効力は優位に立つ，と理解されている。こうしたことから，条約に背反する法律，命令，規則並びに条例等の条規が条約違反となるにとどまらず，条約の趣旨に反する行政処分や司法判断も，同様に条約違反のそしりを免れない。但し，我が国政府は，国内法と矛盾する条約の国内適用を条文解釈を通じ回避するため，同条約37条(c)「自由を奪われた児童の成人からの分離」条項を留保するとともに，9条1項「特別の事情のある児童の親からの分離」，10条1項「家族の再統合のための出入国上の配慮」の各条項について解釈宣言を行っている。

　ところで，上記「児童の権利条約」の趣旨等を踏まえ，1994年6月，ユネスコ・スペイン政府共同開催の「特別なニーズ教育に関する世界会議」で「サマランカ声明」が採択された。同声明は，子どもたちの多様性を認めた上で，身体的，知的，社会的，情緒的な要因その他の要因に関係なくどのような子どもも学校で学ぶことができるという観点から，a）「インクルーシブ教育」の

原則を確立し，やむを得ない特別の事情のない限り全ての子どもを普通学校に入学させること，b)「特別の教育的ニーズ」のある者への分権・参加型の教育体制を整備すること，c)「特別の教育的ニーズ」のある者を対象とした教育上の政策立案・決定のプロセスへの親，地域社会，障がい者団体の参加を支援・促進すること，等を提言の柱としていた。そして同声明の発展型として，2006年12月，国連総会において「障害者権利条約」が採択された。同条約は，障がい者の権利・自由の保障を宣言するとともに，教育分野にあって全ての子どもに対しインクルーシブな教育へのアクセスの保障が批准国の義務であることを明定した。2014（平26）年，我が国は同条約を批准し，同条約の趣旨を具体的に実現するため，教育分野における「特別のニーズ教育」のための条件整備をする法的責務を国内外に対して負うところとなった。

3　生徒指導の体制

　生徒指導を行う組織体制に関わる法的根拠として挙げられるのが，学校教育法施行規則70条の規定である。同条は，中学校には「生徒指導主事」を置くことを原則とする（同条1項，2項）とともに，指導教諭または教諭をもってこれに充てるものとされている（同条3項）。また，生徒指導主事の職務については，校長の監督の下，生徒指導に関する事項をつかさどり，これに係る事項の連絡調整及び指導・助言に当ることが規定されている（同条4項）。なお，進路指導に関する事項をつかさどる職である「進路指導主事」に関しても，「生徒指導主事」と同様の規定が独立して設けられている（学教法施行規則71条）。これらの規定は，高等学校にも準用される。小学校については，これら指導主事を置く旨の根拠規定は存しないが，そうした指導の重要性に鑑み，例えば「生活指導担当」などといった実質的に児童への指導等の核となる職を置く場合が少なくない。

　生徒指導は，生徒指導主事等を軸に，学校全体として組織的に行う必要がある。そうした生徒指導の実施は，そのための校務分掌組織及びこれと対をなすものとして設置される校内委員会が担うこととなる。

　生徒指導を担う校務分掌組織としては，既述の図8-1「A市立M中学校の

校務分掌組織」に見られる「生徒指導部」の例が挙げられる。A市立M中学校の生徒指導部は、「生徒指導担当」、「教育相談担当」、「生徒会指導担当」、「保健安全指導担当」の4担当からなっている。A市立M中学校の生徒指導部の役割は、中学校における生徒指導の校務分掌組織の典型を示すものと理解してよいが、これらに加え「生徒指導部」が部活動、特別支援教育、進路指導や外部の諸機関との連絡調整等の役割を担う例も見受けられる。このうち、生徒指導部の中軸的役割を果たすのが「生徒指導担当」であり、生徒指導主事を中心に、生活指導、学級会やHR等の指導、登下校指導、身だしなみ指導などの活動を行う。

「教育相談」も、生徒指導の重要な一翼を占めている。児童生徒一人ひとりの状況に応じ、生徒指導上、生活指導上の助言や指導を行うのが教育相談である。教育相談は、通常の場合、校務分掌組織や校内委員会の枠組みの中で機能するよう求められている。教育相談の体制は、生徒指導や心理学等の知見を有する教師や養護教諭等から構成されるが、今日、その相談体制の中に、悩みを抱えた児童生徒の相談業務を担う「スクール・カウンセラー」及び児童生徒を取り巻く生活環境に関する助言や必要な支援を行う「スクール・ソーシャルワーカー」等の専門職を配置することによりその充実が目指されている。なお、2015（平27）年12月の中央教育審議会「チームとしての学校の在り方と今後の改善方策について（答申）」は、スクール・カウンセラー及びスクール・ソーシャルワーカーを学校等における必要な標準的な職として職務内容等を法令上明確化するとともに、将来的に、これらを正規職員として位置付け、国庫負担の対象とする方向性を提示している。

生徒指導を効果的、効率的に行うためには、これを校務分掌組織に委ねるにとどまらず、学校全体の活動として行うとともに、全教職員間での情報共有や連絡調整を密にしながら協働的取組としてその活動を遂行することが要請される。そうした要請を適切に適える上で、生徒指導のための校内委員会の役割は重要である。この分野の役割を担う校内委員会として、「生徒指導委員会」、「生徒支援委員会」、「人権委員会」、「進路指導委員会」等の名称をもつ委員会の例が挙げられる。これら委員会のうち、生徒指導を中心的に担う委員会は、校長、副校長（教頭）、生徒指導主事、生徒指導を担当する校務分掌組織の教

師，養護教諭，各学年の主任，等によって構成される。必要に応じて，定期的な教育相談に従事するスクール・カウンセラー等の専門スタッフも参画する。

4 生徒指導における法的問題

1 生徒指導における法的問題の位置付け

　生徒指導の目的は，既述の如く，生徒の問題行動への対処といった消極面でのみ理解されるものではなく，自立性に裏打ちされた人格形成及び有意義で充実した学校生活を全ての生徒が送ることのできるようにすることにある。

　しかし，ここで留意しなければならないのは，生徒指導の役割として最小限に要求されることが，「生徒の問題行動への対処」という部分であるという点についてである。そこでは，法令の適用を通じて解決が求められる事案が惹起される蓋然性が高いことに加え，場合によっては，各学校もしくは個別教師が，何らかの制裁を背景に事態の収束を図ろうとするケースも想起できる。

　そこでは，良好な学園生活と学習環境を維持するという要請との関係で，個々の児童生徒に対して保障されるべき基本的人権の内容と質とは何か，という問題が絶えず問われることとなる。換言すれば，「生徒の問題行動への対処」が，日本国憲法や上記・児童の権利条約が希求する児童生徒の人権保障という価値原理とどう整合できるかが解決課題とされるのである。本章では，そうした問題意識に依拠しつつ，校則，懲戒と体罰，出席停止，不登校といじめの順に各々の法的問題について簡潔に見ていくこととする。

2 校則と児童生徒の人権

①「校則」の意義

　生徒指導の在り方は，各学校の教育目標や学校を取り巻く諸条件，児童生徒の態様等を斟酌し，学校の自律的判断に基づいて決められる必要がある。こうした各学校の生徒指導の在り方を規範化したものが「校則」である。

　校則に類似の用語として，学校教育法施行規則3条，4条に根拠をもつ「学則」がある。しかし学則は校則と異なり，学校設置の認可・届出の手続の際に必要とされるもので，そこには学校の組織・編制や教育課程等に関する事項に

ついて記載するものとされている（但し，市区町村立学校の設置に際しては，同書面の提出は求められていない）。

　一方，校則については，明示の法令上の根拠は存在しない。こうしたことから，各学校は学校の設置後，自主的に生徒指導の在り方を校内規則として作成することを予定しているもの，と一般に解されている。したがって，各学校が一律的な校則をもつ必要はなく，その明文化が必須とされているわけでもない。もとより，一定のルールを校則として明文化しその規律化を図ることは，当該学校の生徒指導の在り方を，児童生徒に加え，保護者や地域社会に周知してもらい，問題発生の際の対処を円滑に行う上で一定の効果があると言える。ここに言う校則は，教育の現場では，「校則」のほか，「きまり」，「生徒心得」という用語で表現されることが多い。

　ところで，校則の法的性格については，ａ）公立学校は，行政主体が管理する営造物であることから，営造物の利用関係を規律する営造物管理規則である（営造物利用関係説），ｂ）学校設置者と児童生徒もしくは保護者との間の関係は，鉄道乗車契約のように，契約当事者の一方が決めたことに他方が事実上従わなければならない契約である（付合契約説），ｃ）学校の設置形態のいかんを問わず，在学関係は，学校設置者と児童生徒もしくはその保護者との間の契約関係であり，校則は契約の約款である（在学契約説），ｄ）学校という自律的な「部分社会」を規律する規範である（「部分社会の法理」），という大きく四つの考え方に分かれている。

　このうち，営造物利用関係説は，公法上の利用関係における公権力体の相手方に対する優越的地位を，「法の支配」の原理を軽視して認める特別権力関係論との親和性が高いこと，付合契約説も，校則の作成権能を学校の専権事項とする考え方につながるものであること，「部分社会の法理」の考え方は，学校の自律性を認める点で利点は大きいものの，その一方で，学校・校長の広範な裁量権を容認する論理に転嫁できること，からいずれも正当とは言えない。生徒指導も学校教育の重要な一翼を担っている以上，子どもの学習権の保障を十全ならしめるために，学校，児童生徒とその保護者の連携関係の中で学校活動が営まれることが大切である。そして，その一環としてそうした当事者間の共同責任の下で校則の策定・見直しがなされるべきであるという認識の下に，校

則の法的性格を在学契約説の観点において理解するのが妥当である。

②「校則」の生徒指導上の問題事例

「校則」による生徒指導上の問題事例は，髪形（丸刈り，パーマ，毛染め），服装，オートバイ，アルバイト，喫煙・飲酒等多岐にわたるが，さしあたり，髪形（丸刈り），服装，オートバイに関わる具体的な事案について見ておく。

まず，男子生徒に丸刈りを校則で強制することに対し，熊本地裁は，その強制が表現の自由の侵害に当らないことや当該校則が教育上の裁量権の範囲に収まっていること，その強制を物理的に担保する手段が予定されておらず内申書でも不利な扱いとはしないこととしていること等を理由に，その違憲性，違法性を否定した（熊本地判昭60.11.13判時1174号48頁）。

校則で制服の着用を強制することに対し，東京高裁は，それが校長の裁量の範囲を逸脱するものではないこと，制服着用の違背に対し制裁措置が用意されてはいないこと，を理由に憲法13条の保障する「個人の尊重」を侵害するものであるとする原告の主張を退けた（東京高判平元7.19判時1331号61頁）。

校則による高校生のオートバイ規制（免許を取らない，オートバイを買わない，乗らない→いわゆる「三ない運動」）の動きが広まる中，当該規制が憲法13条（個人の尊重），同26条（教育を受ける権利），同29条（財産権の保障）を侵害するとした私立高校生の訴えに対し，千葉地裁は，憲法の人権規定は私人間（ここでは，私立高校とその生徒の関係）には適用できないとした上で，「三ない運動」に依拠した校則は教育的配慮によるもので裁量権の乱用には当らない，と判断した（千葉地判昭62.10.30判時1266号81頁）。なお，ほぼ同趣旨の判断をしつつも，比例原則の立場から，校則違背による退学処分を裁量権を逸脱した違法の処分とした裁判例も存する（東京地判平3.5.27判時1387号25頁）。

③校則と子どもの人権

校則は，学校の自律性に根差した生徒指導のための自主規範としての性格を有する一方，戦後の日本国憲法体制下にあってなお戦前の名残を引き継ぎ，学校生活のみならず保護者の教育領域であるはずの家庭生活，私的事項までも広範，厳格かつ細部にわたって規律していた。髪形やバイク等に関わる規制が，教育指導上の必要性に基づくものとして合理性が認められるとする意見がある一方で，髪形規制には子どもの人格権を侵害する側面がある，バイク規制につ

いても16歳未満の者に対して免許を与えないとする道路交通法88条1項1号との関係で，法的に認められているものを校則で高校生にバイクの「三ない」を強制するのは行き過ぎの観がある，とする強い主張も提起されてきた。校則による制服着用の強制についても，賛否両論意見が二分されてきた。

憲法学説では，憲法13条の「幸福追求権」の権利性が承認され，その保障範囲をめぐる「一般的行為自由説」，「人格利益説」の両説のせめぎあいの中で，髪形規制，バイク規制等の合憲性の問題が論じられてきた。同じく13条から導かれる「プライバシーの権利」の重要な要素である「自己決定権」との関わりの中で髪形規制や服装規制等の合憲性の問題が論じられてきた。1994（平6）年4月に我が国が「児童の権利条約」を批准したことも，こうした議論を活発化させる追い風となった。

1970年代以降，行き過ぎた校則をめぐる紛争事案が表面化し校則裁判が各地で展開されたほか，日弁連等も校則問題の調査に乗り出すなど，校則見直しの機運が次第に高まっていった。こうした流れはそれ以降も継承され，1988（昭63）年4月，都道府県教育委員会中等教育担当者会議の席で文部省初等教育局長が厳格な校則の見直しを要請する発言を行った。1991（平3）年4月には，同省は「校則見直し状況等の調査結果について」を公表した。そうした各学校における校則の見直し作業は，児童の権利条約批准のために必須不可欠な工程でもあった。

校則見直しの流れは，今日もなお継続している。文部科学省『生徒指導提要』は，学校を取り巻く社会環境や児童生徒の状況変化に応じ，恒常的かつ積極的な校則の見直しを行うよう求めている。そこでは，見直しを行う際の考慮要素として，a）児童生徒の実情，b）保護者の考え方，c）地域の状況，d）社会の常識，e）時代の進展，の諸点を挙げている。

さて校則の押し付けは，校内の秩序の維持に一定程度の効果をもたらすが，そのために払う代償には計り知れないものがある。校則をめぐる紛争や校則裁判が惹起されるにとどまらず，より深刻なのは，児童生徒，保護者の学校に対する不信感が醸成されその払しょくのために膨大な時間と労力を要する点にある。校則は，倫理観に根差し人の内面を高度に規律することを指向する「道徳律」とは一応区別して理解することが大切で，その役割は健全な学校活動と校

内秩序の維持に限定されるべきである。児童生徒の社会一般的な規範意識から距離感のある「校則」の遵守の強要は，多大な困難に加え大きなリスクを伴うことを覚悟しなければならない。

　校則は，児童生徒がこれを自らの学校生活のルールとして主体的に受け止めることにより，初めて校則を「生きた規範」として認めそれを遵守しようとする気持ちが芽生えてくる。そうした規範遵守の機運を醸成させていく上で，校則の見直しの過程に児童生徒や保護者等の意見を反映させることが不可欠である。児童会，生徒会等と教職員が話し合いの場を設けて見直しに向けた合意形成を行うことも大切で，現にそうした実践に係る成功の報告事例も存する。校則見直し作業が，学校，児童生徒，保護者の三者の連携・協働体制の下で行われることを通じ初めてその実を挙げることができるものと考える。

　なお，選挙権年齢を18歳にまで引き下げることを内容とする公職選挙法改正が進められたことと関連し，文部科学省は，高校生の政治活動に弾力的に対処することを原則としつつも，校内での政治活動についてはその禁止も含め，大幅な制限を校則で定めることを容認する姿勢を示しているとされる。このほか，喫煙，飲酒の制限年齢についても18歳にまで引き下げようとする動きが政府与党内で顕在化した。そうした公職選挙法の改正動向を踏まえ，選挙有資格者としての地位を獲得することとなった高校生に対し，それまで禁止されていた行為・活動の緩和の動きに対し，今後，教育現場がどう対応するのか，校則の果たす役割について新たな課題が浮上しようとしている。

3　懲戒と体罰

①懲　戒

　学校における児童生徒等を対象とする「懲戒」の根拠規定は，学校教育法11条である。同条は，「校長及び教員は，教育上必要があると認めるときは，文部科学大臣の定めるところにより，児童，生徒及び学生に懲戒を加えることができる。ただし，体罰を加えることはできない」と規定する。懲戒は，学校の教育目的を達成するため，教育的配慮の下，生徒指導の一環として行われることが法制上の基本原則とされている。もとより，憲法26条の保障する「子どもの教育を受ける権利」や「学習権」の保障を中心とする人権諸規定並びに

児童の権利条約の諸規定の趣旨に違背した処分を行うことは許されない。

懲戒の対象となるのは,「児童,生徒及び学生」である。したがって,幼稚園の園児はその対象外である。

懲戒には,法的効果を伴わない事実行為として行われるもの(叱責,授業時間中の起立の指示等)と,児童生徒の法的地位に変動を及ぼす法的効果を伴うもの(退学,停学等)の2種がある。

このうち,事実行為としての懲戒を行うことができる者は,校長及び教師である。事実行為としての懲戒は教育措置として行われるもので法律上の処分には当らないが,それに「体罰」の疑いが生じた場合,新たな法的事案に発展する可能性がある。なお,授業時間中に生徒を職員室に呼び出し叱責することは,生徒の授業を受ける機会を奪うもので,懲戒権として許された範囲を超える違法な行為であるとした裁判例がある(静岡地判昭63.2.4判時1266号90頁)。授業に遅刻した児童を,一定時間教室内に入れないことは懲戒の方法として認められない(昭23.12.22法務庁調査2発18法務府法務調査意見長官通達)。問題行動を起こす児童生徒に対する指導の在り方に関する「平19.2.5文科初1019初中局長通知」は,肉体的苦痛を与えるものは不可とする留保を付した上で,放課後等の教室内への残留,授業中の教室内での起立,学習活動や清掃活動の賦課,多くの学校当番の割り当て等は,適正な懲戒と見做され,通常の場合,体罰には当らないとの見解を示した。もとよりそのような場合であっても,児童生徒の人格権侵害の可能性も視野に入れつつ,「程度」のいかんによって体罰に該当する場合のあることは,肝に銘じておくべきである。

法的効果を伴う懲戒については,学校教育法施行規則26条2項以下に具体的な規定がある。同法施行規則26条2項は,そうした懲戒の種類として,「退学」,「停学」及び「訓告」を挙げるとともに,その処分権者が校長であることを明定する(大学の場合,「学長の委任を受けた学部長を含む」とされる)。

校長名で発せられる訓告は,ある行為を注意しその非違を戒めるもので,児童生徒の法的地位に何らの変動をもたらすものではないから,厳密には退学や停学とは異なった性格を有している。

一方,退学は,児童生徒の教育を受ける権利を奪うことを内容とする処分であり,停学はその権利を一定期間停止することを内容とする処分である。

このうち退学については，義務教育を保障するという観点から，学校教育法施行規則 26 条 3 項が，公立小・中学校，特別支援学校等の児童生徒には適用されない旨を明記する（国・私立の児童生徒の場合，仮に退学となっても他の公立学校への就学が保障されるため，退学処分は容認される）。退学処分該当事由として，同項は，a）性行不良で改善の見込みがないと認められる者，b）学力劣等で成業の見込みがないと認められる者，c）正当の理由がなく出席が常でない者，d）学校の秩序を乱し，その他学生または生徒としての本分に反した者，の諸点を挙げている。退学処分が裁判で争われ，その処分の適切性が認められた事案としては，喫煙，授業妨害，学校の器物損壊，いじめ，教師への暴力，校則の禁ずるオートバイ規制への違背等が挙げられる。もっとも，前述したように，オートバイ所持に係る校則違反に対し，退学処分をもって臨むのは学校の裁量権の逸脱とする裁判例も見られる。「懲戒」が教育指導の一環として位置付けられている観点からすれば，校則違反をもって直ちに懲戒（退学を含む）の対象とできないことは当然として，校則違反の程度・回数（とりわけ，停学処分を受けた回数），当該行為による他の生徒への教育上の影響，問題を起こした生徒・保護者と学校との間の話し合い等の結果等を踏まえ，懲戒を行うに際しては学校としての慎重な判断が求められる。なお，信仰上の理由に基づき剣道実技の履修拒否をした高専生を二度の原級留置処分にし，「学力劣等で成業の見込がない」と認定した上で行った校長の退学処分は，社会観念上著しく妥当性を欠くもので裁量権を超える違法なものであると断じた裁判例がある（最二判平 8.3.8 判時 1564 号 3 頁）。

　停学については，その処分によって教育の機会が奪われないようにするため，学校教育法施行規則 26 条 4 項は「停学は，学齢児童又は学齢生徒に対しては，行うことができない」と定め，国・公・私立のいかんを問わず，小・中学校の児童生徒に対してはこれを行えないものとしている。懲戒としての停学処分の決定に当っては，a）当該事案が停学に値するものかどうかを慎重に判断する，b）停学期間の設定に当っては，可能な限り短期間設定とする，c）計画に沿って停学期間中の指導・支援を行う，d）停学期間解除後，学習指導，生活指導（時宜に応じ進路指導も）やそのための支援を継続実施する，e）停学の決定からその解除後にわたり，可能な限り保護者との意思疎通を密とする，等の

配慮が必要とされる。

　ところで，我が国学校においてはかねてから，a）処分歴が残らない，b）将来の進路選択の阻害要因とさせない，c）教育温情的措置である，等の理由で，退学処分に代わるものとして「自主退学勧告」の手法が多用されてきた。本来，自主退学勧告をどう受け止めるかは，生徒・保護者の選択的判断に委ねられるべきものとはいえ，実際の取扱いとして自主退学勧告に応じない場合，退学処分の発動が予定される場合も少なくない。すなわち，退学処分発動の可能性を背景として，自主退学勧告がなされるケースが少なくないのである。この点につき，最高裁は，運転免許取得とパーマを禁止する校則の社会的合理性を肯認した上で，その校則違背を理由に学校が提示した自主退学勧告の適法性を認めた（最一判平8.7.18判時1599号53頁）。自主退学勧告は退学処分そのものではないとはいえ，その拒否が退学処分につながる可能性が高いことから，退学処分に準じ，その判断には慎重を期すことが求められる。すなわち，そうした判断を行うに際しては，a）それまで学校として十分な指導を尽くしてきたのか，b）自主退学勧告以外に学校として採るべき道はなかったのか，という点についての熟議が求められる。そして，自主退学勧告を生徒・保護者に行うに際しては，a）そうした勧告をするに至った理由・経緯の説明，b）その勧告が強制力を伴うものではなく，それに応じるか否かの選択権は生徒・保護者に留保されていることの説明，c）十分な意見表明の機会の保障，の諸点が確保される必要がある。

　児童生徒に対する懲戒処分を行う際には，行政手続法の適用はない（行政手続法の適用除外条項による）（同法3条1項7号）。とはいえ，そうした懲戒処分の発動に際しては，児童生徒の教育人権等の基本的人権とその法的地位が尊重されるべきであるとの観点に鑑み，また「児童の権利条約」の趣旨に照らし，憲法31条の適正手続の要請はこうした懲戒処分にも及ぶものと解される。したがって，その処分を行うに当り，該当の教育委員会規則等を参酌しながら，制度としてa）処分対象となる行為の明確化を図るとともに，そうした規制を社会通念上，合理性を有する内容のものとすること，b）処分手続も明確化されること，c）明文化された処分手続中に，懲戒処分を誘引した行為について学校側が説明するとともに，それに対する意見表明の機会を保障する条項を盛

り込んでおくこと，の確立が必須不可欠の要請となる。とりわけ，c）については，児童の権利条約の国内発効の趣旨を徹底する上で，その制度化が不可避的要請として位置付けられている（平6.5.20文初高149事務次官通知）。

②体　罰

学校教育法11条但書は，「体罰」を伴う懲戒を禁じている。ここに言う「体罰」に関する解釈・運用は，上記「平19.2.5文科初1019初中局長通知」中の別紙「学校教育法第11条に規定する児童生徒の懲戒・体罰に関する考え方」によって行われるものとされている。

そこでは「体罰」とは，身体に対する侵害を内容とする懲戒に加え，被罰者に肉体的苦痛を与えるような懲戒（特定の姿勢を長期間にわたり保持させる等）をも含むものとされている。また，児童生徒に対する「有形力の行使」により行われた懲戒の一切が体罰として許されないのではないとされている。その上で，個々の懲戒が体罰に当るか否かは，被罰者や保護者の主観により判断されるのではなく，a）当該児童生徒の年齢，健康，心身の発達状況，b）当該行為が行われた場所的，時間的環境，c）懲戒の態様，等の諸条件を総合的に考慮し事案ごとに判断すべきものとされている。なお，児童生徒による教師への暴力行為に対する防衛のための有形力の行使，他の児童生徒への暴力行為に対する制止や危険回避のための有形力の行使は体罰に該当しないものとされる。この後さらに，部活顧問による「指導」を超えた体罰が公になった事件等を受け，上記「平19.2.5文科初1019初中局長通知」の趣旨の確認の上に立って，2013（平25）年3月，あらためて体罰の禁止と児童生徒理解を柱とした指導を求めた「平25.3.13文科初1269初中局長・スポーツ・青年局長通知」が発出された。そこでは，a）学校・校長による体罰の実態把握と事案発生時における教育委員会への報告の徹底化，b）体罰を行った教師への指導と厳正な対応並びに教育委員会への報告，c）体罰の実態把握のために必要な体制の整備，d）児童生徒・保護者による体罰被害の訴えや教師等との関係についての悩みに応じる体制の整備，e）部活動中における体罰禁止の周知徹底並びに校長等による部活顧問への監督の適宜実施，等の要請がなされた。

ところで，我が国学校の文化・風土の中で，厳格な校則と相俟って体罰を容認する風潮が長い間存在した一方で，1970（昭45）年以降，体罰事件が公的紛

争に発展していくケースが顕在化し，相当数の裁判例は，「子どもの人権」の保障・保護の観点から，懲戒の名を借りた体罰を厳しく糾弾する判断を示すようになった。

　もっとも，「有形力の行使」を伴う懲戒を容認した裁判例も相当数存する。その代表例が，教育内容の硬直化，形式化を避け実効的な教育活動を担保する手段として「教師は必要に応じ生徒に対し一定の限度内で有形力を行使することも許されてよい場合がある」とした東京高裁判決（東京高判昭56.4.1判時1007号133頁），悪ふざけをした児童の胸元をつかんで壁に押しあて「もう，すんなよ」と叱った行為が肉体的苦痛を与えるためのものではないので「教育的指導の範囲の逸脱」は見られず本件行為は体罰には該当しないとした最高裁判決（裁三判平21.4.28判時2045号118頁）等が挙げられる（但し，この事件の裁判が複雑な経緯を辿ったことにも注意しなければならない。すなわち，第1審熊本地裁判決は，本件体罰と児童が発症したPTSD（心的外傷後ストレス障害）の因果関係を認めた上で，損害賠償を認める判決を下した（熊本地判平19.6.15判自319号18頁）。第2審福岡高裁は，両者の因果関係は否定したものの，社会通念に照らし上記行為が体罰に当るとして損害賠償を認めていた（福岡高判平20.2.26判自319号13頁））。

　体罰問題が日常化し，その根絶が困難である理由としては，家庭の教育力の低下に随伴する「しつけ」の学校への押し付け，遅刻・早退等の常習化等を含む教育現場の混乱，学級崩壊，校内暴力，教師の指導力不足，教師のメンタルなケアの脆弱さ，等に加え，親からの苦情に対する対応力の弱さ，学校の監督責任の所在の不明確性，学校の閉鎖的体質など，様々な要因が指摘されている。ともあれ，法的効果を伴わない事実行為としての懲戒は，児童生徒の行為の非違を「瞬時の判断」で指導し正そうとする属性を帯びている分，懲戒者本人の主観や感情が直接的に表出しやすい。したがって，そうした事実上の懲戒が「体罰」という外形を伴って児童生徒の人権侵害に至る場合が少なくないことに注意しなければならない。また，体罰は，児童生徒への適切な倫理観の涵養の阻害要因となるとともに，児童生徒・保護者や地域社会の学校に対する不安や不信感も惹起しかねない。さらには，それは，校内暴力やいじめを助長する方向で作用するとの指摘もある点への留意も必要である。

教職としての教師は本来の責務を全うするために，学習者である児童生徒の将来にわたる発展・飛躍を願い，しなやかで毅然とした態度で教育上の職務に専念することが求められている。そのためのスキルを磨く意欲を各教員が持ち続けるべきことはもとより，学校全体としてまた設置・監督権者はそうしたスキルアップのための体制を整備し，効果的に運用することが強く求められている。上記「平 25.3.13 文科初 1269 初中局長・スポーツ・青年局長通知」も，こうした趣旨に立脚しつつ，a）校長等を中心とした体罰防止のための指導体制の検証，b）「体罰」に関する正しい理解の徹底化，c）児童生徒への指導困難な事案を抱えた教師に対する報告・相談体制の整備，等を要請した。

　さて，体罰の根絶は今や社会一般の人々の法意識とも言えるもので，体罰認定基準も教師にとって厳しいものとなっている。体罰事案が発生した場合，教師の法的責任の問題とともに，児童生徒への法的救済の問題も生じる。体罰を加えた教師に対しては，分限・懲戒処分が加えられることがある。また，慰謝料，治療費等の損害賠償責任を負う場合もある。公立学校の場合，国家賠償法に，私立学校の場合は民法にそれぞれ依拠してその請求がなされる。さらに，体罰は一般市民法秩序を乱す犯罪行為であるという理由から，刑法上の罪に問われる場合もある。なお，体罰事案では，校長に対しても監督責任を問われる場合があるほか，国・公立学校の校内で体罰事件が発生した場合，刑事訴訟法 239 条 2 項の「公務員の告発義務」に関する規定に基づき，校長を軸とする教職員に対し告発義務が課されている点にも注意を要する。

4　出席停止

　「出席停止」には，学校教育法に制度上の根拠をもつもののほか，感染症予防の観点から，学校保健安全法により，校長に対し出席停止の権限を認めている（同法 19 条）。ここでは，学校教育法に依拠する出席停止制度について見ていく。

　授業妨害やいじめ等による学校の荒廃が深刻な社会問題となる中，2000（平 12）年 12 月，教育改革国民会議「教育改革国民会議報告——教育を変える十七の提案」は「教育委員会や学校は，問題を起こす子どもに対して出席停止など適切な措置をとるとともに，それらの子どもの教育について十分な方策を講

じる」ことを提言した。この提言が基となって，2001（平13）年7月の学校教育法改正により，従来の出席停止に係る条規は，a）出席停止とするための要件の明確化，b）出席停止手続に関する規定整備，c）出席停止期間の児童生徒に対しての学習支援措置の明記，を図るべく所要の改正がなされ現行規定となった。

学校教育法35条1項は，市町村教育委員会は「性行不良であつて他の児童の教育に妨げがあると認める児童があるときは，その保護者に対して，児童の出席停止を命ずることができる」と規定する。児童の出席停止を定める同法35条は，同法49条の準用規定により中学校にも適用される。

ところで先に見た（懲戒として行われる）停学の場合，その処分によって教育の機会が奪われないよう，学校教育法施行規則26条4項により国・公・私立のいかんを問わず，学齢児童生徒に対してこれを行うことが禁じられている。この停学に代わる事実上の代替措置として，公立小・中学校の児童生徒を対象に出席停止が制度化されていると見ることもできる。

出席停止の決定権者は，市町村教育委員会である。したがって，市町村教育委員会の管理・執行権の埒外である国・私立小・中学校には，出席停止制度の適用はない（国・私立小・中学校の児童生徒に対しては，学校教育法11条及び同施行規則26条3項本文の規定により退学を通じての懲戒処分が認められている）。出席停止措置を講ずる権限が，校長ではなく市町村教育委員会に委ねられているゆえんは，同措置が国民の就学義務に密接に結びついている点に求められている（なお，校長に対し，その権限を委任することも可能とされている）（昭58.12.5文初322初中局長通知）。もとより，出席停止の決定を行うに当っては，現場の校長の意見を十分尊重することが望ましいものとされる。出席停止期間は，長期に及ぶことのないよう配慮するとともに，所要の指導を行うことも必要とされる（平8.7.26文初中386初中局長・生涯学習局長通知）。出席停止命令の手続に必要な事項は，教育委員会規則で定める（学教法35条3項）。

出席停止は「性行不良であつて他の児童の教育に妨げがあると認める児童」に限ってこれを行うことができると規定する法の趣旨に鑑み，その措置は懲戒目的に由来するものではなく，学校の秩序を維持し，他の児童生徒の義務教育を受ける権利を保障しようとすることにその本来の制度目的がある。

このような制度目的に基づき，学校教育法35条1項1号以下に示された「性行不良」で他の児童の教育の妨げになる行動類型を「一又は二以上を繰り返し行う」場合に限って，出席停止措置の発動が考慮される。そうした行動類型として，a）他の児童生徒に傷害，心身の苦痛または財産上の損失を与える行為（威嚇，金品の強奪，暴行等，左記の行為を伴う「いじめ」を含む），b）「職員」に傷害または心身の苦痛を与える行為（威嚇，暴言，暴行等），c）施設または設備を損壊する行為（学校施設や教育用機器の破壊行為等），d）授業その他の教育活動の実施を妨げる行為（授業妨害，騒音発生，教室への勝手な出入り等），の四つが規定されている。

学校教育法は，市町村教育委員会による出席停止命令発動のための事前手続として，「あらかじめ保護者の意見を聴取するとともに，理由及び期間を記載した文書を交付」することを義務付けている（同法35条2項）。併せて，出席停止期間中，市町村教育委員会に対し，「学習に対する支援その他の教育上必要な措置を講ずる」ことを義務付けている（同4項）。

上記諸規定を受け，出席停止制度の運用の在り方について示した「平13.11.6文科初725初中局長通知」は，a）出席停止までの事前手続，b）出席停止期間中の対応，c）出席停止期間後の対応，についてきめ細かな配慮措置を記している。これらを簡単に見ていくとまず，出席停止までの事前手続としては，指導記録や指導内容書の作成，出席停止制度の趣旨説明，保護者との対話と意見聴取（当該児童生徒からの意見聴取へも適宜配慮），出席停止理由等を記した文書の交付，等が求められている。出席停止期間中の対応としては，当該児童生徒への指導方策が具体的に示される（教師による家庭訪問を通じての指導，スクール・カウンセラーや関係機関スタッフの連携に基づく指導や援助等）ほか，他の児童生徒への指導や心のケア等についても措置する必要性について言及する。出席停止期間後の対応としては，保護者や関係機関との連携の下で，当該児童や地域の実情に応じた指導を行うことなどのほか，指導要録の適切な取扱いの必要性についても述べている。なお，事前手続としての出席停止手続に行政手続法の適用はない（同法3条1項7号）が，被処分者の不利益を考慮して，上記の如く，保護者（適宜，児童生徒）の弁明等の機会を設定するなどの配慮措置を講ずることとしている。

その後，出席停止制度の運用の在り方について，文部科学省は，「正常な教育環境を回復するため必要と認める場合には，市町村教育委員会は，出席停止制度の措置をとることをためらわずに検討する」など，同制度の一層の活用を促す通知を発出した（平 19.2.5 文科初 1019 初中局長通知）。

5 不登校といじめ

①不登校

「不登校」とは，児童生徒が相当期間以上，学校を欠席している状況のことを指す。

不登校の要因としては，学校に通うことに意義を見出せない，無気力，非行，学力不振，発達障害，いじめ，保護者等からの「虐待」など様々な要因が指摘されてきた。とりわけ，いじめや「児童虐待」等は，解決すべき喫緊の課題として，今日，その対処方策の実行が強く求められている。

言うまでもなく，我が国義務教育制度では，保護者の就学義務不履行に対しては罰則が用意されている（学教法 144 条）。こうした義務教育制度の下で，学校教育法施行令は，校長に対し児童生徒の出席状況の把握を義務付ける（同施行令 19 条）とともに，「引き続き 7 日間出席せず，その他その出席状況が良好でない場合において，その出席させないことについて保護者に正当な事由がない」と認められる場合，速やかに市町村教育委員会に通知することを義務付けている（同 20 条）。これを受けて，市町村教育委員会は，義務履行の督促を児童生徒の保護者に対し行う（同 21 条）。その際の督促は，形式的なものにとどまることなく，事情に応じ，（福祉事務所への連絡も含め）具体的かつ積極的な措置を講ずべきものとされている（昭 28.11.7 文総審 118 事務次官通達）。こうした諸規定は，児童虐待が疑われるケースにおいて，積極的に運用される必要がある。関連して，近年，文部科学省は関係各機関に対し，長期欠席の背後に児童虐待が潜んでいる場合があるとの認識に依拠し，長期にわたり学校を欠席している児童生徒の家庭での状況把握に努め，所要の措置を講じることを強く要請している（平 16.4.15 初児生 2 初中局児童生徒課長通知）。

ところで，児童生徒が自らの意思で登校を拒む場合，その登校を義務付ける法令・条規は存しない。もとより，法制度として，たとえ義務教育段階であっ

ても，児童生徒の「平素の成績を評価」した上で各学年の課程の修了または卒業を認める（学教法施行規則 57 条，79 条）ものとの建前が採られている。その一方で，児童生徒の「心身の状況によつて履修することが困難な各教科」はその児童生徒の「心身の状況に適合するように課さなければならない」（同施行規則 54 条，79 条）と規定し，成績評価の結果のみで，修了もしくは卒業の認定ができない仕組みになっている。そこで問題となるのが，「出席日数」である。進級・卒業の認定基準がもっぱら「出席日数」に依拠するのであれば，不登校の状況にある児童生徒の相当数が出席日数不足にあることを踏まえると，こうした状況の児童生徒は著しく不利な状況に陥ることとなる。のみならず，たとえ長期欠席が本人の意思に基づくものであっても，そのことによって実質的に教育を受ける機会が奪われることになり，その側面からも著しく不利な立場に立つものと言える。こうした状況を回避する措置として，これまでに不登校の児童生徒のため，その地位と学習権を保障するための法政策上，法制度上の整備が図られてきた。

　まず，2001（平 13）年 4 月以降，文部科学省通知に基づき，不登校の状況にある児童生徒を一定の条件の下で出席扱いとする措置が講じられることとなった。すなわち，不登校の児童生徒が学校外の施設において相談・指導を受け，そのことが当該児童生徒の学校復帰のため適切と校長が認める場合，出席扱いとすることができることとされた（平 13.4.27 文科初 193 初中局長通知）。そして，これをより具体化する内容の通知があらためて発出（平 15.5.16 文科初 255 初中局長通知）された後，その対象が高等学校等の不登校生徒にも拡大された（平 21.3.21 文科初 1346 初中局長通知）。こうした中，構造改革特別区域法 2 条 3 項に規定する規制の特例措置である「不登校児童生徒等を対象とした学校設置に係る教育課程弾力化事業」の全国化に併せて，2005（平 17）年 7 月，学校教育法施行規則が改正され，「学校生活への適応が困難」であるため相当期間学校を欠席していると認められる児童生徒を対象に，文部科学大臣が認める場合，その児童生徒の「実態に配慮した特別の教育課程を編成して教育を実施」することができることとなった（同施行規則 56 条）。そうした法制度化の一環として，ICT 等を活用した自宅学習についても，校長の判断で出席扱いとすることができるとともに，その学習活動の成果を成績評価に反映させることが

できることとなった（平17.7.6文科初437初中局長通知）。

　既述したように不登校の原因・理由は多様であり，不登校期間中の学習への意欲や姿勢も一様ではない。このことを踏まえ，学校は，そうした原因・理由の検証・調査を行うとともに，その予防策の開発に努めることが大切である。また，すでに不登校の状態にある児童生徒の相談や学習支援のための体制を効果的に運用するとともに，その運用に当り他の児童生徒の理解と適宜協力を得ることも大切である。その実行に当り，市町村教育委員会の教育支援センターや関連する民間団体等の運営する教育施設（フリースクールなど）との連携も必要である。併せて，ICT等の活用による学習機会確保の可能性やその効果についての検討も求められよう。上に見たように，不登校の児童生徒の学習機会を確保するための法的整備が進められつつある中，個々の児童生徒や学校の実態に即し，「子どもの教育を受ける権利」を保障するという観点から，関係者に対しては，そのためのきめ細かで粘り強い努力が要請される。

　なお，不登校の児童生徒については，義務教育諸学校以外で学習を修めた者に対し義務教育の修了を認めることも将来的な視野に収めつつ，当面の措置として，市町村教育委員会の教育支援センターやフリースクールなどで学ぶ児童生徒への学習支援をこれまで以上に後押しするための法制度上の整備が具体的に計画されている。

　②いじめ

　いじめは，上述の不登校の大きな原因ともなっている極めて深刻な社会問題である。

　すでに法務省は，「いじめ」が，児童生徒に対する教育現場での深刻な人権侵害の事案であるとの理解の下，1985年3月12日人権擁護局長通達において，同省が，人権擁護委員と協力し合いながら学校と連携して，いじめに適切に対処し問題解決に取り組む姿勢を明らかにしていた。

　2013（平25）年10月の文部科学大臣決定「いじめの防止等のための基本的な方針」は，その冒頭で「いじめは，いじめを受けた児童生徒の教育を受ける権利を著しく侵害し，その心身の健全な成長及び人格の形成に重大な影響を与えるのみならず，その生命または身体に重大な危険を生じさせるおそれがあるものである」として，それが人権侵害となるにとどまらず，生命・身体を脅か

す危険で悪質な行為であるとの認識を示している。また同基本方針は、「いじめ」の定義に関し、2013年6月成立の「いじめ防止対策推進法」2条1項を援用して、これを「児童等に対して、当該児童等が在籍する学校に在籍している等当該児童等と一定の人的関係にある他の児童等が行う心理的又は物理的な影響を与える行為（インターネットを通じて行われるものを含む。）であって、当該行為の対象となった児童等が心身の苦痛を感じているものをいう」と定義付けている。同基本方針は、この法文の解釈において、「いじめ」に該当するか否かの判断を表面的、形式的に行ってはならず、いじめられた児童生徒の立場に立って行うべきこと、「心身の苦痛を感じているもの」という要件を限定して解釈しないよう努めること、とする留意点を示し、加害児童生徒によるいじめの正当化の主張を封ずる解釈を示した。

　いじめは、当該児童生徒とその関係する友人や仲間、集団等との関係性の中で生じやすく、とりわけ集団いじめは、執拗・陰湿の度を増し周囲が「傍観者」へと変貌していく中で、被害児童生徒を孤立させ、無力化に追いやり、最終的に自死を想起させ実際にそこに追い込んでいく可能性が指摘されている。傍観者の中には、自身が「公正な立場」にあると錯覚し、さらに「いじめられる側」にも責任があるとの念が醸成されることにより、その状況が一層悪化していく場合もある。いじめが潜行的に行われることで、担任教師が状況把握を逸しもしくは避けたりするケースがしばしば報告されている。加えて、それが潜行的に行われているのか顕在化しているのかの区別なく、個々の教師や学校がこれを見過ごして、結果として重大な事案を生起させてしまうというケースも少なくない。

　いじめが原因の事件・事故に対する法的責任については、加害児童生徒に対し、教育指導上の措置として、出席停止の措置がなされる場合があるほか、懲戒を視野に入れた対応が採られることもある。いじめの態様が悪質で、被害児童生徒に対する被害の程度が看過し得ない程度に重大な場合、刑法上の責任を負わねばならない可能性もある。また、保護者や学校、学校設置者が債務不履行や損害賠償責任等の法的責任の主体となることも少なくない。いじめ事故に関わる裁判例として、いじめが恒常化している雰囲気の中で引き起こされた事故に対し、期待された義務を尽くさなかったことを理由に担任教師に過失責任

を認めるとともに，加害児童の保護者に対しても監督責任や他人を侵害しないよう教育する責任があることを認めたもの（浦和地判昭 60.4.22 判夕 552 号 126 頁），学校内でのいじめの存在が窺われる場合において，学校に対し，実態に応じた適切な防止措置を講ずる義務の存在を認めたもの（大阪地判平 .7.3.24 判夕 893 号 69 頁），等がある。

　ところで，いじめの訴えに対し，学校側が教育的配慮を怠ったことをもって，安全配慮義務を懈怠したとして直ちに法的責任を負うものではない。その一方で，上記の如く，いじめ防止対策推進法 2 条 1 項の「心身の苦痛を感じているもの」とするいじめ認定の要件を限定して解釈しないよう努めること，とする行政指針も示されている。いじめ問題をもっぱらその法的責任の有無から論じようとすれば，皮肉なことに，軽微ないじめや「いじめ」の兆候を安易に見過ごすことにもなりかねない。いじめを発生させないという学校関係者の強い決意の下，児童生徒一人ひとりに寄り添ったきめ細かな教育上，生活指導上の配慮を行うことが，いじめ撲滅のための最優先課題であることを忘れてはならない。但し，そうした「教育的配慮」の美名の下に，執拗で陰湿ないじめを学校が「内部」的に処理しようとした結果として，不幸な事件へとエスカレートした事案がマスコミ等で報道されている。そうした看過できない深刻ないじめに対しては，学校単独でこれを処理するのではなく，警察や法務省等との連携関係の中で問題に対処する勇気をもつことも大切である。

　上述のいじめ防止対策推進法は，いじめ防止のための基本方針の策定，いじめ防止の基本的施策とそのための諸措置，重大事態への対処方策等，多岐にわたり規定化している。その中でも，特筆に値するのは，文部科学大臣に「いじめ防止基本方針」を定める権限を付与（同法 11 条）するとともに，地方公共団体は同基本方針を参酌しつつ「地方いじめ防止基本方針」を策定することを努力義務として課し（同 12 条），各学校に対しても「いじめ防止基本方針」または「地方いじめ防止基本方針」を参酌して，その実情に応じ学校独自のいじめ防止のための基本方針を定めることを法的に義務付けた点である。そうした制度措置は，文部科学大臣決定として定められた上記「いじめの防止等のための基本的な方針」（平 25.10.11 文部科学大臣決定）の下に，自治体と学校が系統的かつ一貫した方針でいじめ防止・撲滅に取組む体制の整備を企図したもので，

その実効性が切に期待されるところである。いじめ防止対策推進法の趣旨を具体的に実現すべく，上記「いじめの防止等のための基本的な方針」は，関係機関との連携策，いじめ防止に対処できる人材の確保の方途，早期発見のための体制整備，いじめへの具体的な対処策，等の多岐にわたりいじめ防止・撲滅に向けた施策を提示している。

なお，2013（平25）年2月の教育再生実行会議「いじめ問題等への対応について（第1次提言）」が，「教育再生」のための不可欠的かつ緊急の課題の第一にいじめ問題を挙げるとともに，「生きる力」に支えられた「知・徳・体」の調和のとれた教育の充実を図る一環として，現行の「道徳の時間」を教科に格上げし，いじめ撲滅のための教育指導上の施策としてこれを積極活用する方向性を示した点にも留意が必要である。

5 関係諸機関等との連携

今日，学校が，学習主体としての児童生徒の教育を受ける機会を適切に提供するとともに，そのための学習環境・条件を適切に整え維持していく上で，学校活動全体における生徒指導の占める比重は極めて大きい。そして，これを実効あるものとしていく上で，学校が保護者と緊密な意思疎通を図っていくことが必要不可欠であるが，これに加えて関係諸機関等との連携も重要である。とりわけ，出席停止命令の発動や不登校，いじめといった局面において，そうした連携が強く求められている。

具体的に見ていくと，深刻な問題行動をとる児童生徒への対処方策として，法に抵触する事案に該当する場合，少年法に基づき警察，家庭裁判所等が所要の処理・処遇を行う以外にも，児童福祉法に基づき都道府県によって児童自立支援施設や児童養護施設への入所措置が講じられる場合がある（同法27条の2）。そうした行動の原因が保護者の監護能力の著しい欠如にあると思慮される場合，市町村教育委員会は児童相談所に対し，児童福祉法に基づく措置方の検討要請を考慮しなければならない場合もある。

また，出席停止の措置をとった場合，その期間中，その措置を発動した市町村教育委員会は，当該児童が在籍する学校とともに，指導計画に基づいて学習

指導や必要な生徒指導を行うことが求められる。そうした指導に当り，出席停止制度の運用の在り方を示した上記「平 13.11.6 文科初 725 初中等局長通知」は，市町村委員会委員会，学校と児童相談所，警察，保護司，民生・児童委員との連携・役割分担の可能性に加え，社会教育施設等の場での教科指導，体験活動を含むプログラム活用の可能性についても言及する。

　不登校の状況に置かれている児童生徒への対応としては，前述した教育委員会等に置かれている教育支援センターなどのほか，いわゆるフリースクール等を通じそうした児童生徒への学習支援等を行っている民間団体との連携・協力が必要とされる。

　いじめへの対処方策として，2013（平 25）年 5 月の文部科学省通知は「早期に警察に相談・通報の上，警察と連携した対応」をとることを含め，「学校と警察との緊密な連携体制」を構築することの必要性を強調するとともに，「いじめ」と「犯罪行為」の関係性を「別表」で具体的に示している（平 25.5.16 文科初 246 初中局長通知）。また，上述の文部科学大臣決定「いじめの防止等のための基本的な方針」は学校と地域，家庭との連携を基本とする姿勢を示しつつも，上記 2013 年 5 月の文部科学省初中局長通知の流れに沿って「関係機関（警察，児童相談所，医療機関，法務局，都道府県私立学校主管部局等を想定）との適切な連携が必要であり，警察や児童相談所等との適切な連携を図るため，平素から，学校や学校設置者と関係機関の担当者の窓口交換や連絡会議の開催など，情報共有体制を構築しておくこと」の必要性を強調する。また，ネット上のいじめへの対応についても，学校と家庭との組織的連携を重視しつつ，地方公共団体の協力・支援の下，ネット・トラブルへの監視活動を行っている民間団体等をも取り込みながら所要の対処を行うよう呼びかけている（なお，携帯電話のメールやインターネットを利用した「ネット上のいじめ」から子どもを守るための具体的な対処方策を示した公文書として，文部科学省『「ネット上のいじめ」に関する対応マニュアル事例集（学校・教員向け）』（2008 年 11 月）がすでに公にされている）。

参考文献

　折出健二編『[改訂版] 生活指導——生き方についての生徒指導・進路指導とと

もに――』学文社，2014年10月。

梶田叡一『〈生きる力〉の人間教育を』金子書房，1997年12月。

小泉令三編著『よくわかる生徒指導・キャリア教育』ミネルヴァ書房，2010年4月。

坂田仰編『いじめ防止対策推進法――全条文と解説――』2013年12月。

篠原清昭編著『学校のための法学［第2版］――自律的・協働的な学校をめざして――』ミネルヴァ書房，2008年5月。

島ノ江一彦『学校の役割と教育法』エイデル研究所，1994年3月。

鈴木勲編著『逐条学校教育法［第7次改訂版］』学陽書房，2009年11月。

田中智志・橋本美保監修，林尚示編著『生徒指導・進路指導』一藝社，2014年2月。

永井憲一『教育法学』エイデル研究所，1993年11月。

西岡正子・桶谷守編『生涯学習時代の生徒指導・キャリア教育』教育出版，2013年12月。

日本教育法学会編『子ども・学校と教育法』三省堂，2001年6月。

日本教育法学会編『教育法学の展開と21世紀の展望』三省堂，2001年6月。

日本教育法学会編『教育法の現代的争点』法律文化社，2014年7月。

野上修市編著『子どもの人権と現代教育法の諸問題』エイデル研究所，1997年2月。

文部科学省『生徒指導提要』2010年3月。

嶺井正也編著『ステップアップ教育学』八千代出版，2011年5月。

山口卓男編著『新しい学校法務の実践と理論――教育現場と弁護士の効果的な連携のために――』日本加除出版，2014年11月。

山本敏郎・藤井啓之・高橋英児・福田敦志『新しい時代の生活指導』有斐閣，2014年11月。

米沢広一『教育行政法』北樹出版，2011年10月。

第13章

「開かれた学校」,「地域とともにある学校」づくりと保護者・地域,学校間の関係

● 設 問

1. 学校運営に保護者,地域住民の参加が求められる理由・背景について述べてください。
2. 学校評議員,学校運営協議会の各制度及びその各々の意義について述べるとともに,両制度の異同について説明してください。
3. 学校選択制,学校統廃合問題を,学習者,保護者の利便性確保の視点,「公財政のスリム化」の視点,の2つの視点から論じてください。

1 「開かれた学校」,「地域とともにある学校」づくりの背景

1970年代以降,学校の教育現場で,学級崩壊の現象が顕在化するとともに,校内暴力,いじめ,体罰事件など深刻な事件が多発してきた。不登校の状況に至る児童生徒の増加も,大きな社会問題として取り上げられてきた。こうした学校の抱える矛盾解決のための議論の中では,常に学校での「管理教育」の問題やその「閉鎖的体質」が指摘され,保護者や社会の学校不信が増大する要因ともなっていた。その一方で,家族の在り方やその生活様式の多様化によって,しつけや人への思いやりといった子どもへの家庭教育が学校に転嫁されていったほか,核家族化,過疎化や情報化社会への急激な移行等の様々な要因により,地域共同体の意識が希薄化し,それまで家庭や地域が担ってきた教育の役割までもが学校の教育上の責務であるとの考え方が流布するに至った。

こうした状況が昂進していく中で,すでに1987(昭62)年4月の臨時教育審議会「教育改革に関する第三次答申」は,単なる学校施設の開放という範囲を超え,「学校施設の社会教育事業への開放,学校の管理,運営への地域,保護者の意見の反映等をはじめとする開かれた学校経営の努力」を行う必要性を

強調していた。そして、1996（平8）年7月の中央教育審議会「21世紀を展望した我が国の教育の在り方について（第1次答申）」は、学校の抱える諸課題に対処していくためには、学校の閉鎖性を打破し「開かれた学校」として学校、家庭、地域社会の三者の適切な役割分担と相互連携の下で学校の運営に当ることの重要性を指摘した。さらに、2015（平27）年12月の中央教育審議会「新しい時代の教育や地方創世の実現に向けた学校と地域の連携・協働の在り方と今後の推進方策について（答申）」は、今後、公立学校は「開かれた学校」の枠から踏み出して地域住民と教育目標や教育ビジョンを共有し、地域と一体となって子どもたちを育む「地域とともにある学校」へ転換していく必要性を強調した。そのための方策として、学校運営への地域住民・保護者等の参画を通じ、学校・家庭・地域の3者が教育目標や課題を共有することにより、学校現場に地域のニーズを的確かつ機動的に反映させ特色ある学校づくりを進めていく方向性が示された。

　学校の組織活動上の自律性が確保されるための前提として、それぞれの学校は、公教育を担う教育機関としての社会的責務を果たすことが不可避的に求められている。そうした責任の重要な一環として、憲法26条の保障する「子どもの教育を受ける権利」の実効性を担保するという観点から、保護者、児童生徒を軸とする地域住民の学校参加（学校運営への参加及び学校と家庭、地域の三者による教育活動等における連携の双方を含む）を法的権利として認めることが大切であると考えられる。教育基本法13条の「学校、家庭及び地域住民その他の関係者は、教育におけるそれぞれの役割と責任を自覚するとともに、相互の連携及び協力に努めるものとする」との規定も上記と同様の視点から理解可能であり、具体的な教育関係法令等を通じそうした法的権利の具体化を要請したものと見ることができる。

2　保護者，地域住民の学校運営への参画

1　学校評議員制度

　1998（平10）年9月の中央教育審議会「今後の地方教育行政の在り方について（答申）」は、「より一層開かれた学校づくりを推進するためには学校が保護

者や地域住民の意向を把握し，反映するとともに，その協力を得て学校運営が行われるような仕組み」を構築する必要性を指摘した。併せてそのための仕組みとして「学校外の有識者」から成る「学校評議員」制度の創設を提言した。この提言に基づき，2000（平12）年4月，学校教育法施行規則が改正され，学校評議員の設置根拠とその役割が明文化された。学校評議員は，学校教育法施行規則49条の規定及びその準用規定により，小学校のほか，幼稚園，中学校，高等学校，中等教育学校，特別支援学校等においてそれぞれ制度化された。

　学校教育法施行規則は，それぞれの学校に「設置者の定めるところにより，学校評議員を置くことができる」と定める（同施行規則49条1項）。学校評議員は任意設置であり，その職を置くかどうかは，学校設置者の判断に委ねられている。また，学校評議員は，「校長の求めに応じ，学校運営に関し意見を述べることができる」ものとされている（同2項）。すなわち，学校評議員は，制度上，学校運営に関わる諸事項の中から，校長が指定した事項に限って個別に意見を述べることが認められるにすぎないのと同時に，その意見が学校運営にどう反映されるかの道筋もつけられていない。さらに学校評議員は，その学校の「職員以外の者で教育に関する理解及び識見を有するもののうちから，校長の推薦」に基づいて学校設置者が委嘱するものとされている（同3項）。ここでは，当該学校の教職員は学校評議員にはなれないこと，当該学校の保護者やその教育に深い関心を寄せている地域住民が学校評議員に委嘱されるという保証もないこと，に留意が必要である。

　上に見たような学校評議員制度に対しては，保護者や地域住民の多様な意見が学校運営に確実に反映される仕掛けとしては極めて不十分である，校長に好都合な人選を行うことで校長自身の権限行使を翼賛する程度の機能しか果たし得ない，とする批判も根強い。もとより，不完全とはいえ，学校評議員制度を導入することで，地域の意向を学校運営に反映させる仕組みそのものが作られることに対して，肯定的な評価を行うことも可能であろう。そして，後述の学校運営協議会への円滑移行のための準備段階として，この学校評議員制度を活用するという選択肢もあるものと考える。

2 学校運営協議会

　学校運営への地域参加を強く求めた提言として最初に挙げられるのが，2000（平12）年12月の教育改革国民会議「教育改革国民会議報告——教育を変える十七の提案」である。同「報告」は，「地域独自のニーズに基づき，地域が運営に参画する新しいタイプの公立学校（"コミュニティ・スクール"）を市町村が設置することの可能性を検討する。これは，市町村が校長を募集するとともに，有志による提案を市町村が審査して学校を設置するものである」と述べた。また，2001（平13）年12月の総合規制改革会議「規制改革の推進に関する第１次答申」は，上記のような新タイプの学校の創設により，保護者等の学校選択の幅が拡大するとともに，伝統的な公立学校との共存・競争環境の中で「結果的に学区全体の公立学校の底上げにつながる」との認識を示した。そして，2004（平16）年３月の中央教育審議会「今後の学校の管理運営の在り方について（答申）」は，公立学校の管理運営に保護者や地域住民が参画し，その意向を学校の基本方針の決定や教育活動の実践に的確かつ機動的に反映させる中で，地域の創意工夫に基づく特色ある学校づくりが進むことが期待できるとして「地域運営学校」の創設を提言した。

　これら提言に基づいて，2004（平16）年４月の地方教育行政法の改正によって導入されたのが，学校運営協議会制度である。学校運営協議会の根拠規定は，同法47条の５である。今日，学校運営協議会がその運営に参画する学校が「コミュニティ・スクール」と呼ばれている。

　地方教育行政法47条の５第１項は，教育委員会は教育委員会規則で定めるところにより，その所管に属する学校のうち指定する学校（「指定学校」）の「運営に関して協議する機関として，当該指定学校ごとに，学校運営協議会を置くことができる」と定める。学校運営協議会の設置権者は，指定学校の管理権者である教育委員会である。同協議会は任意設置の合議制機関であり，各学校単位で置かれる。

　学校運営協議会の委員は，その指定学校が所在する地域の住民，保護者その他教育委員会が必要と認める者について「教育委員会が任命」する（地教行法47条の５第２項）。当該指定学校の教職員がその委員となることを妨げるものではない。また，適任者を得るため公募制の活用が奨励されている。委員は特

別職の地方公務員として位置付けられ，秘密保守義務などが課される（平16.6.24文科初第429号事務次官通知）。学校運営協議会の委員構成，委員の任免手続，議事手続に関する個別具体の規定は地方教育行政法中にはないが，これらを含め学校運営協議会の運営に関し必要な事項は，教育委員会規則で定めるものとされている（地教行法47条の5第8項）。

学校運営協議会は，次のような権限を有している。その第一が，校長の作成する学校運営に関する基本方針の承認である。このことについて，地方教育行政法47条の5第3項は「指定学校の校長は，当該指定学校の運営に関して，教育課程の編成その他教育委員会規則で定める事項について基本的な方針を作成し，当該指定学校の学校運営協議会の承認を得なければならない」と規定する。第二は，教育委員会または校長に対し，「当該指定学校の運営に関する事項」について「意見を述べることができる」とするものである（同条4項）。第三は，当該指定学校の教職員の「採用その他の任用に関する事項」について任命権者に対して「意見を述べることができる」とするものである（同条5項）。それが県費負担教職員の任用に関するものである場合，市町村教育委員会を経由して意見が伝えられるものとされている（同項）。意見が伝えられる先は，県費負担教職員の任命権者である。すなわち，この場合の県費負担教職員の「任命権者」とは都道府県教育委員会もしくは政令指定都市教育委員会のことを指している。そして任命権者は，指定学校の教職員の任用に当り，学校運営協議会によって述べられた「意見を尊重する」ものとされている（同条6項）。

ここで，学校運営協議会制度の主要な特質を，学校評議員制度と対比させることによって明らかにしたい（図13-1，表13-1を参照）。

まず第一は，学校運営協議会，学校評議員はいずれも，任意設置という点では共通している。第二は，学校運営協議会の構成員に関する規定を見ると，学校評議員の場合と異なり，「地域の住民」，「保護者」の語が明示されている，という点である。第三は，学校評議員は学校運営に関する事項について校長の求めがあった場合についてのみ，意見表明が認められているのに対し，学校運営協議会については，学校運営の広範な事項について教育委員会や学校に対し意見表明ができるほか，校長の作成する学校運営の基本方針の承認権を留保し

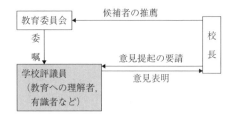

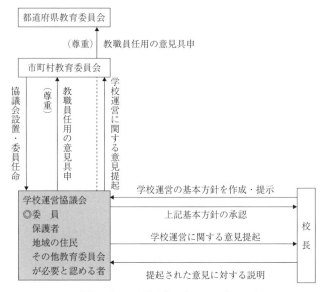

図13-1 学校運営への保護者等の参画に関する概念図

ている、という点である。第四は、さらに歩を進め、学校運営協議会は、教職員の任用についても任命権者に対する意見表明権が認められるとともに、その意見が尊重されるべきことを法が明定している、という点である。

このように見ていくと、学校運営への利害関係者の参画という視点から見れば、学校運営協議会は学校評議員に比して格段に進んだ制度であり、同制度が所期の目的に即し実効的に運用されれば、学校、保護者及び地域の三者の連携に裏打ちされた「開かれた学校」づくり、「地域とともにある学校」づくりに貢献でき、保護者や地域の要望・需要に適う特色ある学校へと進化を遂げるこ

第13章 「開かれた学校」,「地域とともにある学校」づくりと保護者・地域,学校間の関係

表13-1 「学校評議員,学校運営協議会比較対比表」

	学校評議員	学校運営協議会
法令上の根拠	・学校教育法施行規則49条	・地方教育行政法47条の5
設置形態	・任意設置。 ・個々人に意見聴取をする形態。	・任意設置。 ・合議制の機関。
資格要件	・当該学校の教職員以外の者で,教育への理解や識見を有する者。	・学校の所在する地域の住民,保護者その他教育委員会が必要と認める者。
任命形態	・校長の推薦により,設置者が委嘱。	・教育委員会が任命。特別職の地方公務員。
役割・権限	・校長の求めに応じ,学校運営に関し意見を述べることができる。	・校長の作成に係る学校運営に関する基本方針を承認する。 ・学校運営に関する事項について,教育委員会または校長に対し意見を述べることができる。 ・教職員の採用その他の任用に関する事項について,任命権者に意見を述べることができる。その意見は,尊重される。

とが期待できる。

　学校運営協議会制度の運用上の成果として,a)上記の目的が十二分に達成できた,b)学校への個別の苦情が一定の手続に基づく組織的な提案に変化した,c)地域の行事への学校参加の機会が増え,地域の活性化に貢献できた,といった諸点が挙げられている。しかしその一方で,a)学校運営の協議が未だ形式的段階にとどまっている,b)人材難である,c)地域,教職員の双方とも同制度への関心が高いとは言えない,等の課題も指摘されている。文部科学省は当初より,学校運営協議会制度の普及に向け,同制度導入の学校を対象に,校長裁量経費の拡充や,学校から教育委員会への届出承認事項の縮減等,学校の裁量幅を拡大するための誘導措置の実施を指向していた(平16.6.24文科初第429号事務次官通知)。同制度がより一層普及し,さらなる実績を積み重ねていく中で,それら諸課題の克服が望まれるところである。

　なお,「学校運営協議会の運営が著しく適正を欠くことにより,当該指定学校の運営に現に著しい支障が生じ,又は生ずるおそれがあると認められる場合」,教育委員会は,その指定を取り消すものとされている(地教行法47条の5第7項)。

2015（平 27）年 12 月の中央教育審議会「新しい時代の教育や地方創世の実現に向けた学校と地域の連携・協働の在り方と今後の推進方策について（答申）」は，学校運営協議会制度に依拠した「コミュニティ・スクール」に係る制度の在り方について新たな提言を行った。すなわちそこでは，同答申が標榜する「地域とともにある学校」のスローガンを強力に推し進めていく一環として，学校が抱える課題を解決し子どもたちの「生きる力」を育むため，校長のリーダーシップを基本に据えつつも，地域住民・保護者等の参画による学校運営の体制が組織的・継続的に確立されることの重要性が説かれた。そしてその趣旨を具体的に実現するために，学校運営協議会の位置づけの見直しを行うとともに，「すべての公立学校がコミュニティ・スクールを目指す」ことができるよう，教育委員会が，積極的に「コミュニティ・スクール」の推進に努めていくことができるための制度措置について検討することを明言した。

　ところで，近年，自治体等のイニシアティブで学校の抱える様々な課題を保護者，教師，生徒が共に話し合ういわゆる「三者協議会」を設置する動きが広まりつつある。この「三者協議会」は法令に根拠をもたない事実上の仕組みであるが，生徒の参加を保障することによって，学校の重要な構成員としての自覚の下，生徒自身が教育環境の改善に適切に寄与できる利点が評価されている。こうした「三者協議会」の利点と成果を「学校運営協議会」の場でも生かしていくことが，今後の制度的な課題となろう。

　この点につき，2015（平 27）年 12 月の中央教育審議会・上記答申は，そうした取組を積極評価しつつも，これを「コミュニティ・スクールへの過渡的な段階の姿」として捉え，本来のコミュニティ・スクールへの移行を促進していくことの重要性を強調した。

3　学校評価

　「学校評価」は，学校教育法及び学校教育法施行規則に法令上の根拠をもつもので，「開かれた学校」の実現，学校の「経営責任」の明確化，教育内容の改善・改革等を実現することを目的とする制度上の装置である。

　制度としての学校評価には，自己評価，学校関係者評価それに第三者評価の三種の範疇が存在する。いずれも，保護者や地域との関係を度外視してはその

効果的な実施を確保し得ない点で共通するが，とりわけ学校関係者評価にあっては，その実施に当り保護者を加えることが必須要件とされている点において，利害関係者の学校運営への参画を直接的に具現化したものとして位置付けられる（「学校評価」の詳細については，第 9 章の記述を参照）。

　この点につき，2015（平 27）年 12 月の中央教育審議会・前記答申も，学校関係者評価を，前述の学校運営協議会と有機的に組み合わせ両者を一体運用することにより，学校評価の有効性を一層高めることができる旨を指摘した。

3　学校選択制

1　学校選択制の意義

　我が国では，就学先の公立小・中学校を教育委員会が指定するという制度が採られている。すなわち，法令により，市町村教育委員会は，就学予定の児童生徒の保護者への通知を通じ，就学すべき公立小・中学校の「指定」を行うものとされているのである（学校教育法施行令 5 条 1 項，2 項）。市町村教育委員会による就学校の指定は，教育委員会が，地域の実態を踏まえて自身の判断で設定した「通学区域」に照らして行われる。通学区域についての法令上の定めはなく，学区，校区その他の呼び名がある。

　もっとも，こうした就学校指定制度の枠組みの中で，個々の就学校指定がなされた後に，保護者からの要請等に基づきその変更は可能である。それが，「就学校の変更」と「区域外就学」である。

　「就学校の変更」は，学校教育法施行令 8 条に依拠するもので，市町村教育委員会が就学校の指定を行うに当り「相当と認めるときは，保護者の申立により，その指定した小学校又は中学校を変更することができる」ものとされる。「相当と認めるとき」として，地理的理由，身体的理由，いじめ等が該当するほか，「児童生徒等の具体的な事情」に即して同規定を弾力運用するものとされている（平 9.1.27 文初小 78 号初中局長通知）。実際の取扱いにおいても，多発するいじめ問題など児童生徒を取り巻く状況が深刻の度を増す中，児童生徒及び保護者の事情や希望を極力配慮する措置が講じられている。

　「区域外就学」は，学校教育法施行令 9 条に依拠するもので，住所と異なる

他の市町村の学校への就学を認める制度である。この場合，保護者は就学させたい学校の市町村教育委員会の承諾書の交付を予め得た上で，住所地の市町村教育委員会に書面を添えその旨を届け出るものとされる。そして両市町村教育委員会の協議を経た後，他の市町村の学校に就学できるというものである。

　このように就学校指定が原則とされる一方で，a）その指定に当り，市町村教育委員会は事前に保護者の意見を聴取することができ，意見聴取手続も公にされていること（学校教育法施行規則32条1項），b）市町村教育委員会による保護者への就学校指定通知書には指定変更の申立ができる旨が明示されること（同条2項），とする制度を用意し，就学指定の制度の柔軟運用に道を開いている。文部科学省は，この規定に言う「『保護者の意見』を踏まえて，市町村教育委員会が就学校を指定する場合」のことを「学校選択制」と呼ぶものとしている（http://www.mext.go.jp/a_menu/shotou/gakko-sentaku/06041014/003.htm 文部科学省HP 2015.9.20閲覧）。これに上述の「就学校の変更」を併せ，法制度上の「学校選択制」と理解するのが妥当であると考える。

2　学校選択制導入の経緯

　学校選択制を促進するための政府提言として最初に挙げられるのが，1996（平8）年12月の行政改革委員会「規制緩和の推進に関する意見（第二次）──創意で造る新たな日本」である。そこでは，同制度の運用に関して，a）市町村教育委員会に対し，学校選択の弾力化の趣旨を徹底し，保護者の意向に対する十分な配慮や選択機会の拡大の重要性の周知を図るための指導を行うこと，b）「就学校の変更」や「区域外就学」についても，選択機会の拡大の観点から，従来限定解釈されがちであった「相当の理由」について弾力的に扱うことを周知すること，とする提言が示された（この提言を踏まえ，上記「平9.1.27文初小78号初中局長通知」が発出された）。

　また，2000（平12）年12月の教育改革国民会議「教育改革国民会議報告──教育を変える十七の提案」は地域の信頼に応える学校づくりを進めるという視点に立脚し，「通学区域の一層の弾力化を含め，学校選択の幅を広げる」旨を提言した。続く2001（平13）年12月の総合規制改革会議「規制改革の推進に関する第一次答申」は，「保護者や児童生徒の希望に基づく就学校の選択

を適切に促進する視点から、市町村教育委員会の判断により学校選択制度を導入できることを明確」にするための法的措置を講ずることを求めた。

さらに、2005（平17）年6月の「経済財政運営と構造改革に関する基本方針2005（閣議決定）」は、「学校選択制について、地域の実情に応じた導入を促進し、全国的な普及を図る」とする政策方針を明示した。

[3] 学校選択制の内容・位置付けと今後の在り方

学校選択制とは既述の如く、主に、学校教育法施行規則32条に制度上の根拠をもつもので、「保護者の意見」を踏まえて、市町村教育委員会が就学校を指定する制度として位置付けられている。こうした学校選択制は、自由選択制、ブロック選択制、隣接区域選択制、特認校制、特定地域選択制の5種に分類されている。その各々の具体的内容は、表13-2の示す通りである。

学校選択制は、1998（平10）年に三重県紀宝町で、2000（平12）年に東京都品川区で導入されて以降、東京都内で急速な拡大を見せたほか、地方においても一定の広がりを見せている。

学校選択は、大学段階では当然のこととして行われているが、高等学校段階でも、2001（平13）年の地方教育行政法改正によって学区制の根拠規定が削除され、同制度を採用するかどうかは教育委員会の判断に委ねられることとなった。このことに伴い、実質的に学校選択の自由が確立された都府県が相当の数に上っている。

その一方で、国の政策として、普通教育段階の公立小・中学校における学校の選択権に対しては、一定の縛りがかけられていた。その理由は、義務教育公立学校は、憲法26条の保障する教育の機会均等の趣旨に基づき、全国どこででも一定水準の教育を提供することが国家的責務であること、学校間格差の発生を未然に食い止めもしくはその是正を図る必要があること、等の点に求められてきた。しかしながら、憲法の保障する学習権を軸とする「子どもの教育を受ける権利」、親の子どもに対する教育を施す権能・責務を実あるものとしていく上で、公・私立学校間での学校選択の自由にとどまらず、公立学校間での学校選択の自由も保障されるべきであるとする論も主張されてきた。

とはいえ、学校選択の自由が法制上の裏付けを伴って制度化された背景には、

表13-2　学校選択制の種類とその内容

学校選択制の種類	内容
自由選択制	当該市町村の全ての学校のうち，希望する学校に就学を認めるもの
ブロック選択制	当該市町村内をブロックに分け，そのブロック内の希望する学校に就学を認めるもの
隣接区域選択制	従来の通学区域は残したままで，隣接する区域内の希望する学校への就学を認めるもの
特認校制	従来の通学区域は残したままで，特定の学校について，通学区域に関係なく，当該市町村のどこからでも就学を認めるもの
指定地域選択制	従来の通学区域は残したままで，特定の地域に居住する者について，学校選択を認めるもの

（出所）　http://www.mext.go.jp/a_menu/shotou/gakko-sentaku/06041014/002.htm（文部科学省HP 2015年9月20日閲覧）

　国の行財政改革のスローガンでもある「競争と評価」，「選択と集中」に関わる政策上の方針が伏在していたことを看過することはできない。公財政の効率的運用やその効果的な支出を担保するという視点に立って，どの公立学校の教育を受けるかを受益者である保護者・児童生徒の選好に委ねることにより，保護者等のニーズに適った教育に確実にアクセスできるようにするという考え方がその典型である。この考え方は，学校選択行動をとろうとする受益者の評価を通じて，学校教育の質を一定水準に保つことができるという方向に加え，私立にとどまらず公立の義務教育学校までをも，市場競争原理の洗礼を受けさせる方向で作用する。また，この考え方は，学校運営を費用対効果の視点から評価する余地を包含している点で，学校の運営・存続の可否を，主として人件費を含む公費の効率性から判断しようとする学校の統廃合政策につながる側面をもっている点にも留意する必要がある。

　学校選択制の導入に伴うメリットとして，a）保護者の学校に対する関心がより深められる，b）保護者の行う選択・評価の直接的，間接的影響の結果として，特色ある学校づくりを進めることができる，との意見がある。その一方で，a）学校間格差やそれに伴う学校の序列化に向かうおそれがある，b）学校と地域のつながりが希薄化する，との指摘もなされている。保護者や地域に「開かれた学校」，「地域とともにある学校」を実現するという政策課題に対して，学校選択制がいかなる効果を挙げ得るのかは，上述の憲法上の理念や政策的視点の中のどの要素に重きを置くのかによって，その結果に対する評価の内

容・質は異なってくるものと考える。

4　障がいのある子どもの学校選択権

　さて既述の如く，1994（平6）年に「サマランカ声明」が採択され，2014（平26）年に我が国が「障害者権利条約」を批准したこととも相俟って，障がい者の権利を尊重し「共生社会」を指向する「インクルーシブ教育」の実現に向け，政府は，障がいのある子ども，障がいのない子どもが同じ「場」でともに学ぶことができるための施策を整備していくことを基本方針として示した（「共生社会の形成に向けたインクルーシブ教育システム構築のための特別支援教育の推進（報告）概要」http://www.mext.go.jp/b_menu/shingi/chukyo/chukyo3/044/attach/1321668.htm　文部科学省HP 2015年9月20日閲覧）（「インクルーシブ教育」の意義については，第12章「生徒指導」第2節「児童（子ども）の権利条約」と「子どもの人権」の206頁以下でも言及）。

　上記報告を受け，障害のある子ども，障害のない子どものいずれもが教育を受ける権利の主体である以上，その学校・学級の選択の自由について可能な限り最大限の配慮が払われるための制度改正が行われた。従来，旧学校教育法施行令5条1項2号に依拠した認定就学者制度の下で，視覚障がい者等を対象に市町村教育委員会が特別の事情があると認めた場合，例外的に小・中学校への就学が認められていた。同制度は，2013（平25）年9月の学校教育法施行令の一部改正により廃止され，a）障がいの状態，b）教育上必要な支援の内容，c）地域における教育体制の整備状況，d）その他の事情，を勘案して，市町村教育委員会により就学校が決められる制度にあらためられた（学校教育法施行令5条1項）。上記「d）その他の事情」とは，保護者や専門家からの意見聴取の結果等を指すものと解されている。

　こうした規定の趣旨を受け，就学校決定のプロセスで行われる「市町村就学指導（教育支援）委員会」の審議過程及び市町村教育委員会の決定の双方において，就学対象者である本人並びに保護者の意見が適切に反映されることが必要とされるに至っている。上記「就学指導委員会」の在り方についても，障がいのある幼児・児童生徒の就学校の決定時に限定されることなく，その就学後の「一貫した支援についても助言を行うという観点から機能を拡充」する必要

性についての要請もなされた（平25.10.4文科初756初中局長通知）。通級指導制度（普通学級に在籍しながら，個々の障がいの程度に応じた特別の指導を通級指導教室で行う制度，学校教育法施行規則140条，141条）等，これら児童生徒の学習機会の確保に配慮した一定の制度的措置が講じられている。

4　民間人校長

「民間人校長」とは，教員免許をもたず，教職経験がないにもかかわらず，「校長」の職に任用された者を指す。

校長の資格については，従来，学校教育法施行規則20条により，教育職員免許法の定める所定の免許状を有していることが求められていた。しかしながら，校長職の適任者を幅広く募ることを目的に，2000（平12）年4月，その資格要件が大幅に緩和され，a）同条1号の掲げる5年以上の在職経験を有する「教育に関する職」に，専修学校の校長等を追加（学教法施行規則20条1号(イ)），b）教員免許状をもたなくとも「教育に関する職」に10年以上在職した者も有資格者とする（同施行規則20条2号），c）教員免許状がなく，教育活動の経験がないにもかかわらず，校長職相当の資格を有するものと認められる者（同施行規則22条），がその新たな資格要件として加えられた。上記のうち，c）に該当するのが民間人校長である。ちなみにその根拠規定では，国・公立学校の校長の任命権者または私立学校の設置者は，「学校の運営上特に必要がある場合」，校長の資格要件を定めた同施行規則20条に掲げる者と「同等の資格を有すると認める者を校長として任命し又は採用することができる」と明文化されている。従って，同施行規則22条の理解に当っては，学校の校長職が一般に開放されたわけではなく，校長職にはあくまでも教員免許を有し相当期間教職にあることを求めるとする原則（免許相当主義）に対する特例措置である，という点に留意しておくことが大切である。なお，副校長職，教頭職についてもその資格要件は緩和され，同施行規則22条はこれらの職についても準用されている（同施行規則23条）（「民間人校長」については，第3章「教職と教員養成・研修」第1節第2項「教員の資格」27頁以下でも言及）。

ところで，民間人校長の登用を可能とする制度創設に大きな役割を果たした

のが，1998（平10）年9月の中央教育審議会「今後の地方教育行政の在り方について（答申）」である。そこでは，学校が特色ある教育活動を展開できるよう，リーダーシップを発揮し組織的，機動的な学校運営を行うことのできる優れた人材の確保のため，校長・教頭の任用資格の弾力化を求める提言がなされた。また，2000（平12）年12月の教育改革国民会議「教育改革国民会議報告——教育を変える十七の提案」は学校運営の改善のためには，現行体制のまま校長権限を強化しても効果は期待薄とした上で，「学校に組織マネジメントの発想を導入し，校長が独自性とリーダーシップを発揮」できるような仕組み構築の必要性を提言した。併せて，「コミュニティ・スクール」の校長を市町村の下での公募制とするとともに，その大きな役割を学校マネジメントに求めるべきことを提案した。

　民間人校長制導入の背景には，上記1998年9月の中央教育審議会答申の指摘にもあるように，硬直化した学校運営をもたらす大きな要因がそれまでの校長人事にあるとの主張が伏在していたことが挙げられる。そしてそうした弊害の理由として同答申は，知識偏重の筆記試験や年功序列の人事政策の存在，本来校長職に求められる「経営者」としての知識・教養の不問，等の点を提示した。このように教職経験を蓄積した熟練した校長に代わるものとして，同制度が目指した校長像は，強力なリーダーシップを発揮でき組織マネジメントに秀で経営者感覚を備えた人材であった。もっとも，そうした試みが奏功してきたとは言い難く，運営方針をめぐっての教職員集団との対立，企業経営の手法や発想の無理強いによる教育現場の混乱等の要因も手伝って，同制度の普及は未だ漸進的な段階にとどまっている。

　とはいうものの，保護者や地域の希望や要請を的確に反映し特色ある「学校づくり」を進めることが急務であることに加え，公財政の窮迫化に伴う公教育費支出の削減が中・長期的な政策目標に据えられている以上，教育活動を効果的，効率的に進める必要性までも否定することはできない。そうした意味から，校長任用に当っては，免許相当主義の基本原則を維持しつつも，組織マネジメントの重要性に意を払い，保護者や地域のニーズに対応した特色ある学校づくりに向けリーダーシップを発揮できる人材の発掘・育成を行うことは理に適った方向性であると考える。

5　地域住民による学校の教育活動への支援

1　地域教育支援体制の整備事業

　教育基本法13条は，教育における学校，家庭及び地域住民等の責任と役割分担を踏まえた相互連携の必要性について規定している。

　そうした教育上の相互連携の一環として，2007（平19）年4月より，放課後や週末等に小学校の余裕教室を利用し地域住民の参画の下，子どもの学習や交流の機会の提供を促進するための「放課後子ども教室推進事業」が始められ，放課後等での子どもたちの学習・交流を地域ぐるみで行う体制支援の整備が進められてきた。

　また，2008（平20）年7月，学校，家庭及び地域が一体となって行う教育支援活動の体制を整えることを目的として，「学校支援地域本部事業」が始動した。任意団体として設置される「学校支援地域本部」は，a）実際に支援活動を行う地域住民から成る「学校支援ボランティア」，b）学校と地域支援ボランティア間の，あるいは地域支援ボランティア相互間の連絡調整等を行う「地域コーディネーター」，c）支援方針を企画・立案する「地域教育協議会」，の三者で構成・運用されてきた。

　今日，上記諸事業の発展型として，「学校・家庭・地域の連携による教育支援活動促進事業」が進められている。同事業は，上記の「学校支援地域本部」，「放課後子ども教室」や，「家庭教育支援」，「地域ぐるみの学校安全体制の整備」，「スクールヘルスリーダー派遣」等の教育支援活動を継続支援するとともに，これら取組を有機的に組み合わせるなどしてより充実した教育支援活動を促進させることを通じ，地域の教育力の向上とその活性化を図るとともに，子どもが安心して暮らせる環境づくりを推進することをその内容としている。

　2015（平27）年12月の中央教育審議会「新しい時代の教育や地方創世の実現に向けた学校と地域の連携・協働の在り方と今後の推進方策について（答申）」は，これまでの地域・学校間連携をより一層発展させるための新たな方策の提言を行った。すなわちそこでは，地域・学校が連携し，子どもの成長を支えていくための活動を有為に進めていく上で，新たに「地域学校協働本部」

第**13**章　「開かれた学校」，「地域とともにある学校」づくりと保護者・地域，学校間の関係

を創設するとともに，同本部にa）コーディネート機能，b）地域住民参画を得ての多様な連携・協働の活動，c）左記活動の継続的・安定的な実施，の役割を担わせることとし，それら活動の総合化・ネットワーク化を図っていく必要性が強調された。

②　学校の教育課程等への地域の支援

　小学校及び中学校における現行「学習指導要領　第1章総則」の「第4　指導計画の作成等に当たって配慮すべき事項2（12）」は，各学校が教育上の指導計画を作成するに当って必要とされる配慮事項の一つに，「地域や学校の実態等に応じ，家庭や地域の人々の協力を得るなど家庭や地域社会との連携を深めること」を挙げている。

　この点について，小・中学校における「学習指導要領解説（総則編）」は，こうした学校を軸とする家庭，地域社会の三者による教育連携が，教育基本法13条及び三者連携の推進とその前提をなす学校情報の積極提供を規定する学校教育法43条の趣旨を踏まえたものであることを確認している。その上で，同「解説」は，そうした連携を実効あるものとしていく上での留意点として，a）家庭や地域の協力に基づく地域の教育資源や学習環境の活用，b）学校による家庭，地域への教育方針，教育活動及び児童生徒の状況等の周知と理解の浸透，学校運営に対する家庭や地域の意見の把握と教育活動への反映，c）三者のもつ教育機能が総合的に発揮できるような場や仕組みの設定（休日も含めての学校施設の開放，地域，児童生徒向けの学習機会の提供，教師によるボランティア活動の実施等），などの点を提示している。

　ところで，学校の教育課程は，学校教育法及び学校教育法施行規則の定めによることが法の建前とされるとともに，その具体的展開を図る上で，告示形式で定められた「学習指導要領」が重要な役割を果たしてきた。

　そうした教育課程の一翼を占める「特別活動」については，従来より，様々な学校行事を進めていく上で，家庭や地域社会の協力が不可欠であった。そして今日，国語，社会，理科その他の各教科の学習指導に当っても，学校の所在する地域の特徴を具体的に理解させるという視点から，地域の保有する教育資源や人的資源を有効活用することの必要性が強く主張されるようになっている。

同じく教育課程の重要な一翼として位置付けられている「総合的な学習の時間」に関わる小・中学校の「学習指導要領　第4章　総合的な学習の時間」は，そこでの学習指導の展開に当り，a）自然体験活動や職場体験活動，ボランティア活動等の社会体験，ものづくり，生産活動などの体験活動の積極導入，b）地域の人々の協力を得ながら，全ての教師が一体となって学習指導に臨めるような指導体制上の工夫，c）地域の教材や学習環境の積極活用，など地域社会との連携の視点をとりわけ重視している。

　ところで，学校や社会が抱える諸課題に対処するとともに，我が国社会や国際社会において有為な活動をすることができる人材育成機能を学校が適切に果たしていくという目的実現の一環として，これまでも学校における道徳教育の充実の必要性が強く指摘されてきた。そして，そうした道徳教育の目的・目標を十全に達成していく上で，家庭，地域と学校間の有機的連携が不可欠のものとして理解されてきた。この点について，小・中学校の「学習指導要領　第3章　道徳第3　指導計画と内容の取扱い　4」は，道徳教育を効果的に進めていく上で「道徳の時間の授業を公開したり，授業の実施や地域教材の開発や活用などに，保護者や地域の人々の積極的な参加や協力を得たりするなど，家庭や地域社会との共通理解を深め，相互の連携を図る」等の配慮措置を講ずる必要性を指摘してきた。

6　学校統廃合問題と「義務教育学校」の制度化

1　学校統廃合

　戦後，学校統廃合は1953（昭28）年の町村合併促進法の制定を機に奨励されるとともに，国の補助金政策による誘導等もあってそれは全国に波及していった。そして，近年は，少子化に加え，過疎化や生活の拠点を都市部から郊外に移すドーナツ化現象の進行等を背景に，公教育財政支出抑制のための手段として，学校統廃合の手法が再び多用されている。現行制度下においても，公立小・中学校を「適正な規模にするため統合しようとすることに伴つて必要となり，又は統合したことに伴つて必要となつた校舎又は屋内運動場の新築又は増築に要する経費」の2分の1は国庫で負担するものとされ，学校統廃合を誘導

する財政上の措置が講じられている（義務教育諸学校の施設費の国庫負担等に関する法律3条1項4号）。

現在，小・中学校の「適正な規模の条件」として，その標準学級数が概ね「12学級～18学級」，通学距離の目安として小学校が概ね4km以内，中学校が概ね6km以内とする基準が法定化されている（義務教育諸学校等の施設費の国庫負担等に関する法律施行令4条1項1号，2号）。そして，これら基準は，上記施行令の下で，制度上の「統廃合基準」として運用されている（現在，この基準を見直し，学級数が小学校6学級以下，中学校3学級以下の場合やスクールバスの利用により1時間以内で学校に通える場合に，統廃合を可能とする案の検討が進められている）。

学習指導要領にも見られるように，個々の児童生徒が地域の自然に親しみそこに継承されてきた伝統・文化にじかに接することのできる学校環境の形成は，子どもの豊かな感性・情操を育むとともに郷土愛の精神を培うことにもつながるなど心身の調和のとれた成長を図る上で極めて大切である。その一方で，標準学級数を下回る学校の場合，a）クラス替えがないこと等に伴い人間関係が限定的になりがちである，b）学校行事や部活等を含め多様な教育の機会や手段を確保しにくい，など教育効果の面から，その課題を解消するための手法として統廃合の必要性を強調する意見も多く見られる。

判例の動向を見ても，統廃合が原因で徒歩通学からバス通学への変更を余儀なくされることが，良好な教育条件の喪失につながるという判断（名古屋高裁金沢支決昭51.6.18判時842号70頁）が示される一方で，統廃合の判断に当り実体面，手続面の双方において自治体の広範な裁量権を認めた裁判例も存する（大津地判平4.3.10判タ794号86頁，東京地判平8.9.12判タ941号157頁等）。

学校の統廃合が地域社会の崩壊や地域の教育関与への一層の希薄化を惹起させかねないとの批判がある中，広域的な通学区域の枠組みにおいて，なお家庭，地域及び学校の三者が強固な連携の絆の下，学校がいかに地域社会の活力を教育の現場に取り込み，児童生徒とその保護者の教育上の要請に対応していくことができるかが今後の重要課題となろう。

2　「義務教育学校」の制度化

　学校選択制の導入後，同制度の活用が一定の効果をもたらした半面，学校間格差の発生・拡大や学校と地域との関係の希薄化等に関わる批判が強まる中で，新たな学校統合の手法として，小学校と中学校という教育階梯の異なる学校を実質統合し小中一貫教育を行う動きが一定の広がりを見せた。

　こうした新形態の学校の普及が進められようとする中，国の教育政策として，すでに2005（平17）年10月の中央教育審議会「新しい時代の義務教育を創造する（答申）」は，「設置者の判断で9年制の義務教育学校を設置することの可能性やカリキュラム区分の弾力化など，学校種間の連携・接続を改善するための仕組み」の検討の必要性について言及していた。2014（平26）年7月，教育再生実行会議「今後の学制等の在り方について（第5次提言）」は，「国は，小学校から中学校段階までの教育を一貫して行うことができる小中一貫教育学校（仮称）を制度化」し，9年間の中で教育課程を弾力的に設定・運用することを提言した。そしてこの後，中央教育審議会は，小中一貫教育特別部会での集中審議の結果を踏まえ，2014（平26）年12月，「子供の発達や学習者の意欲・能力等に応じた柔軟かつ効果的な教育システムの構築について（答申）」を公にした。同答申では，a）9年間一貫した系統的な教育課程を編成することができる新たな学校種として「小中一貫教育学校（仮称)」を創設する，b）小中一貫教育学校を市町村の学校設置義務の履行対象とするとともに，就学指定の対象ともする，c）小・中学校教員免許状を併有した教員の配置を原則とするが，当面は，小・中学校の教育課程において当該教育課程に応じた個別の免許状を有する教員が教育指導を行うことができるものとする，等の点について提言がなされた。

　上記答申を受け，2015（平27）年7月，改正学校教育法が成立し，新たな学校種として同法1条に，小中一貫教育を担う「義務教育学校」が加えられた。このことに伴って，学校教育法中に，義務教育学校に係る教育の目的（49条の2），教育の目標（49条の3），修業年限（49条の4），前・後期の課程区分（49条の5），前・後期の各課程の教育の目標（49条の6），前期・後期の各教育課程（49条の7）並びに準用規定（49条の8）を定めた基本規定も明文化された。そして，これら基本規定を具体化するため，関係法令の改正等の整備も行われ

た。同制度は，2016（平28）年度から始動する。

　義務教育学校に関する制度の骨子は，概ね上記2014年12月の中央教育審議会答申の提言に沿うものであるが，上に述べた事項に加え，経費面において，市区町村立義務教育学校の教職員給与は，国庫負担の対象とされること（義務教育費国庫負担法2条），義務教育学校の新築や増築にかかる経費の2分の1は国が負担すること（義務教育諸学校等の施設費の国庫負担等に関する法律3条，12条），等の措置が講じられることとなった。

　新たに学校教育法上の「1条校」として位置付けられた義務教育学校に対しては，子どもの成長・発達の段階，地域の実情さらには保護者の要望等を斟酌しながら，9年間にわたる小中一貫教育を柔軟かつ系統的に編制・展開できることの利点が強く主張されてきた。とはいうものの，児童生徒数が減少の一途をたどっている地域に所在する複数の小学校を統廃合しその教育活動を，同地域の既存の中学校に接続・吸収させるという主として公財政支出の削減とその効率的運用を目的に，義務教育学校を受け皿とする小中一貫教育を模索する動きが顕在化してくることも予想される。義務教育学校を本来の制度目的に沿って適切に運営していく上で，子どもの学習権の保障を十全ならしめるような系統的な小中一貫教育の実施体制の確保はもとより，同制度の運用に当っては保護者並びに地域住民の十分な理解と協力を得ておくことが極めて大切である。

7　「公設民営学校」構想

　公私協力方式に基づく「公私協力学校」は，2005（平17）年に改正された構造改革特区特別区域法20条によって，高等学校及び幼稚園を対象にその設置・運営が行われてきた。ここに言う公私協力学校とは，構造改革特別区域において，地方公共団体が校地・校舎を提供し，民間と連携・協力して学校法人を設置し，その学校法人が地方公共団体の支援・関与の下で設置・運営する学校のことを指している。

　これに対し，「公設民営学校」とは，設置者が地方公共団体である「公立学校」でありながら，民間との委託契約に基づいて委託料を支払いながら，その運営を当該民間に任せる方式をとる学校のことを指している。

2015（平27）7月，国家戦略特別区域法が改正され，公立学校運営の民間開放（公設民営学校制度）に係る根拠規定が新たに設けられた（同法12条の3）。そもそも「国家戦略特区」とは，産業の国際競争力強化，国際的な経済活動拠点の形成並びに地域の活性化を図るために設定される経済区域のことを指し，その目的は，省庁や業界団体が規制の緩和・撤廃に強く反対してきた「岩盤規制」に風穴を開けることにあった。こうした制度上の枠組みの中で認められた公設民営学校制度は，法制上，グローバル人材の育成や個性の伸長に資する教育の実現のため，教育委員会の一定の関与の下で，公立学校運営を民間に開放することを内容としている。

　すでに大阪市等の一部自治体は，同制度を活用して，「国際バカロレア認定」を受けた教育プログラムを備えた中高一貫校，充実した理数系コースを中心に据えた中高一貫校等，従来の枠組みを超えた特色あるカリキュラムを備えた学校を効果的に運用させるための計画を具体的に構想している。

　公設民営学校に対しては，a）目先の成果の追求に終始しがちとなり，「知・徳・体」に根差した心身の調和のとれた青少年を育成するという教育の基本目的を全うできない，b）学校運営に参入できる民間業者の資格要件や選定基準の設定が困難である，との批判もあり得よう。その一方で，社会・経済のグローバルな規模での転変や科学技術の急速な進展に即した教育ニーズに対応する上で，既存の学校制度に限界があることは否めない。時代の変化に対応した教育ニーズに真摯に耳を傾けながら，学習者や保護者の要望に機敏に応えることのできる新たな学校制度の展開過程において，公設民営学校制度の成否を視野に入れた実験的試行を行うことに一定の有為性があることも事実であると考える。

参考文献

尾﨑春樹編『教育法講義――教育制度の解説と主要論点の整理――』悠光堂，2013年9月。
勝野正章・藤本典裕編『［改訂新版］教育行政学』学文社，2015年3月。
河野和清編著『新しい教育行政学』ミネルヴァ書房，2014年4月。
坂野慎二・福本みちよ編著『学校教育制度概論』玉川大学出版部，2012年11月。

汐見稔幸・伊東毅・高田文子・東宏行・増田修治編著『よくわかる教育原理』ミネルヴァ書房，2011年4月。
篠原清昭編著『学校のための法学［第2版］──自律的・協働的な学校をめざして──』ミネルヴァ書房，2008年5月。
鈴木勲編著『逐条学校教育法［第7次改訂版］』学陽書房，2009年11月。
髙妻紳二朗編著『新・教育制度論──教育制度を考える15の論点──』ミネルヴァ書房，2014年4月。
日本教育法学会編『教育法の現代的争点』法律文化社，2014年7月。
平原春好編『概説教育行政学』東京大学出版会，2009年7月。
山口健二・高瀬淳編『教職論ハンドブック』ミネルヴァ書房，2011年4月。
横井敏郎編著『教育行政学──子ども・若者の未来を拓く──』八千代出版，2014年9月。
米沢広一『教育行政法』北樹出版，2011年10月。

第14章
学習評価とその記録簿

● 設 問
1．学習評価の意義とその評価の視点について述べてください。
2．学習評価の記録簿における「観点別学習状況」の評価と「評定」に関し，その各々の意義と相互関係について，「評価規準」,「評価基準」及び「判定基準」と関連付けながら論じてください。
3．「生徒指導要録」,「調査書」,「通知表」の異同について説明してください。

1　学習評価の意義と基本的特質

「学習評価」とは，教育目標の実現に向けて編成・展開される教育課程を通じて児童生徒が習得した知識・能力の度合いを測定し評価するという教育上の営為を指す。このように学習評価は，習得した知識・能力に対する「測定」という行為とそこで得られた結果を何らかの尺度で判断する「評価」という行為の二つの行為から成り立っている。

学習評価が「評価」という行為を軸に行われるものである以上，他の「評価」行為同様，a）そのプロセスが客観的かつ公正・公平に進められるべきであること，b）にもかかわらず，評価の基準をどう適切に設定しいかにうまく適用しようとしても，そこに人の「価値判断」が介在する以上，そこから主観的要素を払拭し去ることは至難の業であること，c）評価を下すことを自己目的化するのではなく，評価結果を「教える者」の側，「学習者」の側の双方にとってその改善・向上に資するようシステム設計されその適切運用がなされることが要請されること，等の点にその基本的な特質が認められる。

2　学習評価の基本的視点

　学習評価は，後述する指導要録に取り入れられた評価方法との関連において，大きく，「相対評価」，「個人内評価」，「到達度評価」の三つの視点から説明されてきた。こうした評価の視点は，戦前の教育現場で，教師の教育上の判断が絶対的基準と見做され評価が行われてきた（いわゆる教師専断の「絶対評価」）ことの反省の上に立って，その主観性，恣意性を極力排除する目的で唱導され実践に移されてきた。

　このうち「相対評価」とは，それぞれの児童生徒の成績を，学級や学年といった集団内での相対的な位置付けを「正規分布」に依拠して明確にしようとするもので，「集団に準拠した評価」とも呼ばれている。相対評価は，教える側の判断が排除でき，客観的で信頼できる評価につながるとする主張もこれまでなされてきた。

　「個人内評価」とは，児童生徒一人ひとりの成長を全体にわたり継続して捉えていこうとする評価の視点である。戦後の一時期，成績の記録簿作成において相対評価の手法が制度的に用いられたこととの対をなすものとして，記録簿における児童生徒の学習活動に関する自由記述欄で「個人内評価」の手法が用いられた。同手法は，相対評価に伴う児童生徒や保護者の不安や反発を緩衝させる役割をも担っていたとされる。

　我が国教育現場にあって，戦後，学習評価を長期にわたって支えてきた「相対評価」の考え方に対しては，そもそも相対評価に基づく評定が，各児童生徒の学力の程度を客観的・科学的に示す指標足り得ないことや，子どもの学習権を軽視する一方で，いたずらに児童生徒間の排他的な競争心をあおるといった負の教育作用をもたらすことを理由に，評価原理の転換を求める意見が世論を巻き込み次第に強まっていった。こうした背景の下で，我が国教育の分野において，その有用性に支持が寄せられ，学習評価の手法として制度的に採り入れられていったのが，「到達度評価」の手法である。「到達度評価」とは，児童生徒が修得すべき知識・能力，技能や態度・志向性等の教育上の到達目標（近年，高等教育分野を中心に教育界で用いられる「ラーニング・アウトカム」もこれとほ

ぼ同義）を類型化した「評価規準」に据え，その到達状況を「測定」した上で個々の児童生徒の学力を把握しようとする評価の視点である。「目標に準拠した評価」（「目標準拠型評価」）も，その性格上，「到達度評価」とほぼ同義のものとして理解されている。到達度評価の特質は，ａ）集団内の他者との比較によって，その児童生徒の学力程度を見るのではなく，予め明示された具体的な教育目標に即して，児童生徒ごとにその習得状況を測定・評価することが目指されていること，ｂ）目標に達していない児童生徒には「個」の指導を通じてその達成を目指すという意味において，学習権保障に適う学力保証への指向性を有していること，ｃ）多様な教育手法を通じての学力測定が試みられ，到達目標実現に直結した教育的営為が営まれることで，現場の教師による改善指向型の教育実践につながりやすいこと，等の点にある。

　さらに，上記ｂ），ｃ）の特質に照らし，そうした到達度評価の機能を「診断的評価（事前評価）」，「形成的評価（改善指向型評価）」，「総括的評価（結論指向型評価）」の三つの側面から説明するのが一般的である。「診断的評価（事前評価）」とは，授業を行う前の事前の計画段階にあって，学習者側の授業に対応した知識・経験等のいわば準備状況を把握することを内容とする。「形成的評価（改善指向型評価）」とは，授業プロセスの中でそれぞれの学習者が，予め設定した到達目標にどの程度まで近づいたかを測定しこれを確認することを内容とする。教師は，ここでの測定・確認作業の中で判明した個々の学習者の目標達成の状況や程度を踏まえて，学習内容・方法を調整するとともに学習者の状況に応じその個別化を試みることになる。「総括的評価（結論指向型評価）」は，授業プロセスの終着点で，到達目標に対する実際の達成状況を児童生徒ごとに測定した上で，その目標に照らして評価し評定付けを行うことを内容としている。このように「達成度評価」は，教育指導・方法の改善を継続的に行う中で，それぞれの児童生徒に寄り添いながらその学力の向上を指向するものであることが理解できる。

3　指導要録

1　指導要録の意義と法的位置付け

　学校における学習評価の記録簿，表簿として用いられているのが，「指導要録」，「調査書」，「通知表」である。

　このうち，「指導要録」は，我が国初・中等教育の教育課程を法的に拘束するものとして位置付けられている学習指導要領と表裏の関係にあり，同要領の実効性を担保するという役割を果たしてきた。ここではまず，その指導要録について見ていくこととする。

　「指導要録」とは，「児童生徒の学籍並びに指導の過程及び結果の要約を記録し，その後の指導及び外部に対する証明等に役立たせるための原簿」であるとともに，「各学校で学習評価を計画的に進めていく上で重要な表簿」であると定義付けられている（平22.5.11文科初1初中局長通知）。この定義付けにも見られるように，指導要録は，指導機能と証明機能という二つの機能を併有しているものと理解されている。しかし，そうした機能を有しているにもかかわらず，「指導要録」の語が一般にあまり馴染みがないことに表象されるように，それは児童生徒本人や保護者に知らせることを予定するものとして制度化されたものではなかった。

　指導要録の意義に関し，学校教育法施行令31条は「学校に在学し，又はこれを卒業した者の学習及び健康の状況を記録した書類」と記している。校長は指導要録を作成する責務を負うとともに，児童生徒の進学・転学の際に，その写し等を進学・転学先の校長に送付することが義務付けられている（学教法施行規則24条）。また，指導要録（及びその写し等）の保存に関しては，「入学，卒業等の学籍に関する記録」については20年間の保存期間が，それ以外のものについては5年間の保存期間が法定化されている（学教法施行規則28条）。このように法構造上も，指導要録は，指導機能と証明機能の2機能を併有するものとして制度設計されている。

　指導要録の様式，作成方法の決定権限は，公立学校の場合，教育委員会に委ねられている。指導要録及びその抄本の様式，記入要領，取扱要領の決定は，

公立学校にあっては教育委員会が行うものとした行政実例もある（昭36.5.29委初78初中局長回答）。当該行政実例は，（現行）地方教育行政法21条4号，5号，9号を根拠としたものである。上記「平22.5.11文科初1初中局長通知」もその趣旨を確認し，文部科学省が提示する指導要録（様式案）を参考とすることを前提に，都道府県教育委員会からその所管の学校及び市町村教育委員会に対し（政令指定都市については，指定都市教育委員会から所管の学校に対し），指導要録の様式の適切な設定のための周知・指導を行うよう求めている。

指導要録の本人への開示を求める請求は，各地方公共団体の情報公開条例や個人情報保護条例に基づいて行われる。従来，指導要録の開示請求への対応をめぐっては，その開示が前提とされることになれば，作成者がマイナス評価の記載を躊躇し記載内容の形骸化をもたらすとして，評価の適正性を確保する上で開示には慎重であるべきであるとする意見と，指導要録は，日頃の児童生徒との信頼関係に裏打ちされた批判に耐えられる評価書であるべきで，その記載内容を適切にフィードバックさせる上でも開示には積極的であるべきであるとする意見の二つが並立した。この点について，最高裁は，評価者の主観的要素が多分に介在する各教科の学習記録における「所見」欄及びその他の活動や行動の「記録」欄を開示することによって指導要録の記載が形骸化，空洞化する可能性を指摘し，その部分の非開示を妥当とする一方，「評定」欄などの客観的評価に係る部分については評価者の主観的要素の入る余地が比較的少ないことなどを理由にそれらは非開示情報に該当しないとの判断を示した（最三判平15.11.11判時1846号3頁）。

なお，不登校の児童生徒について，学校外の施設への通所もしくは入所が学校への復帰を前提とし，かつその自立を助ける上で有効・適切であると判断される場合，校長はこれを指導要録上出席扱いとすることができるものとされている（平4.9.24文初中330初中局長通知）。

2　指導要録の内容・性格

指導要録等の改善に係る上記「平22.5.11文科初1初中局長通知」に付された「中学校生徒指導要録（参考様式）」を基に，指導要録の構成を見れば，それは次のようになっている。

指導要録は大きく「学籍に関する記録（様式1）」，「指導に関する記録（様式2）」から成っている（「中学校生徒指導要録（参考様式）」については，本章末尾の同様式を参照）。
　このうち「学籍に関する記録」には，氏名・住所，入学・編入学，転学・退学，卒業等，生徒本人と学校等に関する基本データが記入される。また，「指導に関する記録」は，生徒本人を対象とする学習評価，校内活動・学校生活に関する評価で大半が占められているが，その末尾に「出席の記録」が付されている。
　生徒本人を対象とする学習評価の中心部分をなすのが，「各教科の学習の記録」である。具体的には，各教科に評価の「観点」が複数設定されており（例えば，国語の場合，「国語への関心・意欲・態度」，「話す・聞く能力」，「書く能力」，「読む能力」，「言語についての知識・理解」といった観点が，数学の場合，「数学への関心・意欲・態度」，「数学的な見方や考え方」，「数学的な表現・処理」，「数量，図などについての知識・理解」といった観点がそれぞれ設定されている），それぞれの「観点」別に「学習状況」の評価がなされる（「観点別学習状況」欄）。そして「観点別学習状況」欄の後ろに「評定」欄があり，教科別の評定が記される（なお，「高等学校生徒指導要録（参考様式）」には，こうした「観点別学習状況」欄の記載は存在しない）。
　生徒本人を対象とする学習評価では，他に，「総合的な学習の時間の記録」，「特別活動の記録」の各欄が設けられている。「総合的な学習の時間の記録」欄では，各学校が学年別に設定した学習目標（「学習活動」欄）に対応させた学校独自の「観点」に基づいて自由記述方式による評価がなされる。また「特別活動の記録」欄では，「学級活動」，「生徒会活動」，「学校行事」といった内容項目別に，学校独自に設定した「観点」に依拠し優れた活動を行うことができたと判断される項目に○を付すという方式で評価が行われる。
　一方，校内活動・学校生活の評価を扱う「行動の記録」欄は，「基本的な生活習慣」，「健康・体力の向上」，「自主・自律」，「責任感」，「創意工夫」，「思いやり・協力」，「生命尊重・自然愛護」，「勤労・奉仕」，「公正・公平」，「公共心・公徳心」等の内容項目で構成され，優れていると判断された項目に○を付すという方式で評価が行われる。

最後の「総合所見及び指導上参考となる諸事項」欄には，学習活動や学校生活等に関する総括的な所見と当該生徒の一層の向上を促すための方途に関する事柄が，学年別に自由記述方式で記される。

3　指導要録における学習評価の特色とその課題

　指導要録等の改善に係る上記「平22.5.11文科初１初中局長通知」は，また，指導要録の作成に当り取り入れるべき学習評価の視点について，学習評価を通じた授業改善や「個」に応じた指導の充実，学校の教育活動全体の改善を図るという役割の重要性に目を向けるよう喚起した上で，学習指導要領に対応した学習評価の在り方について，次のように記している。

・きめの細かな指導の充実や児童生徒一人一人の学習の確実な定着を図るため，学習指導要領に示す目標に照らしてその実現状況を評価し，目標に準拠した評価を引き続き着実に実施すること。
・新しい学習指導要領の趣旨や改善事項を学習評価において適切に反映すること。
・学校や設置者の創意工夫を一層生かすこと。

　このように現行の参考様式に基づく指導要録の作成に当っては，ａ）「目標に準拠した評価」の視点を基本に据えて学習評価が行われるとともに，そこに言う到達目標には，学習指導要領に示す教育目標が据えられること，ｂ）そこでは全体にわたり，学習指導要領の趣旨が適切に反映されていること，ｃ）指導要録の様式の決定とその具体的な作成に当っては，設置者である教育委員会及び各学校の創意工夫が尊重されるようにすること，の諸点が強く要請されている。

　2010（平22）年３月，2010年版指導要録刷新の引き金となった中央教育審議会初等中等教育分科会・教育課程部会「児童生徒の学習評価の在り方について（報告）」が公にされた。そこでは，学習指導要領が定める「生きる力」をはぐくむための次に見る「学力の３要素」に合わせ，学習評価の「観点」を，ａ）「基礎的・基本的な知識」は，「知識・理解」「技能」において，ｂ）これ

らを活用して課題を解決するために必要な「思考力・判断力・表現力」等は，「思考・判断・表現」において，ｃ）「主体的に学習に取り組む態度」は，「関心・意欲・態度」において，それぞれ評価を行うことを基本に整理することを提言した。

この提言を受け，上記「平22.5.11文科初１初中局長通知」は，2008年版学習指導要領を踏まえ各教科における学習評価の「観点」を，「関心・意欲・態度」，「思考・判断・表現」，「技能」及び「知識・理解」に整理した上で，「指導要録（参考様式）」中にこれらを提示したことを明らかにした。なお，上記報告は，高等学校にあっては，指導要録の作成過程において，「観点」に対応した学習評価が十分には行われていない現状を踏まえ，「引き続き観点別学習状況の評価を実施し，きめの細かい学習指導と生徒一人一人の学習の確実な定着を図っていく必要」があることも強調した。こうした学習評価の観点は，「生涯にわたり学習する基盤が培われるよう，基礎的な知識及び技能を習得させるとともに，これらを活用して課題を解決するために必要な思考力，判断力，表現力その他の能力をはぐくみ，主体的に学習に取り組む態度を養うことに，特に意を用いなければならない」と定める学校教育法30条２項の法意を学習評価の局面で具現化しようとするものであった（なお，同規定は，中学校，高等学校等にも準用）。

ところで，３段階で行われる「観点別学習状況」の評価は，教科ごとに設定された複数の「観点」のそれぞれについて，児童生徒が目標をどの程度のレベルにおいて達成し得たかを測定しこれを基に評価を行うという営為である。

こうした営為が適切に行われるためには，その達成の具体的レベルを評価するための評定尺度である評価基準（例えば，「Ａ．十分に身に付けている」，「Ｂ．概ね身に付けている」，「Ｃ．あまり身に付けていない」など）とともに，それぞれの「観点」を行動目標のレベルで具体化に規範化した評価規準（例えば，「……について意欲をもって取り組むことができる」，「……を適切に筋道を立てて書くことができる」など）が適切に設定されていることが必要である。このことに加え，目標を規範化した評価規準に基づいて具体的な評価を行うためには，「Ａ」，「Ｂ」，「Ｃ」の各評定段階に対応させた学習活動や学習の仕上がり度の状況を判断するための「判定基準」が各段階毎に設定されていることが要請される。

そのような意味から,「評価基準」に即して行う「評価」プロセスにあっては,到達目標に関わる行動規範である「評価規準」が適切に明示される（前述の如く,高等教育の世界ではこれに「ラーニング・アウトカム」の語を充てるのが近年の趨勢である）ことに加え,評価対象となる児童生徒の学習活動と仕上がり度を,多様な測定手法（例えば,客観テスト,実技テスト,ポートフォリオ評価,日常の行動の評価等）を用いて的確に「測定」し,評定レベルごとに設定した「判定基準」に当てはめて「評価」に関わる結論を導出していくことが求められるのである。

以上の説明からもわかるように,今次の指導要録に採用された学習評価の仕組みは,厳格な客観性の担保を要請するものではない（但し,前述の如く「所見」欄や「記録」欄と異なり,「評定」欄等の欄については概ね客観性が担保されているとするのが,最高裁の見解である）。その理由は, a）「観点別評価」における各観点自体が抽象的内容のものでその具体的な概念把握が困難であること, b）「評価規準」の達成段階に応じて設定された「判定基準」も,多様な選択肢の中から意図的に選択されたものであること, c）一もしくは複数の測定手段を駆使して得られた学習活動の状況や学習成果の「現況」を「判定基準」に当てはめて評価する営為も,評価者による内的な実践的意欲作用を媒介としていること,等の点に求めることができる。こうした制約がある中で,学習評価の客観性を高めるためには,評価活動の公正性が確保されているという基本的前提の下,活動や成果の測定に最も妥当すると判断される測定手段を適切に選択し「現況」把握を試みる中で具体的な評価の営為に臨むことがとりわけ重要である。そして,そうした学習評価を適切に進めていくため,自己研修や校内外の組織的研修を通じて評価者としての力量を高めていくとともに,後述する「通知表」に対する保護者等の意見に真摯に向き合うという姿勢を維持していくことが大切である。

さて,指導要録における各教科の学習評価の記載方法は,3段階評価に依拠する「観点別学習状況」の評価を踏まえ,5段階評価に基づく総合的な「評定」を行うという二層構造方式が採られている。そして,現行の指導要録にあっては,両者いずれも「目標準拠型評価」の視点に立って学習評価を行うものとされている。そこで問題となるのが,「評定」欄に記入する評定結果は,観

点別学習状況の評価結果を踏まえたものとなるのか，それとも，「評定」欄の評価結果は，観点別評価結果とは独立したものとして扱われるのか，という点である。いずれも「目標準拠型評価」に依拠している以上，前者の選択がごく自然であるように感じられる。もっとも，「評定」欄の評価は，各教科の「学力の総合性」の判定にその意義があるとし，観点別学習状況の評価結果と「評定」欄の評価結果の乖離を肯定する意見が見られることにも留意しておく必要がある。

4 調査書

1 調査書の意義・位置付け

「調査書」とは，学校教育法施行規則に法的根拠を有しており，児童生徒の学習成績や学校生活等に関する報告書で，学校長より進学先の学校や就職先に提出される公的書面を指す。一般に，「内申書」と呼ばれている。

調査書に関し，学校教育法施行規則78条本文は，「校長は，中学校卒業後，高等学校，高等専門学校その他の学校に進学しようとする生徒のある場合には，調査書その他必要な書類をその生徒の進学しようとする学校の校長に送付しなければならない」と規定するとともに，同施行規則90条1項で「高等学校の入学は，第78条の規定により送付された調査書その他必要な書類，選抜のための学力検査の成績等を資料として行う入学者の選抜に基づいて，校長が許可する」と定める。但し，同施行規則90条3項の規定に基づき調査書を「入学者の選抜のための資料としない」場合，及び同4項の規定に基づき連携型の中高一貫教育を行う高等学校の入学者選抜において調査書をそのための資料としない場合，校長は調査書を改めて送付する必要はない（学教法施行規則78条但書）。

法令上，進学に伴う調査書の扱いについては，中学校から高等学校への進学に際して上記規定がある以外には，小学校から中学への進学，高等学校等から大学等への進学に際しての調査書に関する規定は存しない。

調査書は，校長の責任の下，「指導要録」を基礎に作成するものとされている。その意は，あくまでも調査書は指導要録を原簿として作成することにある。

その作成に当っては，a）入学者選抜の資料としての客観性・公平性が確保されること，b）生徒の個性を多面的に捉えたり，その優れている点を積極評価すること，c）記載事項を入学者選抜の資料として真に必要な事項に精選すること，等が求められてきた。また，入学者選抜に当りこれを活用する学校の側に対しても，合否判定の資料に用いる教科の種類・範囲に工夫を加えもしくは評定の比重を変えることや，生徒の優れた点などを積極評価するため学習成績以外の記録も活用すること，等の要請がなされてきた（いずれも，平5.2.22文初高243号事務次官通知）。

2 調査書の役割

調査書は，これまでに見たように，入学者選抜における選抜する側の合否判定における基本的な資料である。とりわけ，それは，高等学校の入学者選抜において重要な役割を担っている。高等学校の入学者選抜において，都道府県により幾分の違いがあるものの，筆記試験を軸とした「学力検査」と調査書の重みづけがほぼ半ばというところが一般的であると言われている（過去には，「調査書と学力検査の比重の置き方の弾力化」を求めた通知もある（平9.11.28文初高243号初中局長通知））。

このように高等学校の入学者選抜における学力検査と調査書の換算比率が均等とされていることについては，「一発勝負」の試験から生徒等を解放し，普段の本当の学力を判断することができる，中学校時代の学習歴や活動の記録を踏まえた上で，高等学校側が個性に応じた教育展開をしていくことが容易になる，等の利点が指摘されてきた。しかしその一方で，中学校（とりわけ中3）の学校における学習活動その他の活動に対し，実際の入試に比するような価値付けが与えられることで，生徒やその保護者の心身へ加重な負荷がかかってしまうとする主張も根強くなされてきた。こうした主張は，学校により「内申書（調査書）によって，日常の学習や行動が監視」されているのでは，という生徒やその保護者による学校や教師への不信の醸成にもつながりかねないとの懸念も併せて示されてきた。

ところで，1991（平3）年の指導要録様式改訂，2001（平13）年の指導要録様式改訂を経て，「観点別学習状況」，「評定」のいずれの欄も，目標準拠型評

価の視点に従った評価を行うこととされた。このことに伴い，我が国都道府県のほぼ全てにおいて，調査書における評価法も目標準拠型評価の方式へと転換を見た。

調査書が相対評価を採用していた時期，その評価法の客観性に対しては誤った「子どもの学力観」に依拠するものであるとの批判が強かったことに加え，それが入学者選抜に直接活用されることで，高等学校の通学区域内に存する複数中学校間における「学力」の学校間格差を当該高等学校が入学者選抜の際にどの程度まで配慮できるのか，という点について白熱した議論がなされてきた。とはいえ今日なお，目標準拠型評価に依拠した調査書に対しても，目標に対する到達度評価は，相対評価の場合同様，現に存在する学校間格差をどう調整するのかという問題に加え，担当教師の主観に委ねられる部分が少なくないとの懸念から，それが入学者選抜の客観性・公平性を担保するものとはならない，との意見も有力である。

この点につき，大阪府は，これまで調査書の「評定」欄の記載を相対評価に従って行っていたほぼ唯一の自治体であった。こうした方針を転換して，2016（平28）年春からの府立高入試より，「評定」欄についても目標準拠型評価法での記載にあらためることとした。このことと併せ，大阪府としては，中学校間の学力格差を調整するための統一基準に「全国学力テスト」の結果（大阪市では，すでに市が独自に実施しているテストの結果を加味）を加え，入学者選抜の際に調査書の中身の精査を行うこととされた。具体的には，そうした統一的な学力調査の結果を基に各中学校の学力レベルを把握した上で，その学力レベルに応じて指定する範囲内に各校の内申点の平均を収めるようにすることで，学校間の学力格差を調整することが計画された。大阪府のこうした動きに対し，文部科学省は，a）全国学力テストの目的があくまでも学力の把握・調査に特化されている制度の趣旨に背反している，b）全国学力テストにおける各中学校の平均点を生徒個人の調査書に連動させることは理に適わない，等の理由からその導入に難色を示した。

結局、全国学力テストの結果を各中学校の内申点の調整に活用できるのは，2015年度の高等学校入学者選抜に限定することで，大阪府は文部科学省と妥協した。2016年度以降は，大阪市の場合と同様，府独自のテストを新設・活用

し，学校間の学力格差に対応させて内申評価を調整し，これを府立高等学校の入学者選抜に用いることとなった。

　この問題をめぐる大阪府と文部科学省の間の対立の顕在化は，入学者選抜の客観性と公平性を担保する際の調査書の扱いに関し，相対評価，目標準拠型評価のいずれの視点に立ってこれを評価すべきなのかという問題の決着が未だ着地点を見出し得ていないことの証左である。

3　調査書の開示問題

　調査書の開示問題の重要なきっかけを与えたとされる有名な事件として挙げられるのが，「麹町中学内申書事件」である（「内申書裁判」とも呼ばれる）。

　中学時代に行った政治活動の具体的状況が内申書に記されたことによって受験した高校全てが不合格となったとし，思想・信条の自由を保障した憲法19条に違反するとして東京都等に対し損害賠償請求を行った事件である。第一審は，原告の主張を容認する判断を示した（東京地判昭54.3.28判時921号18頁）。第二審は，内申書への記載は憲法19条に反するものではないとして，原告敗訴とした（東京高判昭57.5.19判時1041号24頁）。最高裁も，内申書への記載が上告人の思想・信条を了知させるものではなく，その思想・信条自体が高校の入学者選抜の資料に供されたとは理解できない，としてその訴えを退けた（最二判昭63.7.15判時1287号65頁）。

　上記事件は，原告敗訴で確定したが，この事件は，調査書の記載に個人の尊厳を脅かす内容が含まれそれにより高等学校入学者選抜の際に不利に扱われたのではないか，という重要な問題を提起し，その後の調査書の開示を求める動きに大きな影響を及ぼす契機となった。

　調査書や指導要録の開示を求める動きは，個人情報保護条例等に依拠し緩やかな広がりを見せてきたが，その開示請求についての裁判例は，数値によるもの以外の人物評価等に係る部分の開示を否定的に判断するもの（大阪地判平6.12.20判時1534号3頁）と全面開示を肯定するもの（大阪高判平11.11.25判タ1050号111頁）とに分かれていた。調査書や指導要録に記載された内容の開示問題については，今日，自己の情報は自身の目で確認し，誤りを正すことができるとする「自己情報をコントロールできる憲法上の権利」（憲法13条の「プ

ライバシーの権利」に由来）が容認されるにつれ，その全面開示が大きな流れとなりつつある。

　教育の現場では，評価の結果や評価所見を本人や保護者に提示することに抵抗感があることはある程度理解できる。しかしながら，情報開示に係るこうした時代の要請に真正面から向き合うとともに，調査書や指導要録の開示に当り評価の中身について本人や保護者に対して納得のいく説明ができるような評価者としての専門的な力量を高めていくことこそが，関係者に対し今強く求められているのである。

5　通知表

1　通知表の意義・性格

　「通知表」とは，児童生徒の学習状況や校内生活の状況を，学期末ごとに学校から家庭に連絡するための文書のことを言う。同文書のそうした目的に着目して，それはこれまで「通信簿」とも呼ばれてきた。通知表に関する法的根拠はなく，これまで慣行として作成・発行されてきた。したがって，通知表の様式，作成方法についての国のガイドライン等も存在せず，それらは各学校の裁量に委ねられるとの建前がとられてきた。通知表の名称についても，決められた呼び名はなく，上記呼称のほか「通知票」，「通信表」，「あゆみ」など多様な名称が使用されてきた。

　ところで，実際の通知表の作成に当っては，指導要録に準拠させる方式が一般的であった。通知表と指導要録との関係については，各々別個に作成することに伴う負担や，学習評価等の評価結果を異なる二様の評価簿（「二重帳簿」）で表すことへの抵抗感から，これまで両者の一致が教育の現場で肯定される観が見られた。この論点の解決の糸口を探る上においての重要な検討課題は，いかなる視点に立脚して通知表の担うべき役割を認識するかという点である。

2　通知表の役割

　すでに見たように，指導要録は，それまでの指導の過程を踏まえ今後の指導に役立たせるための指導機能と，それが法令に依拠した公的原簿として学習と

生活の状況を外部に公証するための証明機能という二つの機能を併有している。しかし，指導要録はその内容の児童生徒本人，保護者への告知を前提に制度化されてはおらず，事実上その証明機能に力点が置かれている一方で，法令上の根拠をもたない通知表は，その様式，作成方法が学校の裁量に委ねられていることなどから，今日，通知表にこそ日々の学習や生活の向上に向けた指導機能としての役割が重視されるべきであるとする理解が一般的となってきている。したがって，指導要録と通知表のそうした機能・役割の異同を明確に認識することが，本来在るべき通知表の姿を明らかにする手始めとなる。

　この点について，文教当局は，指導要録と通知表はそれぞれの目的や機能が異なっていることを肯定した上で，通知表は「各学校において，子ども自身や保護者に学習状況を伝え，その後の学習を支援することに役立たせるために作成」されるものであることを明言する（http//www.mext.go.jp/a_menu/shotou/gakuryoku/faq.htm　文部科学省 HP 2015 年 9 月 20 日閲覧）。また，通知表は「保護者に対して子どもの学習指導の状況を連絡し，家庭の理解や協力を求める目的で作成」されるものである旨も明確にしている（http://www.mext.go.jp/b_menu/shingi/chukyo/chukyo3/siryo/07070908/004/001.htm　文部科学省 HP 2015 年 9 月 20 日閲覧）。このことと関連して，既に文部科学省は，指導要録の様式や記載方法を通知表に転用することは適切とは言えないとの見解も示している。

　以上のことを踏まえ，通知表の性格・役割としては，a）各学校の教育活動の基本方針や学校の実情を踏まえ，個々の児童生徒の個性を尊重しその特色を引き出すことができるようなものであること，b）学習や生活の諸活動における当該学期段階での目標達成状況を児童生徒や保護者に伝達することによって次学期以降の学習活動の改善・向上の方途を提示する（この役割を，教育の現場での「インフォームド・コンセント」として特に強調する見解も存する）とともに，教師自身の指導の改善の指針としても活用できるものであること，c）学習活動を軸とする活動の改善指針を児童生徒，保護者と教師が共有することで，三者相互の信頼関係の醸成に資することができること，といった諸点を挙げることができる。

　もとより，通知表がそうした役割を効果的に果たすためには，a）その作成に当り，指導要録の様式に頼ることなく，児童生徒の「やる気」を鼓舞し学習

活動の一層の充実に貢献できるよう，適宜その様式に修正を加え，もしくは独自の項目等を付加するなど必要な措置を講ずること，b）その一方で，事実上，児童生徒や保護者にとって通知表は直接接することのできる唯一の学習評価の記録簿であることを踏まえ，通知表の評価情報が，指導要録（それに調査書）と乖離したものであってはならないこと，c）通知表の見方，活用の仕方について，教師が保護者に対して丁寧に説明できること，等の配慮が必要となる。

3　通知表と生徒の自己評価

　近年，通知表における生活状況の評価欄に加え，学習状況の評価欄においても「観点別学習状況」の評価欄に，生徒の自己評価の欄を設ける学校が漸増の傾向にある。そうした傾向が顕在化し始めた要因として，憲法 26 条の規定に基づく学習権の主体としての「子ども」の憲法上の地位を認める法理論の定着を見たこと，我が国が 1994（平 6）年 4 月に批准した「児童の権利条約」が「子ども」の成長に伴う自己実現の一環として「児童の自己意見表明権」を保障したこと，の諸点が挙げられる。また，これと関連して，公教育の社会への説明責任の一部をなすものとして，学習評価に関する保護者への説明責任の必要性がとみに強調されるようになってきたことも，そうした機運を盛り上げる一因となったものと思慮される。

　自己評価の手法を通知表に導入することは，評価者として納得のいく評価を行う上で必要とされる評価の力量を高め，より客観的で公正な学習評価を実現することへ道筋をつける効果がある。生徒の学力の向上を保護者の合意と協力の下で連携して行う効果も期待できよう。

　したがって，生徒の自己評価を教師が斟酌しなければ，上記効果を有するせっかくの自己評価も意味をなさない。その一方で，教師の評価が生徒の自己評価に従属することになれば，評価の客観性・公平性が損なわれるにとどまらず，「自身の振り返り」を目的とする自己評価の趣旨が没却され，自己評価そのものが「自己目的化」の弊に堕することにもなりかねない。

　自己評価が，その本来の趣旨に即して効果的に機能できるようにするためには，通知表の基本的役割が，学習や生活の向上に資するための指導の糧とすることにあるとする基本的な視点を再確認する必要がある。そのことを踏まえ，

教師の評価と生徒の自己評価の乖離の原因となった学習活動の中身や本来求められる学習目標到達レベルについての理解を，生徒，保護者と教師の三者で享有しその後の学習指導等に生かすという基本姿勢を維持することが大切である。もとより，各評価基準の評定レベルに係る事実関係の把握において教師の側に明白な誤りがあった場合や，そもそも判断基準（判定基準）を構成する具体的な評価指標に不妥当が認められた場合，学校としてその是正に向け速やかな対応が求められることになる。

6　小・中・高・大の接続と「確かな学力」

1　小・中・高の接続

　小学校，中学校のいずれも義務教育としての教育が展開されるが，その接続に当り，学習評価等の結果を踏まえ，入学の可否を決定するという制度は一般にはとられていない。それは，義務教育が全国で同一の水準をもって行われることが我が国憲法上の基本的要請であることに由来する。小・中学校の学習指導要領が，児童生徒の発達段階に応じて，ほぼ同一水準の教育展開を系統的に進めるべく，その良し悪しは別として，法規性をもつものとして，小・中学校の現場の教育の質的管理において相応の機能を果たしてきたこともそうした理由の一に加えることができよう。

　中・高の接続にあっては，「学力検査」に加え中学校が作成した「調査書」が，入学者選抜における入学者の決定において大きな位置付けを占めてきたことは，既に詳しく述べたところである。

　一方，高・大の接続についてはどうであろうか。高等学校から大学への進学に当り，高等学校は，生徒一人ひとりについての「調査書」を作成する。しかし，大学の入学者選抜に当っては，「学力検査」が専ら重視される半面，高等学校の調査書は軽視されている感は否めない。その理由としては，高等学校における学校間格差若しくは高等学校毎の学力評価の方法・結果の差異の存在が挙げられる。このことに加え，一定数の志願者が確保でき，入学者選抜が実質的に機能している大学にあっては，短期間に志願者全ての調査書を精査する時間もなければそのための体制も整備されていないことが大きな理由として挙げ

られよう。

2　「確かな学力」の継承・発展と高・大接続の課題

　高・大接続における上記現状を踏まえ，これを制度面から抜本的に改革する必要性が強く主張されている。改革を根拠付ける理由として，第一に，幼児教育に始まり，小学校，中学校の義務教育を通じて涵養が図られてきた学習成果が本来，高等学校，大学へ円滑に継承・発展されるべきところ，実際の大学入学者選抜の方法が，それまでの系統的で構造的な学習プロセスを踏まえたものとなっていないために，高等学校，大学のいずれの教育においても「確かな学力」を育むという公教育の基本目的が希薄化されてきたことが挙げられる。第二に，相当数のとりわけ私立大学において，学生の質を担保する役割を果たしてきた競争試験を通じた入学者選抜機能が，少子化の影響に伴う志願者の減少により大きく低下してきていることが挙げられる。

　近年の我が国の公教育の基本は，繰り返し述べてきたように学校教育を通じ「生きる力」を育もうとすることにあった。ここに言う「生きる力」とは，心身のバランスのとれた豊かな人間性と「確かな学力」を総合した力として，国の各種答申等で取り上げられてきた。そしてその「確かな力」は，「知識・技能」，課題解決のための「思考力・判断力・表現力」，「主体性・多様性・協働性」という三つの要素で構成されるものとして説明されてきた（「学力の3要素」）。

　こうした高・大接続の課題を克服するため具体的な提言を行った2014（平26）年12月の中央教育審議会「新しい時代にふさわしい高大接続の実現に向けた高等学校教育，大学教育，大学入学者選抜の一体的改革について——すべての若者が夢や目標を芽吹かせ，未来に花開かせるために（答申）」は，「高・大接続改革」の目指すところは，「確かな学力」を構成する「学力の3要素」を向上させ，自立性と責任性に根差した国家・社会の形成者の育成にある旨を明示した。

　そうした基本的認識の下，同答申は，「高・大接続改革」のための基本施策として，「高等学校改革」については，a）現行学習指導要領の大幅見直しを通じ，「確かな学力」を育むことのできる教育内容・方法の充実，b）各生徒

の基礎学力，とりわけ「知識・技能」の習得状況を判定するための「高等学校基礎学力テスト（仮称）」の導入，等を提言した。また，「大学入学者選抜」の改革策としては，a）「思考力・判断力・表現力」を中心に評価する「大学入学希望者評価テスト（仮称）」の導入，b）各大学の入学者選抜方針（アドミッション・ポリシー）において，「学力の3要素」を踏まえた選抜方法の明確化，などを挙げるとともに，これとは別途，c）大学に対し，高等学校教育を通じて培った力を持続・発展させるための確かなカリキュラム・マネジメントを確立することの必要性，を提言した。このほか，大学教育を中心的に扱う法制度上の根拠をもつ大学評価である「認証評価」の在り方として，学生の「学修成果」の自律的保証を行う大学内部の仕掛けである「内部質保証」体制の有効性評価に力点を置く必要性についても言及がなされた。

　少子化の影響に伴い，大学入学者選抜における選抜機能が空洞化の兆しを見せ始めた今こそ，大学入試に高等学校教育が従属もしくは歪曲されてきた従来の弊を改め，高・大の系統的な教育上の接続関係を確立する好機である。中等教育と高等教育の接続関係の系統性を確保するために，欧州には資格試験型の選考制度を取り入れている国もある。フランスには，高校卒業資格と大学入学資格を兼ねた資格試験であるバカロレア制度があるし，類似の制度はドイツ，オランダ等にも存する。また，スイス由来の国際的な大学入学資格である国際バカロレアの制度も世界各国において漸進的に普及しつつある。

　仮に我が国に，小・中・高の教育接続を前提に制度設計された資格試験型の選考制度が導入された場合，そうした選考制度の存在を踏まえた上で，大学入学資格を有する志願者は将来の進路を見据え，各大学の学位授与（卒業認定）方針（ディプロマ・ポリシー），教育課程編成・実施方針（カリキュラム・ポリシー）と整合性を保った入学者受入れ方針（アドミッション・ポリシー）の内容を吟味した上で，入学先の大学とそこで実際に学ぶ学位プログラムを選択することが容易となろう。こうした高・大接続の仕組みが制度化されることにより，大学も，「確かな学力」を基礎に据えて，学位授与に向けた質の高い教育上の営為を展開することが期待できる。そのような教育的営為を効果的に営むためにも，これと並行させて，学位授与方針に明示された教育上の到達目標（ラーニング・アウトカム）への「学修者」の到達状況を，PDCAの循環サイクルを

内包させた「内部質保証」の仕掛けの中で，きめ細かく組織的かつ継続的に測定・評価していくことが求められる。

　このことと併せ高等学校に対しても，「評定」欄，「観点別学習状況」の評価欄の双方について目標準拠型評価方式に依拠させた調査書を作成し，それまでの学習歴や行動の記録を進学先での教育指導，生活指導の用に供することができるようにしておくことが求められる。大学は，こうした調査書も活用しながらそれぞれの学生の学力向上の度合いを測定し，「個」に対応させた有為な大学教育の展開に資するようにすることが要請される。そうした調査書を用いての「学修評価」の作業も，上記「内部質保証」の仕掛けの中で営まれることが効果的であると考える。

参考文献

安齋省一編『中学校通知表作成の手引――改訂指導要録対応――』明治図書出版，2001年8月。

岡田昭人『教育学入門――30のテーマで学ぶ――』ミネルヴァ書房，2015年5月。

梶田叡一『教育評価［第2版補訂2版］』有斐閣，2010年9月。

工藤文三『高等学校新指導要録と学習評価の工夫・改善』明治図書出版，2011年5月。

汐見稔幸・伊東毅・高田文子・東宏行・増田修治編著『よくわかる教育原理』ミネルヴァ書房，2011年4月。

児童指導要録研究会編『小学校児童指導要録図解ハンドブック――記入の実際と具体例――』明治図書出版，2002年3月。

篠原清昭編著『学校のための法学［第2版］――自律的・協働的な学校をめざして――』ミネルヴァ書房，2008年5月。

鈴木勲編著『逐条学校教育法［第7次改訂版］』学陽書房，2009年11月。

生徒指導要録研究会編『中学校生徒指導要録図解ハンドブック［改訂版］――記入の実際と具体例――』明治図書出版，2002年4月。

田中智志・橋本美保監修，山内紀幸編著『教育課程論』一藝社，2013年9月。

田中耕治編『よくわかる教育課程［第2版］』ミネルヴァ書房，2010年11月。

第14章　学習評価とその記録簿

中学校生徒指導要録（参考様式）

様式1（学籍に関する記録）

区分＼学年	1	2	3
学　　級			
整理番号			

		学　籍　の　記　録		
生徒	ふりがな		性別	入学・編入学等	平成　年　月　日第1学年　入　学 　　　　　　　　第　学年編入学
	氏　名				
	生年月日	平成　年　月　日生		転　入　学	平成　年　月　日第　学年転入学
	現住所				
保護者	ふりがな			転学・退学等	（平成　　　年　　　月　　　日） 平成　　　年　　　月　　　日
	氏　名				
	現住所			卒　　業	平成　　　年　　　月　　　日
入学前の経歴			進学先 就職先等	
学　校　名 及　　　び 所　在　地 (分校名・所在地等)				

年　　度	平成　年度	平成　年度	平成　年度
区分＼学年	1	2	3
校長氏名印			
学級担任者 氏　名　印			

様式2（指導に関する記録）

生徒氏名		学校名		区分＼学年	1	2	3
				学　　級			
				整理番号			

各教科の学習の記録

I　観点別学習状況

教科	観点＼学年	1	2	3	教科	観点＼学年	1	2	3
国語	国語への関心・意欲・態度								
	話す・聞く能力								
	書く能力								
	読む能力								
	言語についての知識・理解・技能								
社会	社会的事象への関心・意欲・態度								
	社会的な思考・判断・表現								
	資料活用の技能								
	社会的事象についての知識・理解								

II　評定

学年＼教科	国語	社会	数学	理科	音楽	美術
1						
2						
3						

学年＼教科	保健体育	技術・家庭	外国語
1			
2			
3			

教科	観点＼学年	1	2	3
数学	数学への関心・意欲・態度			
	数学的な見方や考え方			
	数学的な技能			
	数量や図形などについての知識・理解			
理科	自然事象への関心・意欲・態度			
	科学的な思考・表現			
	観察・実験の技能			
	自然事象についての知識・理解			

総合的な学習の時間の記録

学年	学習活動	観点	評価
1			
2			
3			

教科	観点＼学年	1	2	3
音楽	音楽への関心・意欲・態度			
	音楽表現の創意工夫			
	音楽表現の技能			
	鑑賞の能力			
美術	美術への関心・意欲・態度			
	発想や構想の能力			
	創造的な技能			
	鑑賞の能力			
保健体育	運動や健康・安全への関心・意欲・態度			
	運動や健康・安全についての思考・判断			
	運動の技能			
	運動や健康・安全についての知識・理解			
技術・家庭	生活や技術への関心・意欲・態度			
	生活を工夫し創造する能力			
	生活の技能			
	生活や技術についての知識・理解			
外国語	コミュニケーションへの関心・意欲・態度			
	外国語表現の能力			
	外国語理解の能力			
	言語や文化についての知識・理解			

特別活動の記録

内容	観点＼学年	1	2	3
学級活動				
生徒会活動				
学校行事				

第14章 学習評価とその記録簿

生 徒 氏 名

行　動　の　記　録

項　目＼学　年	1	2	3	項　目＼学　年	1	2	3
基本的な生活習慣				思いやり・協力			
健康・体力の向上				生命尊重・自然愛護			
自主・自律				勤労・奉仕			
責任感				公正・公平			
創意工夫				公共心・公徳心			

総合所見及び指導上参考となる諸事項

第1学年	
第2学年	
第3学年	

出　欠　の　記　録

区分＼学年	授業日数	出席停止・忌引等の日数	出席しなければならない日数	欠席日数	出席日数	備　考
1						
2						
3						

第15章

今日の高等教育とその質保証

● 設　問

1. 高等教育機関の種類を列挙するとともに，高等教育を支える法構造の概要について説明してください。
2. 高等教育のグローバル化に伴い，政府，大学の双方においていかなる施策を講ずることが求められているのか述べてください。
3. 高等教育における「学修成果」の意義について説明するとともに，その測定・評価が必要とされるゆえんについて論じてください。

1　我が国高等教育を支える法構造

　高等教育は，初等・中等教育（及び後期中等教育）を含む我が国学制の最終の教育階梯であり，大学がその中心に位置付けられている。こうした高等教育を担う教育機関として，大学のほかに大学院（専門職大学院を含む），短期大学，高等専門学校，専修学校専門課程（＝専門学校）等がある。

　これまで判例・学説により「学問の自由」を保障する憲法23条は，「大学の自治」をも制度的に保障していると理解されてきた。また，現行教育基本法7条は，大学の使命・目的並びにその自律性の保障・尊重について規定している。

　そして上記日本国憲法，教育基本法の該当条項の趣旨・目的を具体的に実現するために，我が国高等教育制度の基本を定めたのが，学校教育法である。

　高等教育をつかさどり学校教育法の適用を受ける「学校」とは，「大学」，「高等専門学校」である（学教法1条）。「大学院」は，大学に置かれる（学教法97条）。また，「短期大学」も大学の一範疇である（学教法108条）。したがって，大学院，短期大学も，学校教育法1条の「学校」に包含され，同法の適用対象となっている（なお，2014［平26］7月の教育再生実行会議「今後の学制

等の在り方について[第5次提言]」は,「質の高い実践的な職業教育を行う新たな高等教育機関の制度化」を提言した。この提言を基に,中央教育審議会は,実践的な職業教育を担う高等教育機関の制度化とそうした学校種を学校教育法上のいわゆる「1条校」として位置付ける方向性で審議を行っている)。

　学校教育法には,大学等の教育目的,入学資格,修業年限,学位,教員組織等に関する基本規定が置かれている(学教法83条~106条等)ほか,大学を含む高等教育の質保証のため,自己点検・評価と認証評価の受審(学教法109条),認証評価機関(学教法110条~112条),教育研究活動の情報の公表(学教法113条)に関する個別の規定がある。これら事項に関する実施細目については,学校教育法施行令のほか,同施行規則を含む各種省令に所要の規定が置かれている。加えて,学校教育法3条により,「学校」の組織・編制及び施設・設備等に係る基本的要件は,学校種別に省令の法形式として公布された個別の設置基準である大学設置基準,大学院設置基準,専門職大学院設置基準,短期大学設置基準,高等専門学校設置基準等で定められている(なお,学校教育法施行規則142条は,これら設置基準の制定に関わる直接的な法的根拠規定となっている)。

　ところで,学校教育法を基軸とする現行高等教育法制上,文部科学省が行政行為として行う設置認可の後,各高等教育機関の質保証の中心的な役割を担っているのは,上述した認証評価機関である。認証評価機関は,自身の定めた「大学評価基準」に即し法令の定めた期間を周期として,定期的に各高等教育機関を評価しその基準適合性の検証を行う。このように「大学評価基準」は国法とは異なるものであるにもかかわらず,学校教育法の枠組みの中で上記基準の実質的な遵守義務が各高等教育機関に課されているがゆえに,それは高等教育界において強い規範的拘束力を有している(いわゆる「ソフト・ロー」としての機能)。また今日,大学を中心とする高等教育機関を取り巻く学内外の関係者に対するアカウンタビリティを履行するとともに,後述のような高等教育のグローバリゼーションの流れの中で,国境の枠組みを越えた高等教育の相互交流を促進していく上で,認証評価機関に対し,各高等教育機関の教育の質保証をグローバルに通用するルール等も見据えながら行うという新たな役割への期待も寄せられている。

2　高等教育政策の動向

1　今，高等教育に何が求められているか

　高等教育は，学制の最終段階に位置し「社会」に隣接する教育階梯として制度設計がなされていることの帰結として，我が国の社会や経済の活性化とともに科学技術の進歩に貢献できる人材育成を直接的に担う教育分野としての特質を有している。また，初・中等から高等教育に至る教育分野の中でも，義務教育とは異なり，高等教育へのアクセスを選択するかどうかは個人の自由意思に委ねられていることに加え，少子化の影響等もあって，それは学生獲得という名の熾烈な市場競争環境の只中に置かれている。また，高等教育のグローバリゼーションという潮流の中で，そこでの成果が国際的に通用するものであることが国内外から要請されるに至っている。ここでは，こうした高等教育の昨今の政策動向について見ていくこととする（以下の記述に当り，図15-1を参照）。

　高等教育を取り巻く上記のような環境の変化等を踏まえ，今日，その改善・充実のための不可欠的な要件として，次の2点が大学等を取り巻く関係者から強く求められている。

　その第一が，学生の学修の密度を高め，主体的な学修にいざなう教育へ転換していく必要性についてである。学生の学修密度を高めるというのは，シラバスに記載された授業の学修目標を達成すべく，授業への出席と併せ，単位制度の趣旨に沿った標準授業時間として設定された予習・復習を教育の「受け手」である学生が確実に行うことを指している。教える側の教員も，そのために必要とされる教育指導を十全に行うことが要請されている。ここでは，教育課程の修了に必要とされる単位数と単位計算方法について定めた各種設置基準の該当規定の趣旨に適った単位制度の実質運用が強調され，学生の履修に役立つシラバスの整備・点検も同時に求められているのである。

　第二が，学生一人ひとりが卒業時までに何を修得し，何ができるようになるかが明確化されるような仕組みを学内に構築することへの要請である。

　卒業時に与えられる学位は，教育課程の学修を通じてその修得が求められる知識・能力・技能を実際に修得し得たことの証しとして授与されるものである。

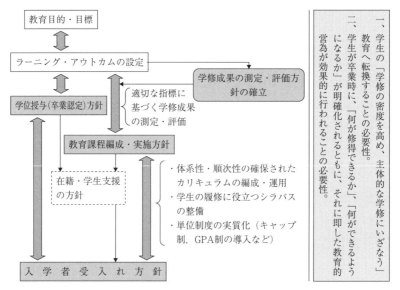

図15-1 今,大学教育に求められていること
(出所) 中央教育審議会・大学分科会第6回大学教育部会(2011.10.28開催)配布資料
(www.mext.go.jp/b_menu/shingi/chukyo/chukyo4/015/gijiroku/_icsFiles/afieldfile/
2011/11/08/1312848_2.pdt 文部科学省 HP2015年9月20日閲覧)を基に作成。

このことの帰結として,予め学修成果を明確化して,その達成状況を測定・評価し学位につなげるような仕組みを学内に確立することが必要とされる。ここでは,学修成果(ラーニング・アウトカム)を設定し,成果指標に基づいて学生が実際に会得し得た知識・能力や態度・志向性等の成果を評価する一方で,設定した学修成果に相応しい学生を受け入れて,彼らに対して適切な教育を施すことが要請される。また,学修成果の(達成状況の)測定・評価の結果を踏まえ,既に設定している学修成果(ラーニング・アウトカム)に修正を加えたり,既存の教育内容や教育方法の改善を図っていくことも求められる。これらのことと並行して,経済的に学業の継続が厳しいなど,学修意欲があるにもかかわらず,卒業に困難を伴う学生のために,「在籍・学生支援の方針(リテンション・ポリシー)」を明文を以て確立することも必要と考える。

2 高等教育のグローバリゼーションと市場化

今日の高等教育の制度的,実体的変化を誘因する背景として,特に指摘して

おかなければならないのが，「『市場化』を伴う高等教育のグローバリゼーション」である。

　グローバリゼーションの波は，社会，経済，科学技術等の様々な分野に押し寄せており，教育分野もその例外ではない。とりわけ高等教育分野はグローバルなレベルにおいて市場競争原理の荒波にさらされようとしている。

　高等教育が経済的対価を伴うものとして国境を越えた流通が顕在化の様相を呈する中，WTO（世界貿易機関）は，1995（平7）年，「サービスの貿易に関する一般協定（GATS）」を発効させた。そこでは，高等教育が自由貿易対象のサービス品目，すなわち貿易輸出入のサービス品目として位置付けられるとともに，それが「サービス」として位置付けられたことにより「高等教育サービス」が各国における戦略的投資の目玉の一つとなった。こうして貿易輸出入の対象サービスに高等教育が位置付けられたことに伴い，次の段階として，劣悪な高等教育サービスを提供する教育産業提供業者の跋扈が懸念されるところとなった。このことは同時に，グローバルレベルでの「偽学位（ディプロマミル）」販売業者の取り締まりの必要性が強く認識されるようになったことを意味する。こうした背景の下，後述するように，国境を跨いだ地域レベル等で高等教育質保証のための横断的な仕組みが創設されていったが，そうした中で，2008（平20）年，UNESCOの下で「国境を越えて提供される高等教育の質保証に関するガイドライン」が採択された。

　既に国や地域において高等教育のグローバリゼーションが相当程度進展しつつある中，関税障壁や規制上の障壁の緩和・撤廃を前提に，自由貿易の枠組みづくり（TPPやNAFTA，FTA等）を進めることと併せて，自由貿易対象となるサービス品目として既に位置付けられた高等教育の国境を越えた汎用性を確保できる仕組みづくりが，関係各国間において実現すべき喫緊の課題となっていった。

　こうして高等教育の国境を越えた流通が現実味を帯びていく中で，既にアメリカの「高等教育アクレディテーション評議会（COPA）」は，海外で展開するアメリカ高等教育の質を評価するための基準を採択しその運用を開始していた。そして，「高等教育サービス」の「3大輸出国」であるアメリカ，イギリス，オーストラリアの3か国が中心となり，1991（平3）年，世界の大学評価

機関の連合体である「高等教育質保証機関国際的ネットワーク（INQAAHE）」が設立され事務局が香港に置かれた。2001（平13）年，INQAAHE は，アジア太平洋地域に支部を設けた。それが「アジア・太平洋高等教育質保証ネットワーク（APQN）」である。ちなみに我が国を代表する高等教育質保証機関である大学基準協会と INQAAHE は共同で，2002（平14）年7月に「高等教育の国際的質保証に関する東京宣言」を採択し，我が国も世界に伍するような大学評価システムを構築し，高等教育の国際的質保証に貢献することを宣明した。

　欧州に目を転ずると，1999（平11）年のボローニャ宣言以降，ヨーロッパ共通通貨であるユーロの如く，欧州域の国であればどの国のどの大学の学位や単位でも共通的な価値をもつことができるよう，学生の「学習成果」の測定・評価に照準を合わせてそれを可視化できるような大学評価や質保証システムの地域統合に向けた模索が行われてきた（「ボローニャ・プロセス」）。その間，「リスボン戦略」の枠組みを設け，欧州を最強の競争的知識基盤経済体にすべく，高等教育をより経済界のニーズに対応させたものにしていくための高等教育制度改革の方途の模索も続けられた。さらに，「リスボン戦略」の趣旨を継承し，欧州域の国々の職業教育担当大臣と「欧州委員会（EU）」の合意を受けて採択された「コペンハーゲン宣言」に基づき，ボローニャ・プロセスに類似の取組として，職業教育分野においても，欧州域での共通枠組みの構築を目指す「コペンハーゲン・プロセス」が始動するところとなった。

　このような高等教育の質保証の効力を地域全体で共有化する模索は，世界各地で始まっている。そうした目的の実現を目指す組織として，北欧では「北欧高等教育質保証ネットワーク（NOQA）」が，中南米では「中・南米高等教育認定・質保証ネットワーク（RIACES）」が稼働している。そして欧州では，2003（平15）年，「ベルリン・コミュニケ」が採択され，「欧州高等教育質保証協会（ENQA）」の主導の下で欧州域に汎用的な大学評価基準に即し高等教育質保証のための制度が運用されている。

　アジアの動向について見ると，2006（平18）年，「ASEAN 大学ネットワーク（AUN）」が，ASEAN 諸国の有力大学を対象とした大学評価に臨むこととなった。また，ASEAN 地域にあっては，「東南アジア教育大臣機構・高等教育開発センター（SEAMEO-RIHED）」も，同域内を中心に，高等教育質保証の

裏付けを伴った単位互換制度や学生交流プログラムの構築・促進に意欲的に取り組んでいる。2010（平22）年以降は，日中韓の3か国で「キャンパス・アジア」構想を展開させながら，漸進的に日中韓の間で大学間交流を活発化させるべく，そのための質保証の大綱的な枠組みづくりが展望されている。今日，アジアレベルでの大学を軸とする高等教育機関の質保証を具体化していくための現実的な選択肢として，活発に活動が展開されているAUN等の質保証の枠組みを日中韓に広げていくことを通じて，東南アジアと東アジアとで共通して通用できる高等教育質保証制度の構築が構想されようとしている。

　今後の見通しとして，高等教育のグローバリゼーションが急速に進展しつつある中，これに呼応して我が国高等教育に押し寄せる市場競争原理の荒波に真正面から抗うことは，中・長期的に見て次第に困難となりつつある。したがって，そうした市場競争原理に向き合うためには，海外の高等教育システムと整合性を図れるような体制を国内に整備していく必要がある。仮にそのための体制整備が遅滞し，上記目的に即した海外の質保証制度を日本に直接的に導入することになった場合，我が国高等教育機関は挙げてこれに合わせてその高等教育システムを海外のそれと同じ内容のものへと制度改変させていくことを余儀なくされるであろう。そうした状況を回避するためにも，我が国の文化・風土になじみ，高・大の無理のない接続に資することのできるような高等質保証の仕組みづくりに邁進することが必要である。

　このほか，学位授与と表裏一体の関係にある卒業認定の厳格化を担保するための制度措置の強化も，高等教育のグローバル化の視点から必要とされている。加えて，認証評価機関の役割として，海外の大学等の学位や単位の等価性を確保でき，同時に高等教育質保証の国際的通用力を対外的にアピールできるような仕組みをつくっていくことも要請されている。

　さらには，学習者に対し高等教育にアクセスする権利が憲法上保障されている以上，各高等教育機関としてそれを充足できるような教学上の仕組みを十全に確立すると同時に，海外の高等教育システム同様，「在籍・学生支援の方針（リテンション・ポリシー）」の明確化を通じて，学習支援だけではなく経済面・生活面からも学生の在学を支えるような仕組みづくりをすることが，個別高等教育機関レベルにとどまらず，国の政策レベルでも求められている。

3 高等教育に残された当面の政策課題

1 学修成果の測定・評価と内部質保証

　高等教育のグローバル化に伴い，学生や学位取得者の国際的な流動性が高まる中，知識やスキル等の証明である学位や単位に対する国家間相互の透過性・同等性が要請されている。加えて，企業等での雇用が一国内限りの閉じられたものではなく，労働市場がグローバルレベルでの「開放」へと向かう方向にある以上，我が国大学等の卒業生を取り巻く中・長期的な雇用環境は厳しさの度合いを増すことが予想されている。

　こうした状況を背景に，昨今の高等教育に係る政策文書は，既述の如く各高等教育機関が予め設定した「学修成果（ラーニング・アウトカム）」のカタログに対応したパフォーマンスがどの程度産出されたかといった観点から成果の測定を行い，そこから得られた情報・データの分析を通して教育の質を保証しその一層の改善・向上に邁進すべきことを強調する点で軌を一にしている。

　2005（平17）年1月の中央教育審議会「我が国の高等教育の将来像（答申）」以降の中央教育審議会答申・報告はそうした趣旨に立脚して具体的な政策提言を行ってきた。とりわけ2012（平24）年8月の中央教育審議会「新たな未来を築くための大学教育の質的転換に向けて（答申）」は，それまでの答申の基本的な趣旨を踏まえた上で，a）学長を中心とするチームの下で，教育プログラムのアウトカムを明示する，b）アウトカム達成に向けた教員の役割分担を教員間で共有し，組織的な教育を展開する，c）「学修成果の測定・評価方針（アセスメント・ポリシー）」に沿った成果評価の結果を受け，教育プログラムの改革サイクルが機能する全学的教学マネジメントを確立する，d）成果評価を行うに当り，学長を中心とするチームは，そこで用いる測定手法を明示する，e）教育プログラム策定に当り，個々の授業科目の充実の観点から，授業科目の整理・統合の実施と各科目間の連携の確保を図る，の5点を強調した。

　そしてアウトカム評価の視点に立った教育の質保証とその改善に資するような仕組みとして，各高等教育機関に対しては「内部質保証」体制の確立とその効果的運用を行うことを求めてきた。また，認証評価機関に対しては，「教育

環境等の外形を中心」に据えた従来型の評価方法を改め,「学生の学修成果や各大学における成果把握と転換の取組(内部質保証)といった, 成果を重視した評価に改善」するよう, 前述の2014 (平26) 年12月の中央教育審議会「新しい時代にふさわしい高大接続の実現に向けた高等学校教育, 大学教育, 大学入学者選抜の一体的改革について (答申)」はあらためて要請した。

　さてそうした「内部質保証」の特質は, a) 教育の質の向上を目的とするPDCAの循環サイクルが内包されていること, b) 学位の中身に対応した学修成果の発現状況を測定し評価することを軸に展開されるものであること, c) 学位に見合った各専門分野の知識やスキル, コンピテンシーの修得状況の測定が不可欠となることから, そこではとりわけ教育の専門分野別質保証の観点が重視されること, d) 内部質保証の有効性の検証は, 認証評価などの第三者評価を通じて行われること, 等の点にあるとされている。

　こうしたことから, 今後, 大学を中心とする各高等教育機関は, 授与する学位の内容をなす「修得すべき『知識・スキル, コンピテンシー』の一覧」を具体的に明示するとともに, 適切な成果指標に沿ってその達成状況を明らかにしていくことが求められる。そうした営みを効果的に実施していくための内部質保証をどう構築・運用していくかも各高等教育機関に課された課題である。認証評価機関に対しては, 各高等教育機関の内部質保証の機能的有効性をいかに評価していくかが課題となる。また, 各専門分野に汎用的な「知識・スキル, コンピテンシー」の提示も, 各分野の学協会に対して求められている (こうした動きを受けて日本学術会議は, 各専門分野別の教育質保証のための「教育課程編成上の参照基準」の策定を順次進めている)。

　学修成果の測定・評価は, その出口である学位授与の時点を基準に行われるが, その始点は学生の入学時が基準となる。現下の高等教育政策にあっては,「入学者受入れ方針 (アドミッション・ポリシー)」に即して適切な学生を受け入れることが各高等教育機関の責務であることが強調されるが, その意は, 教育目的・目標に適った学生の成長を促す努力がそれぞれの高等教育機関に課されていることにある。その意味からも, 入学時から卒業時までの学生の教育/学習における発達・成長の評価とそうした営為を通じた教育の質的管理が重視されるのである。

2　学部・学科制から教育プログラム制へ

　さて，今日における高等教育質保証の動向として，「学位」に着目しその専門分野の学位に見合ったパフォーマンスの発現を通して高等教育機関の有効性を評価しその改善を促すことに主眼が置かれている。こうしたことから，その質保証の直接的な対象は学位に連結する各教育プログラムということになろう。ところが，現行の学校教育法では，その85条で「大学には，学部を置くことを常例とする」とし，我が国大学は，学生所属組織であるとともに教員組織でもある学部制を軸に構成されることが基本原則とされているのである。その一方で，学部の垣根を越え柔軟に教育プログラムを運用し，社会の需要にも応え得るような組織体制の整備は限定的な範囲にとどまっている。昨今の中央教育審議会答申・報告が，学部や大学院といった組織に着目した現行制度を，学位を与える課程中心の考え方に再整理し，人材育成機関としての高等教育機関の役割を明確にすべきことを強調するゆえんも，学部中心の教育体制を見直し，学位に連結する教育プログラムを教学上の基礎単位とする方向に政策のかじを切ろうとしていることの表れとして見ることができる。大学における学部制を法制度としてそのまま維持するのか，それともそれを改め大学組織における「学生の所属組織」と「教員の所属組織」を分離するという方向性に道筋をつける新たな制度を構築するのか，それは今後における高等教育政策上の重要課題である。この問題は，「学部教授会自治」を中心に据えた「大学の自治」の根幹を大きく揺るがしかねない事柄であることに加え，柔軟な組み換えが可能な教育プログラムの下，社会需要に対応して臨機応変に教育研究活動を展開することが，結果として，基礎的な教育研究分野の立ち枯れに横着する危険を孕むものであることをも肝に銘じておくべきである。

　なお，2015（平27）年5月の教育再生実行会議「これからの時代に求められる資質・能力と，それを培う教育，教師の在り方について（第7次提言）」は，「縦割りの学部・学科等の組織の在り方の見直しも含め，学生の学修成果等も踏まえつつ，教育活動の改善を図るための全学的な教学マネジメントを確立」することの必要性に言及した。それは，学部・学科制度を見直し，これを学修成果の発現の証としての「学位」に直結する学位プログラムへと改編していく上において，「学長のリーダーシップ」を軸とする「全学的な教学マネジメン

ト」の確立の必要性を示唆した点で重要な意義を有する。

　ちなみに，2014（平 26）年 6 月，大学の「ガバナンス改革」を目的とする学校教育法改正により，教授会権限の縮減化と学長が全学的なリーダーシップを発揮できる体制整備が図られ，上述の「全学的な教学マネジメント」の展開を後押しする制度条件が整えられた。但し，「学長のリーダーシップ発揮」の強調がその裏返しとしての「学長の専横と無答責」を意味するものではなく，「学長の業務執行の状況」を学長選考組織，監事が常時確認することはもとより，自己点検・評価や認証評価を通じその業務実績に対する評価が行われるものとされている（平 26.8.29 文科高 411 高等教育局長・研究振興局長通知）ことに留意が必要である。

3　高・大の教育接続

　大学等の高等教育機関の学生はいずれも，小・中・高という一貫した教育体系の中で必要な知識・能力を身に付けてきたという仮定の下に各高等教育機関に入学する。このことは，各高等教育機関が，それぞれの学生の高等学校卒業までの学習歴の中身の確認の上に立って，その能力・個性に見合った有為な高等教育を展開させることを不可避的に要請する。それは，高等学校段階までの知識・能力を高等教育段階に円滑かつ系統的に継承できるための仕組みを設けることが重要な政策課題であることを意味する。

　前述の 2014（平 26）年 12 月の中央教育審議会「新しい時代にふさわしい高大接続の実現に向けた高等学校教育，大学教育，大学入学者選抜の一体的改革について（答申）」において，高・大接続を円滑に進めるための新テスト構想が示されるなど，高・大接続改革にとって必要な具体的提言が示されたゆえんはこれらの点にその理由が見出される。さらに，2015（平 27）年 5 月の前記・教育再生実行会議「第 7 次提言」は，この問題について，より踏み込んだ提言を提示した。すなわちそこでは，a）小・中・高等学校から大学までを通じて，「課題解決に向けた主体的・協働的で，能動的な学び（アクティブ・ラーニング）へと授業を革新し，学びの質を高め」ること，b）高・大の教育接続を円滑に行えるようにするため，「大学教員のキャリアステージを踏まえた組織的な研修等を充実」させるとともに，教育活動の適正な評価を通じて授業の質や

密度を高めること，の 2 点が強調されたのである。

4　大学への財政支援の課題

　行財政改革の一環として高等教育分野においても規制改革，財政改革を軸とする構造改革が強力に推し進められている。とりわけ財政当局は公的資源配分対象者に対して，納税者へのアカウンタビリティの確保の視点に立脚し，a）公的資金が適正に費消されることを前提に，b）当該組織の目的・目標に照らしてそれが効果的に運用され，かつ c）最少の経費支出で最大の成果を挙げ得ること，を求めるのが近年の傾向である。

　そうしたコスト・パフォーマンスの考え方に立った高等教育財政改革を具体的に実現していくための政策課題として，国立大学に配分される運営費交付金配分方法の改革策が挙げられる。当面の改革方策として，各国立大学の教育研究に関わる機能別分化の方向性を国が判断・評価し具体的な配分額を決定・交付する方途が指向されている。また私立大学に対しても，教育の質的転換のための全学的な体制を構築もしくは社会的需要を見据え特色ある教育研究を展開している大学に対して，競争性の高い私学助成を行う方向性が顕在化してきている。このほか，大学への財政支援に係る論点として，大学間の財政資源配分の格差問題，国・公・私立大学間のイコール・フッティングの実現，大学等への国庫助成金の機関補助から個人補助への転換の可能性の可否，等に関わる諸課題の存在が挙げられる。

参考文献

天野郁夫『日本の高等教育システム——変革と創造——』東京大学出版会，2003 年 2 月。

OECD 教育研究革新センター／世界銀行編著（斎藤里美監訳，徳永優子・矢倉美登里訳）『国境を越える高等教育——教育の国際化と質保証ガイドライン——』明石書店，2008 年 11 月。

黒田一雄編著『アジアの高等教育ガバナンス』勁草書房，2013 年 2 月。

大学基準協会「高等教育のあり方研究会・内部質保証のあり方に関する調査研究部会」編『内部質保証ハンドブック』大学基準協会，2015 年 7 月。

大学基準協会企画・編集『大学評価の国際化——財団法人大学基準協会主催高

等教育質保証に関わる「国際会議」・「国際シンポジウムの記録」──』エイデル研究所, 2003 年 10 月.

東海高等教育研究所編『大学を変える──教育・研究の原点に立ちかえって──』大学教育出版会, 2010 年 11 月.

早田幸政編著『大学の質保証とは何か』エイデル研究所, 2015 年 5 月.

早田幸政・望月太郎編著『大学のグローバル化と内部質保証──単位の実質化, 授業改善, アウトカム評価──』晃洋書房, 2012 年 4 月.

早田幸政・諸星裕・青野透編著『高等教育論入門──大学教育のこれから──』ミネルヴァ書房, 2010 年 11 月.

広田照幸（代表）『組織としての大学──役割や機能をどう見るか──』岩波書店, 2013 年 8 月.

深堀聰子編著『アウトカムに基づく大学教育の質保証──チューニングとアセスメントにみる世界の動向──』東信堂, 2015 年 6 月.

山田礼子『学士課程教育の質保証へむけて──学生調査と初年次教育からみえてきたもの──』東信堂, 2012 年 3 月.

渡辺一雄編『〈教育政策入門 4〉大学の運営と展望』玉川大学出版部, 2010 年 11 月.

終 章
昨今の教育政策の展開に伴う教育人権の再定義

●設 問
1. 昨今の教育政策を牽引する政治スローガンを列記するとともに，その各々の内容について説明してください。
2. 昨今の教育政策の意義を，憲法の保障する教育人権と関連付けて論じてください。

1 教育人権に関する憲法上の位置付けと憲法理論の動向

　日本国憲法における教育人権とは，伝統的に，教育の機会均等を実現するための経済的配慮を国に要求する権利として，また教育行政を通じた公教育の外的条件の整備を求めることを内容とするものとして解釈されてきた。このように，憲法上の教育人権は，専ら社会権的な人権として理解されてきた。

　そうした伝統的な考え方に一定の見直しを迫る中で，自身の人格形成と自己実現のために不可欠な教育の提供を要求する子ども固有の権利としての「学習権」という考え方が生成・展開された。そして，その学習権を充足させるべく，本来私事である教育を親が教師に負託して，親に代わって教師が子どもに教育を施すという観点から教育権の在り方全体を見直すべきだとの主張が展開されるようになった。その帰結として，教師は「教育の自由」の保障の下，自ら伝えるべきであると判断した事柄を児童生徒に教えることが権利として保障されているとの考え方が台頭してきた。

　やがて生涯学習の必要性に対する認識の高まりとともに，この学習権は全ての世代で生涯にわたって享有すべき権利として発展的に解釈されるに至った。

　教育人権を，高等教育の部面で見ていくと，自由権という面では，「学問研究の自由」や，大学の自治としての「人事の自由」がある。ここに言う大学の

自治や人事の自由は，伝統的な学説・判例によれば端的には教授会自治を軸に保障されるものと解されてきた。社会権の側面から捉えると，学生が高等教育にアクセスする権利，経済的弱者の奨学支援を受ける権利などが憲法によって一定程度保障されるものと解されてきた。

2 現下の教育制度，教育政策の態様

　ここで，本書全体を通じて検討してきた初・中等から高等教育に係る昨今の教育政策とその政策実現のための制度改正の意義を総括すべく，政策上の目的別に分類してそれらの関係性を簡単に整理しておきたい（図終－1）。

　今，行財政改革が，公財政支出の効率化・縮減化を図ることを目的に進められている。その目的・目標を実現するため，「官から民へ」，「消費者主権」，「競争・評価・選択」，「迅速な意思決定のためのマネジメント改革」という視点から教育関係法令の改正等がなされている。これらの観点に立脚して，あらためてこれら法改正等に伴って登場した制度を再確認しておきたい。

　「官から民へ」という視点から，国立大学制度の見直しが，今日なお財政上の側面から精力的に行われている。その中心に位置するのが，国立大学に配分される運営費交付金配分の改革策である。現在，教育研究に関わる機能別分化の方向性を大学ごとに国が評価し，その配分額を決定・交付する方途が指向されている。このほか，小学校から大学まで株式会社立教育機関が参入できる道も開かれるとともに，とりわけ中等教育の領域において公設民営学校制度の具体的運用も方向付けられようとしている。

　「消費者主権」の視点に基づく制度として，学校評議員制度，学校運営協議会制度（コミュニティ・スクール），学校関係者評価等が挙げられる。学校の情報公表や，保護者の学校運営への参画の制度化も，そうした視点に立つものとして理解できる。加えて，教育行政に保護者が参画するという視点から，今日，教育委員会委員に，実際に学校へ通っている児童生徒の保護者の代表が必ず1名含まれることが要請されている。

　「市場競争原理」に基づく「競争・評価・選択」という視点を具現化したものとして，学校（大学を含む）に関する情報の公表，学校評価，大学評価，学

終　章　昨今の教育政策の展開に伴う教育人権の再定義

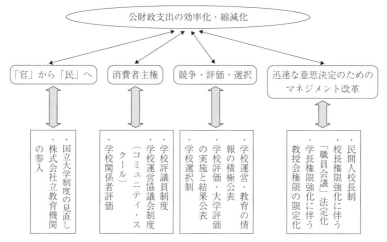

図終-1　昨今の政策スローガンに基づく教育政策（大要）

校選択制等が挙げられる。とりわけ学校情報の積極的な公表は，学校と学校の受益者との間の情報の非対称性を克服するために，学校情報を積極的に公表させようとするものである。受益者（それは良質の教育サービスの提供を欲する「消費者」でもある）の選好に資するような学校運営の現況についての情報を広く社会に提供するとともに，自己評価，他者評価の組み合わせによる学校評価等に関わる評価結果の情報提供を促進することを目的に，情報公表制度や評価制度が法制化されている。そこでは評価結果に係る情報を活用して，自ら就学校を選ぶことのできる学校選択制や大学選択の効果的運用も指向されている。

「迅速な意思決定のためのマネジメント改革」の視点に立つものとして，民間人校長制，校長権限の強化に伴う職員会議の法定化，大学における学長権限の強化に伴う教授会権限の明確化とその縮減化等の制度改正が挙げられる。

3　教育人権の法理の可変性と伝統型人権論の再評価の必要性

昨今の教育制度改革に関わる以上の諸点の確認を踏まえ，最後にあらためて教育人権の意義を再考したい。

人権の保障は，社会における平等の実現という大きな理念に裏打ちされている。それは，憲法の理念であるとともに，「正義」の理念でもある。こうした

基本理念は，次の二つの視点から教育権において妥当する（図終-2）。

その一つが，学歴や教育歴，あるいはその延長線上にある職業や職歴によって人を差別してはならないということである。他の一つは，所得階層や社会階層が上位層に属していなくとも，能力と意欲さえあれば，自身に教育上の付加価値を付けることで，より上位の階層へと辿りつくことが可能であり，そのための教育を受ける機会の保障と，教育への自己投資の権利が認められている。

教育における平等とは，法の下の平等の保障そのものであり，それは，さしあたり，教育を受ける権利を社会権からのみではなく，自由権と社会権の両側面から保障することによって実現可能であると言えよう。このうち，自由権としての教育人権の保障に当り，市場競争原理への指向性をもつ自由権がどこまで尊重されるのかが，現下の大きな政策課題ともなっている。

その代表例の一つが，児童生徒や保護者等の受益者の選好に応じた学校や教育課程を選択する自由が「権利」としてどこまで保障されるのか，換言すれば，教育という営為に対する受益者による人的資本形成のための投資の自由がどの程度まで権利として保障されるのか，という政策課題である。

もとより上記の事項が自由権として保障され法定化されることによって，個々人の教育上の努力を通じ，個人レベルでの階層格差の是正が図られる可能性は否定すべくもない。こうした考え方に立脚すれば，市場競争原理指向型の自由権の拡充によって，憲法が希求する真の平等社会の実現に向け歩を進めることができるという結論も成立の余地がある。

しかしながら，憲法理論として一般に説かれるように，経済的自由に一定の政策的制約を課さない限り，形式的平等がいくら保障されても，それによってこれを実質的平等に転嫁することは極めて困難である。そういう意味において，形式的平等の貫徹を背景に，市場競争原理指向の施策が進められることによって，本当に社会における実質的平等が実現できるかどうかという点については，懐疑的に考える余地も少なからず存する。付言すれば，市場競争原理の裏付けを伴う「教育において競争する権利・自由」が，階層間の教育格差，学歴格差の一層の拡大を正当化させる根拠を与えるものとしてこれを批判的に捉える見解も根強いのである。（以下の記述に当り，図終-3）。

ここに伝統型の教育人権論を再評価し，憲法の保障する「教育権」をその該

終　章　昨今の教育政策の展開に伴う教育人権の再定義

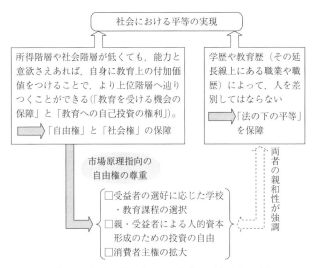

図終-2　教育人権の法理の可変性を正当付ける論拠

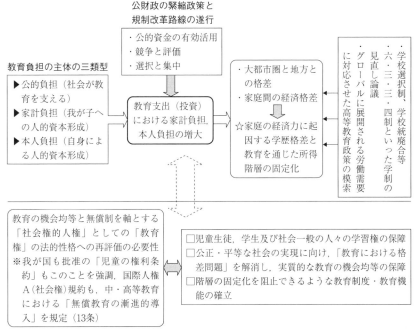

図終-3　伝統型教育人権論の再評価

当条項の文言に即して忠実に解釈し，国家に対して教育を受ける権利を主張できることを内容とする純度の高い社会権として再定義すべきゆえんがある。

こうした立論は，教育負担の在り方を吟味するとともに，そこに内在する課題の解決策を模索していく上で有為な手がかりを提供できるものと考える。教育負担の中身は，おおよそa）社会が教育を支える公的負担，b）家計の支えで「子ども」に人的資本形成をするための資金投入，c）人的資本形成のために投入する自身による費用負担，の三つの側面から成っている。しかしながら，実際には，アカウンタビリティの十全な履行に向け公的資金を効率活用するという政策スローガンの下，教育における公的負担の比率を下げることを目的に，教育分野においても「競争と評価」，「選択と集中」を具現化した政策が進行し，結果として家計への負担や本人負担に対しより一層のしわ寄せがきているという状況にある。

大都市圏と地方との教育機会の格差，家庭の経済力に起因する学歴格差，教育を通じた所得階層の固定化とそれに伴う貧困の連鎖など，これまでに見たような行財政改革の一翼を担う現下の教育行政政策をも一因とする教育格差は，深刻な社会問題をもたらしている。そうした経済的，社会的な環境・条件の違いによる学歴・教育歴の格差は，就職戦線での勝敗を決する要因となるにとどまらず，正規・非正規の別による賃金格差を含めた不安定雇用のリスクを，将来を担う有為な若者たちに負わせる大きな原因ともなっている。

学校選択制，学校の統廃合，小中一貫教育を担う義務教育学校の制度化，公設民営学校構想さらにはグローバルな労働需要に対応させた高等教育政策の展開といった諸施策も，公的負担によって学習者の権利を十全に支えるという公教育の価値原理に対し経済効率性の追求に重きを置くものであるならば，これら政策の推進が，教育格差の是正や教育負担の軽減に寄与し得ない感は払えない。

従って，そうした教育をめぐる環境・条件が厳しさを増しつつある今こそ，教育の機会均等と無償制を軸とする「社会権的人権」として，「福祉国家論」の視点から伝統的に主張されてきた教育権の法的性格を再評価すべき時期に来ていると考える。そして再評価された「教育権」の基本理念の下，教育の「無償の範囲」を，その就学が実質的に社会的な標準となっている高等学校教育段

階まで射程に入れて，立法政策上，教科書の無償にとどまらず，教材費，校外活動費等にまで拡大させていくことが求められよう。加えて，将来における高等教育の漸進的な無償化をも展望しつつ，当面，高等教育にアクセスしている学生の経済的負担を軽減するための奨学支援制度を一層充実・拡大していくことが要請される。そのことを通じて，教育における格差問題の解消にも道を開き，児童生徒や学生，そして社会一般の人々の学習権が等価的・等質的に保障され公正で平等な社会の実現が展望できるものと思慮される。

　2015（平27）年7月，教育再生実行会議は「教育立国実現のための教育投資・教育財源の在り方について（第8次提言）」を公表した。同提言は，経済的理由に基づく教育の機会格差が生じないよう，「学ぶ意欲と能力のある」全ての子どもが質の高い教育を受け，その能力を最大限伸長できる環境を整備することを謳っている。そして，貧困の連鎖を解消させる一環として，「幼児教育の段階的無償化」，「高等教育段階における教育費負担軽減」に係る施策の実施に優先的に取り組む旨を明言した。その一方で，人口構成の変化に対応させ資源配分の重点を「高齢者から子供や子育て世帯にシフト」させる方向性をも打ち出している。我が国の社会・経済の持続的発展に向け人的資源の充実を図る観点から戦略的教育投資の必要性が強調されている点で，同提言は官邸主導のこれまでの諸提言と軌を一にする。しかしその一方で，社会的平等の実現を展望し教育の機会均等を財政面から担保する方向性を具体的に提示した点で，同提言はこれまでのものとはその趣旨において一線を画していると見做すこともできる。

　公教育に対する今後の教育投資を国民の誰もが納得しかつ一層効果的ならしめるためにも，税源に基礎を置く限られた公的資金をあらゆる世代へ公平に配分することを通じ，個人の尊厳と幸福追求権の保障に最大の価値をおく社会正義の実現を政府に対し求めていくことが，私たち国民一人ひとりの主権者としての責務でもある。

参考文献

　磯田文雄『教育行政――分かち合う共同体をめざして――』ミネルヴァ書房，2014年12月。

伊藤隆敏・西村和雄編『教育改革の経済学』日本経済新聞社，2003 年 7 月。
上山隆大（代表）『大学とコスト――誰がどう支えるのか――』岩波書店，2013 年 5 月。
苅谷剛彦『学力と階層――教育の綻びをどう修正するか――』朝日新聞出版，2008 年 12 月。
小林雅之『大学進学の機会――均等化政策の検証――』東京大学出版会，2009 年 3 月。
日本教育行政学会研究推進委員会編『教育機会格差と教育行政――転換期の教育保障を展望する――』福村出版，2013 年 9 月。
日本教育行政学会研究推進委員会編『学校と大学のガバナンス改革』教育開発研究所，2009 年 5 月。
嶺井正也・中村文夫編著『市場化する学校』八月書館，2014 年 4 月。
宮寺晃夫編『再検討　教育機会の平等』岩波書店，2011 年 8 月。
八代尚宏編『市場重視の教育改革』日本経済新聞社，1999 年 2 月。

事項索引

あ　行

アウトカム評価　151, 286
アカウンタビリティ　69, 140, 147, 156, 157, 280, 290, 298
アクティブ・ラーニング　27, 31, 289
アクレディテーション　31
アジア・太平洋高等教育質保証ネットワーク（APQN）　284
ASEAN大学ネットワーク（AUN）　284
新しい学力観　176
生きる力　177-180, 228, 272
いじめ　16, 19, 133, 180, 204, 206, 219, 220, 223, 225, 228, 229, 231
いじめ防止基本方針　227
1条校　28, 37, 119, 251, 280
一種免許状　33
一般行政からの相対的独立　82
委任命令　66, 67
インクルーシブ教育　207, 208, 243
インプット評価　151
営造物利用関係説　211
栄養教諭　25, 28, 32
営利企業等の従事制限　60
欧州委員会（EU）　284
欧州高等教育質保証協会（ENQA）　284
オートバイ規制　212, 216
公の支配　7, 8

か　行

戒告　58, 62
外国語指導助手（ALT）　27
介護等の体験　29
開申制　186
改善指向型評価　110, 114
開放制教員養成　30
科学技術・学術審議会　73
学位授与（卒業認定）方針（ディプロマ・ポリシー）　273
各教科の学習の記録　260
学習権　1-4, 214, 224, 293
「学修成果」の測定・評価　282, 284, 287
学修成果の測定・評価方針（アセスメント・ポリシー）　286
学習評価　255, 260-263, 268, 271
学生＝営造物利用者論　6
学生の所属組織　288
学籍に関する記録　260
学則　210
学長選考会議　6
学年　136
学年会　137
学年経営　135, 136
学年経営計画　136
学年主任　26, 128, 137
学問の自由　1, 5, 7, 14, 279, 293
学力の3要素　31, 261, 272
学科主任　26
学級　134
学級王国　135
学級経営　136
学級経営計画　136
学級担任（制）　103, 122, 123, 135
学級編制　68, 90, 134
学級崩壊　16, 219
学校安全計画　134
学校運営　120
学校運営協議会（コミュニティ・スクール）　90, 140, 146, 152, 234, 235, 237, 238, 245, 294
学校関係者評価　106, 139, 143, 145, 146, 152,

155, 158, 238, 294
学校管理　119, 120
学校管理規則　90, 122, 131
学校管理権　121
学校教育目標　133, 135, 136, 139, 147, 156
学校経営　120, 131, 132, 135, 136, 140
学校経営計画　133
学校経費設置者負担主義　77
学校現場における業務改善のためのガイドライン　159
学校裁量の時間（ゆとりの時間）　176
学校支援地域本部　246
学校事務組合　81, 85
学校制度的基準説　172
学校選択制　140, 142, 240-242, 250, 298
学校選択の自由　241
学校統廃合　248, 249, 298
学校の重点目標　145, 152
学校評価　22, 69, 133, 139, 141-145, 147, 152, 153, 155, 156, 157, 158, 238, 294
学校評価ガイドライン　143, 149, 155, 159
学校評議員　140, 146, 152, 233, 235, 294
課程認定　30
課程認定委員会　30
課程認定審査基準　30
髪形規制　213
カリキュラム・マネジメント　27, 31, 273
官から民へ　140
寛大化の傾向　108
観点別学習状況の評価　262, 263, 270, 273
機関委任事務　68, 83
危機管理　133
議決機関説（最高意思決定機関説）　129
規制改革　120, 140, 290
（総合）規制改革会議　73
規制改革・民間開放推進会議　73
規制作用　66
君が代・日の丸問題　20
義務教育学校　37, 119, 250, 298
義務教育の構造改革　77

義務教育の無償　4, 194
義務教育費国庫負担制度　77, 78
キャンパス・アジア　285
休職　53, 60, 62
教育委員　83, 84, 87, 94
教育委員会　85
教育委員会事務局　88, 89, 98, 115
教育委員会の教育事務の管理・執行状況の点検・評価　84, 92, 93, 97, 159
教育委員の公選制　83
教育行政の一般行政からの独立　68
教育再生実行会議　73
教育三法案　21
教育実習　29
教育振興基本計画　16, 18, 19, 95-97
教育相談　209
教育長　23, 55, 82-84, 86, 87, 92-94, 115
教育勅語　13, 66
教育の機会均等　2, 4, 14, 15, 17, 76, 78, 79, 90, 165, 167, 171, 172, 186, 193, 241, 293, 298
教育の「市場化」　141
教育の自由　3, 4, 115, 184, 193, 293
教育（行政）法律主義　165, 172
教育を受ける権利　1-3, 84, 186, 214, 215, 224, 225, 232, 241, 296, 298
教員育成協議会　39
教員育成指標　39, 117
教員採用選考試験　55
教員の所属組織　288
教員の地位に関する勧告　195
教員評価　103, 106, 111, 114, 133, 143, 157
教員免許更新制　23, 47, 49
教員養成評価機構　32, 46
教学マネジメント　286, 288, 289
教科書　90
教科書検定　171, 185, 188, 190, 192-195, 197, 198
教科書裁判　192, 193
教科書調査官　186, 188, 190
教科書の採択　197
教科担任制　135, 136

事項索引

教科用図書検定規則　*188*
教科用図書検定調査審議会　*73, 74, 188*
教科用図書採択地区　*195, 197*
教科用図書採択地区協議会　*198*
教授会　*6, 22, 294, 295*
教授の自由　*116*
教職課程　*29, 30*
教職課程認定大学実地視察規程　*31*
教職実践演習　*29*
教職修士（専門職）　*46*
教職大学院　*32, 46*
行政研修　*40*
行政事務　*67, 68*
業績評価　*103, 104, 107, 158*
競争と評価　*140, 297*
教頭　*25, 26, 28, 57, 132*
共同採択地区方式　*198*
協働参画型評価　*116, 158*
教務主任　*26, 128*
教諭　*25, 26, 28, 32*
勤評反対闘争　*102*
勤務評定　*101-103, 107, 112-115, 158*
近隣諸国条項　*188*
区域外就学　*239, 240*
訓告　*62, 215*
経済財政諮問会議　*73*
形成的評価（改善指向型評価）　*257*
継続性・安定性の確保　*82*
結果評価　*111*
結論指向型評価　*110, 114*
検閲　*191, 192*
減給　*58, 62*
研究開発学校　*168*
研修計画　*38, 41, 42*
検定意見　*188-190*
県費負担教職員　*38, 44, 52, 53, 55, 58, 90, 101, 102, 107, 121, 235*
合科的指導　*168, 169*
広義の教育課程　*163*
公共事務　*67, 68*

講師　*28, 32*
公式的なカリキュラム　*163*
公私協力学校　*251*
公設民営学校　*251, 294, 298*
校則　*210-214, 217, 218*
高・大接続　*271-273, 289*
高・大接続改革　*272*
校長　*21, 25, 26, 28, 53, 90, 115, 122, 125, 130, 132, 197, 215, 223, 258*
校長裁量経費　*237*
高等学校卒業程度認定試験　*170*
高等教育アクレディテーション評議会（COPA）　*283*
高等教育規範体系　*11*
高等教育質保証機関国際的ネットワーク（INQAAHE）　*284*
高等教育の国際的質保証に関する東京宣言　*284*
校内暴力　*219, 231*
降任　*53, 60, 62*
校務　*125*
公務員制度改革大綱　*103*
校務掌理権（校務分掌権）　*123, 122, 125, 130*
校務分掌　*90, 125, 209*
校務分掌組織　*125, 126, 128, 131*
国際人権規約　*206*
国際バカロレア　*252, 273*
国定制　*186*
国民教育権　*3, 4*
国立研究開発法人審議会　*73*
国立大学法人運営費交付金　*76*
国立大学法人評価委員会　*73*
『心のノート』（『私（わたし）たちの道徳』）　*185*
個人内評価　*256*
コスト・パフォーマンス　*69*
国会単独立法の原則　*13, 66*
国会中心立法の原則　*13, 66, 67*
国家教育権　*3, 4, 193*
国境を越えて提供される高等教育の質保証に関

するガイドライン　*283*
コペンハーゲン・プロセス　*284*
コミュニティ・スクール　*238*
コンピテンシー・モデル　*111*

　　　　　さ　行

サービスの貿易に関する一般協定（GATS）
　　283
在籍・学生支援の方針(リテンション・ポリシー)
　　282, 285
採用　*53-55*
サマランカ声明　*207*
三者協議会　*238*
三ない運動　*212*
360度多面評価　*110*
三位一体の改革　*77*
自己意見表明権　*270*
自己決定権　*213*
自己指導能力　*205*
自己評価　*139-143, 145-147, 152, 155, 158, 238*
自主研修　*46*
自主退学勧告　*217*
司書教諭　*25*
自治事務　*67, 68*
市町村就学指導（教育支援）委員会　*243*
市町村費負担教職員任用事業　*53*
執行命令　*66, 67*
実施作用　*66*
実践されたカリキュラム　*162*
シティズンシップ教育　*4, 181*
指導改善研修　*23, 34, 43, 48*
指導機能　*258, 268*
児童虐待　*223*
指導教諭　*25, 26, 28, 32*
児童権利宣言　*206*
児童（子ども）の権利条約　*206, 207, 213, 217, 218*
指導主事　*84, 88, 89, 122, 207, 213, 217, 218, 270*
指導に関する記録　*260*
指導要録　*90, 258, 259, 261-265, 267-269*

諮問機関説　*129*
社会教育主事　*88*
就学校指定制度　*239*
就学校指定通知書　*240*
就学校の変更　*239, 240*
就学支援金制度　*79*
宗教法人審議会　*73*
習熟度別学級編制　*176*
習熟度別指導　*136*
自由選択制　*241*
重点目標　*156*
10年経験者研修　*42, 47, 49*
自由発行・自由採択制　*186*
「住民意思の反映」の原則　*82*
住民自治　*67*
修了確認期間　*48*
主幹教諭　*25, 26, 28, 32, 126, 132*
授業妨害　*220*
出席停止　*90, 134, 220-223, 228*
出席日数　*224*
出席の記録　*260*
主任（制）　*128, 129*
障害者権利条約　*208*
小中一貫教育　*36*
証明機能　*258, 268*
助教諭　*28, 32*
職員会議　*57, 126, 129-131, 140, 295*
職務上の義務　*57*
職務専念義務　*58, 86, 87*
職務命令　*26, 57, 58, 128*
助成作用　*66*
所属職員監督権　*123*
職階制　*103, 104, 106, 107*
初任者研修　*41, 47, 56*
シラバス　*281*
自立教科　*32*
人事考課（制度）　*106, 111*
人事評価　*90, 101, 103, 104, 106-109, 111, 112, 114., 115, 121, 133, 158*
診断的評価（事前評価）　*257*

事項索引

信用失墜行為の禁止 60
進路指導主事 26, 208
スクール・カウンセラー 27, 209, 210, 222
スクール・ソーシャルワーカー 27, 209
スクールリーダー 46
スポーツ審議会 73
生活指導 204, 273
成果評価 111, 286
政教分離 7
政策評価 69, 96, 97
生徒指導 203-205, 208-211
生徒指導主事 208
『生徒指導提要』 205, 213
制度的保障説 5
生徒の自己評価 270
生徒の問題行動への対処 210
制服着用の強制 213
世界貿易機関（WTO） 283
絶対評価 103, 109, 114, 256
設置者管理主義 121
設置者負担主義 121
専科担任制度 35
全国学力テスト 266
潜在的カリキュラム 163
専修免許状 33
選択と集中 297
専門職大学院認証評価機関 32
専門的教育職員 89
総額裁量制 78, 107
総括的評価（結論指向型評価） 257
争議行為の禁止 59
総合学科 177
総合教育会議 84, 97-99
総合施策大綱 95, 97, 98
総合的な学習の時間 168, 169, 177, 179, 248, 260
相対評価 103, 109, 114, 256, 265, 266
ソフト・ロー 13, 280

た行

第一次米国教育使節団報告書 82, 173
退学 215, 217, 221
大学院修学休業（制度） 45
大学基準協会 284
大学設置・学校法人審議会 30, 73, 74
大学の自治 5, 6, 11, 279, 288
大学評価 294
大学評価基準 280
大綱的基準説 171
第三者評価 139, 143, 153, 238
第二次臨時行政調査会 103
体罰 63, 215, 218-220, 231
確かな学力 31, 178, 180, 272, 273
単位制高等学校 170
短期の評価 109
団体委任事務 67, 68
団体自治 67
地域とともにある学校 232, 236
チーム学校 27, 132
「知・徳・体」の調和 176, 178, 187, 228
地方いじめ防止基本方針 227
地方自治の本旨 67-69, 82
地方分権一括法 68, 83
中央教育審議会 73, 74
中堅教員能力向上研修 49
中・高の接続 271
中心化の傾向 108
中途退学 16, 19
中・南米高等教育認定・質保証ネットワーク（RIACES） 284
懲戒 53, 56, 59, 61-63, 214, 215, 217, 218
長期の評価 109
調査意見 188, 190
調査書 258, 264, 267, 271, 273
勅令主義 13, 66
通学区域 239
通級指導制度 243
通知表 258, 268-270

305

詰め込み教育主義　180
ティーム・ティーチング　136
停学　215, 216, 221
停職　58, 62
適正手続　217
転任　53, 54
到達度評価　256, 257, 266
道徳の時間　123, 174, 179, 180, 193, 228, 248
東南アジア教育大臣機構・高等教育開発センター
　　（SEAMEO-RIHED）　284
特定地域選択制　241
特認校制　241
特別活動　168, 169, 175, 176, 204, 247, 260
特別教育活動　174
特別の教育的ニーズ　208
特別の教科　道徳（道徳科）　193
特別非常勤講師制度　35
特別免許状　23, 32, 33, 47
独立行政法人教員研修センター　39

　　　　　な　行

内申　53, 54
内申書　264
内部質保証　273, 286
二種免許状　33
偽学位（ディプロマミル）　283
入学者受入れ方針（アドミッション・ポリシー）
　　273, 287
認証評価　11, 13, 32, 46, 140, 273, 280, 286
任命権　53
任命承認制度　83
任用　53
ネット・トラブル　229
能力・業績査定型評価　114, 158
能力評価　103, 104, 107

　　　　　は　行

バイク規制　213
発展的学習　178
パフォーマンス・メジャーメント　110

ハロー効果　108
判定基準　262, 263, 271
PDCA　145, 156, 273, 287
秘密守秘義務　60, 86, 87
評価基準　262
評価規準　262
開かれた学校　131, 141, 147, 212, 232, 236, 238, 242
ファカルティ・デベロップメント（FD）　32
副校長　25, 26, 28, 57, 123, 132
服務　56, 62, 133
付合契約説　211
普通免許状　23, 32, 34, 47
不登校　16, 19, 168, 169, 180, 206, 223-225, 229
不当な支配　15, 18, 20, 115, 121, 192
部分社会の法理　211
プライバシーの権利　213, 267
フリースクール　225, 229
プロセス評価　151
ブロック選択制　241
文化審議会　73
分限　56, 61, 62, 220
ベルリン・コミュニケ　284
法定研修　39, 40
法定受託事務　68
法の支配　59, 211
法律主義　13, 66
法律による行政　13, 66
ポートフォリオ評価　263
北欧高等教育質保証ネットワーク（NOQA）
　　284
保健主事　26
補助機関説　129
ボローニャ宣言　284
ボローニャ・プロセス　284

　　　　　ま　行

ミドルリーダー　47, 49, 132
身分上の義務　57
民間人校長　140, 244, 245, 295

免許管理者　23, 34, 35
免許状更新講習　23, 34, 47, 48
免許状主義　35
免許状取得の開放制　29
免許相当主義　244, 245
免許法認定講習　36
免職　44, 53, 60, 62
目標管理型評価　107, 114, 158
目標に準拠した評価（目標準拠型評価）　257, 261, 263, 265, 266, 273

　　　　　　　や　行

ゆとり教育　178, 180

養護教諭　25, 26, 28, 32
養護助教諭　28

　　　　　　　ら　行

ラーニング・アウトカム　163, 256, 263, 273, 282, 286
履修カルテ　30
「理数科」クラス　175
リスボン戦略　284
臨時教育審議会（臨教審）　73, 120
臨時免許状　32, 34
隣接区域選択制　241

判 例 索 引

最高裁判所

最大判昭 38・5・22 判時 335 号 5 頁［東大ポポロ劇団事件］ ………………………………… *5*

最大判昭 39・2・26 判時 363 号 9 頁［教科書国庫負担請求事件］ …………………………… *5, 194*

最大判昭 44・4・2 判時 550 号 21 頁［東京都教組事件］ ……………………………………… *59*

最二判昭 48・9・14 民集 27 巻 8 号 925 頁 ……………………………………………………… *62*

最大判昭 51・5・21 判時 814 号 73 頁［岩教組学テ事件］ ……………………………………… *59*

最大判昭 51・5・21 判時 814 号 33 頁［旭川学力テスト事件］ ………………………………… *3, 172*

最一判昭 57・4・8 民集 36 巻 4 号 594 頁［家永教科書裁判第 2 次訴訟］ …………………… *192*

最二判昭 63・7・15 判時 1287 号 65 頁［麹町中学内申書事件］ ……………………………… *267*

最一判平 2・1・18 判時 1337 号 3 頁［伝習館高校事件］ …………………………………… *63, 172, 184*

最三判平 5・3・16 民集 47 巻 5 号 3483 頁［家永教科書裁判第 1 次訴訟］ …………………… *192*

最二判平 8・3・8 判時 1564 号 3 頁 ……………………………………………………………… *216*

最一判平 8・7・18 判時 1599 号 53 頁 …………………………………………………………… *217*

最三判平 9・8・29 判時 1623 号 49 頁［家永教科書裁判第 3 次訴訟］ ………………………… *193*

最三判平 15・11・11 判時 1846 号 3 頁 …………………………………………………………… *259*

最三判平 19・2・27 判時 1962 号 3 頁［君が代ピアノ伴奏職務命令拒否事件］ …………… *58*

最三判平 21・4・28 判時 2045 号 118 頁 ………………………………………………………… *219*

最二判平 23・5・30 民集 65 巻 4 号 1780 頁［国旗起立・君が代斉唱職務命令拒否事件］ … *58*

最一判平 24・1・16 判タ 1370 号 80 頁 …………………………………………………………… *58*

高等裁判所

名古屋高判昭 30・3・2 行裁例集 6 巻 3 号 715 頁 ……………………………………………… *62*

福岡高判昭 42・4・28 判時 490 号 34 頁 ………………………………………………………… *172*

札幌高判昭 43・6・26 判時 524 号 24 頁 ………………………………………………………… *172*

東京高判昭 50・12・20 判時 800 号 19 頁［家永教科書裁判第 2 次訴訟］ …………………… *192*

名古屋高裁金沢支決昭 51・6・18 判時 842 号 70 頁 …………………………………………… *249*

東京高判昭 56・4・1 判時 1007 号 133 頁 ……………………………………………………… *219*

東京高判昭 57・5・19 判時 1041 号 24 頁［麹町中学内申書事件］ …………………………… *267*

福岡高判昭 58・12・24 判時 1101 号 3 頁［伝習館高校事件］ ………………………………… *172, 184*

東京高判昭 61・3・19 判時 1188 号 1 頁［家永教科書裁判第 1 次訴訟］ …………………… *192*

東京高判平元 6・27 判時 1317 号 36 頁［家永教科書裁判第 2 次訴訟］ ……………………… *192*

東京高判平元 7・19 判時 1331 号 61 頁 ………………………………………………………… *212*

東京高判平 2・1・29 判時 1351 号 47 頁 ………………………………………………………… *8*

東京高判平 5・10・20 判時 1473 号 3 頁［家永教科書裁判第 3 次訴訟］ …………………… *192*

大阪高判平 11・11・25 判タ 1050 号 111 頁 …………………………………………………… *267*

福岡高判平 20・2・26 判自 319 号 13 頁 ……………………………………………… *219*

地方裁判所

大分地判昭 33・8・4 第 1 審刑集 1 巻 1152 頁 ……………………………………… *57*
札幌地判昭 46・5・10 判時 651 号 105 頁 …………………………………………… *38*
東京地判昭 45・7・17 判時 604 号 29 頁［家永教科書裁判第 2 次訴訟］…………… *192*
東京地判昭 48・5・1 訟月 19 巻 8 号 32 頁［井上教授・学長事務取扱発令延期事件］……… *6*
東京地判昭 49・7・16 判時 751 号 47 頁［家永教科書裁判第 1 次訴訟］…………… *192*
東京地判昭 54・3・28 判時 921 号 18 頁［麹町中学内申書事件］…………………… *267*
浦和地判昭 60・4・22 判タ 552 号 126 頁 …………………………………………… *227*
熊本地判昭 60・11・13 判時 1174 号 48 頁 …………………………………………… *212*
名古屋地判昭 62・4・15 判時 1261 号 121 頁 ………………………………………… *123*
千葉地判昭 62・10・30 判時 1266 号 81 頁 …………………………………………… *212*
静岡地判昭 63・2・4 判時 1266 号 90 頁 ……………………………………………… *215*
宮崎地判昭 63・4・28 判タ 680 号 65 頁 ……………………………………………… *123*
東京地判平元 10・3 判タ 709 号 63 頁［家永教科書裁判第 3 次訴訟］……………… *192*
名古屋地判平 2・11・30 判時 1389 号 150 頁 ………………………………………… *122*
東京地判平 3・5・27 判時 1387 号 25 頁 ……………………………………………… *212*
大津地判平 4・3・10 判タ 794 号 86 頁 ……………………………………………… *249*
大阪地判平 6・12・20 判時 1534 号 3 頁 ……………………………………………… *267*
大阪地判平 7・3・24 判タ 893 号 69 頁 ……………………………………………… *227*
東京地判平 8・9・12 判タ 941 号 157 頁 ……………………………………………… *249*
熊本地判平 19・6・15 判自 319 号 18 頁 ……………………………………………… *219*
大阪地判平 20・12・25 判タ 1302 号 116 頁 ………………………………………… *116*

法令索引

いじめ防止対策推進法
 ――2条 *226, 227, 228*
  同条 1項 *226, 227*
 ――11条 *227*
 ――12条 *227*

学校教育法
 ――1条 *28, 119, 250, 279*
 ――2条 *120*
 ――3条 *120, 280*
 ――5条 *121*
 ――9条 *28*
 ――11条 *124, 214, 218, 221*
 ――21条 *21, 165, 166*
  同条 1項 *165, 166*
  同条 2項 *165, 166*
  同条 3項 *165, 166*
  同条 4項 *165, 166*
  同条 5項 *165, 166*
  同条 6項 *165, 166*
  同条 7項 *165, 166*
  同条 8項 *165, 166*
  同条 9項 *165, 166*
  同条 10項 *165, 166*
 ――27条 *25*
  同条 1項 *25*
  同条 2項 *25*
 ――29条 *165, 167*
 ――30条 *165, 167, 262*
  同条 2項 *262*
 ――33条 *21, 165, 167, 171*
 ――34条 *183, 184, 185*
  同条 1項 *183, 184, 185*
  同条 2項 *184*
 ――35条 *90, 221, 222*
  同条 1項 *221*

  同条 1項 1号 *222*
  同条 1項 7号 *222*
  同条 2項 *222*
  同条 3項 *221*
  同条 4項 *222*
 ――37条 *21, 25, 26, 122-125, 129, 130*
  同条 1項 *25, 26*
  同条 2項 *25*
  同条 4項 *122-125, 130*
  同条 5項 *123*
  同条 6項 *124*
  同条 8項 *124*
  同条 11項 *129*
 ――42条 *22, 144, 145*
 ――43条 *22, 144, 146, 247*
 ――45条 *165, 167*
 ――46条 *165, 167*
 ――48条 *21, 165, 171*
 ――49条 *25, 26, 122*
 ――49条の2 *250*
 ――49条の3 *250*
 ――49条の4 *250*
 ――49条の5 *250*
 ――49条の6 *250*
 ――49条の7 *250*
 ――49条の8 *250*
 ――50条 *165, 167*
 ――51条 *165, 167*
 ――52条 *165, 171*
 ――60条 *25, 26*
  同条 1項 *25, 26*
  同条 2項 *25*
 ――62条 *122*
 ――69条 *25*
  同条 1項 *25*

法令索引

　　同条　2項　*25*
　──82条　*25*
　──83条　*280*
　──84条　*280*
　──85条　*280, 288*
　──86条　*280*
　──87条　*280*
　──88条　*280*
　──89条　*280*
　──90条　*280*
　──91条　*280*
　──93条　*6, 22*
　──92条　*22, 280*
　　同条　4項　*22*
　──93条　*280*
　──94条　*280*
　──95条　*280*
　──96条　*280*
　──97条　*279, 280*
　──98条　*280*
　──99条　*280*
　──100条　*280*
　──101条　*280*
　──102条　*280*
　──103条　*280*
　──104条　*280*
　──105条　*280*
　──106条　*280*
　──108条　*279*
　──109条　*140, 280*
　──110条　*140, 280*
　──111条　*140, 280*
　──112条　*140, 280*
　──113条　*280*
　──144条　*223*
　──附則　9条　*184*
学校教育法施行令
　──5条　*239, 243*
　　同条　1項　*239, 243*
　　同条　2項　*239*

　──8条　*239*
　──9条　*239*
　──10条　*124*
　──18条　*124*
　──19条　*124, 223*
　──20条　*124, 223*
　──21条　*223*
　──22条　*124*
　──31条　*258*
　──41条　*188*
(旧)学校教育法施行令
　──5条　*243*
　　同条　1項　2号　*243*
学校教育法施行規則
　──3条　*210*
　──4条　*210*
　──20条　*28, 244*
　　同条　1号　*28, 244*
　　同条　2号　*28, 244*
　──21条　*28*
　──22条　*28, 140, 244*
　──23条　*28, 244*
　──24条　*124, 258*
　　同条　1項　*124*
　　同条　2項　*124*
　　同条　3項　*124*
　──26条　*124, 215, 216, 221*
　　同条　2項　*124, 215*
　　同条　3項　*216, 221*
　　同条　4項　*216, 221*
　──28条　*258*
　──29条　*90*
　──32条　*140, 240, 241*
　　同条　1項　*140, 240*
　　同条　2項　*240*
　──43条　*125*
　──44条　*26, 128*
　　同条　1項　*26, 128*
　　同条　3項　*26, 128*
　　同条　4項　*128*

同条　5項　*128*
　──45条　*26, 128*
　　同条　1項　*26, 128*
　　同条　3項　*26, 128*
　──46条　*128*
　　同条　1項　*128*
　──47条　*26, 129*
　──48条　*124, 130, 140*
　　同条　1項　*130*
　　同条　2項　*124, 130*
　──49条　*124, 140, 233, 237*
　　同条　1項　*233*
　　同条　2項　*233*
　　同条　3項　*124, 233*
　──50条　*168, 171*
　　同条　1項　*168*
　　同条　2項　*168*
　──51条　*168, 171*
　──52条　*171*
　──53条　*168*
　──54条　*168, 224*
　──55条　*168*
　──55条の2　*168*
　──56条　*168, 225*
　──56条の2　*168*
　──57条　*124, 168, 224*
　──58条　*124, 168*
　──60条　*124*
　──63条　*124*
　──65条　*26*
　──66条　*124, 144, 145*
　　同条　1項　*145*
　　同条　2項　*145*
　──67条　*124, 144, 145*
　──68条　*124, 144, 146, 158*
　──70条　*26, 128, 208*
　　同条　1項　*26, 128, 208*
　　同条　2項　*208*
　　同条　3項　*26, 128, 208*
　　同条　4項　*208*

　──71条　*26, 128, 208*
　　同条　1項　*128*
　　同条　3項　*128*
　──72条　*169, 171*
　　同条　2項　*169*
　──73条　*169, 171*
　──78条　*264*
　──79条　*26, 128, 129, 224*
　──81条　*26, 128*
　　同条　1項　*26, 128*
　　同条　3項　*26, 128*
　──83条　*169, 171*
　──85条　*169*
　──85条の2　*169*
　──86条　*169*
　──90条　*264*
　　同条　1項　*264*
　　同条　3項　*264*
　　同条　4項　*264*
　──96条　*169*
　──97条　*170*
　──98条　*170*
　──99条　*170*
　──100条　*170*
　──103条　*170*
　　同条　1項　*170*
　　同条　2項　*170*
　──104条　*26, 128, 129*
　　同条　1項　*26, 128, 129*
　──140条　*244*
　──141条　*244*
　──142条　*280*
（旧）学校教育法施行規則
　──24条の2　*175*
学校教育の水準の維持向上のための義務教育諸学校の教育職員の人材確保に関する特別措置法
　──3条　*56*
学校図書館法
　──5条　*25*
　　同条　1項　*25*

法令索引

学校保健安全法
　——13条　*124*
　——19条　*124, 220*
義務教育諸学校（及び高等学校）教科用図書検定基準
　第1章　*187*
　　同章　総則（1）　*187*
　　同章　総則（2）　*187*
　第2章　*187*
　第3章　*187*
義務教育諸学校等の施設費の国庫負担等に関する法律
　——2条　*250*
　——3条　*249, 251*
　　同条　1項　4号　*249*
　——12条　*251*
義務教育諸学校等の施設費の国庫負担等に関する法律施行令
　——4条　*249*
　　同条　1項　1号　*249*
　　同条　1項　2号　*249*
義務教育諸学校の教科用図書の無償措置に関する法律
　——3条　*197*
　——5条　*197*
　　同条　1項　*197*
　——12条　*195*
　　同条　1項　*195, 198*
　——13条　*195, 197*
　　同条　1項　*195, 197*
　　同条　4項　*195, 198*
　　同条　5項　*195*
　——14条　*197*
　——15条　*195*
　——21条　*198*
　　同条　6号　*198*
義務教育諸学校の教科用図書の無償措置に関する法律施行令
　——14条　*197*
　　——同条　1項　*197*

　——15条　*197*
　　同条　1項　*197*
義務教育費国庫負担法
　——1条　*77*
　——2条　*52, 77, 251*
教育基本法
　——前文　*17, 19*
　——1条　*165*
　——2条　*17, 165, 166*
　　同条　1号　*165, 166*
　　同条　2号　*165, 166*
　　同条　3号　*17, 165, 166*
　　同条　4号　*17, 165, 166*
　　同条　5号　*17, 165, 166*
　——3条　*18*
　——4条　*17*
　　同条　2項　*17*
　——5条　*17, 165, 166*
　　同条　2項　*17, 165, 166*
　　同条　3項　*17*
　——7条　*18, 279*
　——8条　*7, 18*
　——9条　*18, 37, 56*
　　同条　1項　*18*
　　同条　2項　*18, 56*
　——10条　*18*
　——11条　*18*
　——13条　*18, 232, 246, 247*
　——16条　*18, 20, 22, 65*
　　同条　1項　*18, 20*
　——17条　*95*
　　同条　1項　*95*
（旧）教育基本法
　——前文　*14, 19*
　——1条　*14*
　——2条　*14*
　——3条　*15*
　　同条　2項　*15*
　——5条　*15*
　——6条　*15*

313

同条　1項　　*15*
　　同条　2項　　*15*
　──7条　*15*
　　同条　1項　　*15*
　　同条　2項　　*15*
　──8条　*15*
　　同条　1項　　*15*
　　同条　2項　　*15*
　──9条　*15*
　　同条　1項　　*15*
　　同条　2項　　*15*
　──10条　*15, 20, 192*
　　同条　1項　　*15, 20*
　　同条　2項　　*15*

教育公務員特例法
　──2条　*89*
　　同条　5項　　*89*
　──5条の2　*115*
　──11条　*55*
　──12条　*41, 56*
　　同条　1項　　*56*
　──15条　*89*
　──17条　*60*
　──18条　*58*
　　同条　1項　　*58*
　──21条　*38*
　　同条　1項　　*38*
　──22条　*37, 61, 124*
　　同条　1項　　*37, 61*
　　同条　2項　　*37, 61, 124*
　　同条　3項　　*37, 61*
　──23条　*41*
　　同条　1項　　*41*
　　同条　2項　　*41*
　　同条　3項　　*41*
　──24条　*42*
　──25条の2　*23, 43*
　　同条　1項　　*43*
　　同条　2項　　*43*
　──25条の2　*43, 44*

　　同条　4項　　*43*
　　同条　5項　　*44*
　　同条　6項　　*44*
　──25条の3　*23, 44*
　──26条　*45*
　　同条　1項　1号　*45*
　　同条　1項　2号　*45*
　　同条　1項　3号　*45*
　　同条　1項　4号　*45*
　──27条　*45*
　──28条　*45*
　　同条　1項　　*45*
　　同条　2項　　*45*

教育公務員特例法施行令
　──5条　*42*
　──6条　*43*
　──7条　*45*
　──8条　*45*

教育職員免許法
　──2条　*28*
　　同条　1項　　*28*
　──3条　*27, 32*
　　同条　1項　　*27, 32*
　　同条　2項　　*32*
　　同条　3項　　*32*
　　同条　4項　　*32*
　──3条の2　*28, 32, 35*
　　同条　2項　　*35*
　──4条　*33, 34*
　　同条　2項　　*33*
　　同条　3項　　*33*
　　同条　4項　　*34*
　　同条　5項　　*33*
　　同条　6項　　*33*
　──5条　*28, 32, 33, 34*
　　同条　1項　1号　*33*
　　同条　1項　2号　*33*
　　同条　1項　3号　*33*
　　同条　1項　4号　*33*
　　同条　1項　5号　*33*

法令索引

　　同条　1項　6号　*33*
　　同条　1項　7号　*33*
　　同条　3項　*33*
　　同条　4項　*33*
　　同条　4項　1号　*33*
　　同条　4項　2号　*33*
　　同条　5項　*34*
　　同条　5項　1号　*34*
　　同条　5項　2号　*34*
　　同条　7項　*32*
──6条　*33*
──9条　*23, 33, 34, 36, 47, 48*
　　同条　1項　*33, 47, 48*
　　同条　1項　1号　*48*
　　同条　1項　2号　*48*
　　同条　1項　3号　*48*
　　同条　1項　4号　*48*
　　同条　2項　*47*
　　同条　3項　*34*
──9条の2　*23, 34, 47, 48*
　　同条　1項　*34*
　　同条　3項　*34, 47*
　　同条　4項　*34*
　　同条　5項　*48*
──9条の3　*34, 47, 48*
　　同条　1項　*48*
　　同条　2項　*48*
　　同条　4項　*34*
──10条　*35*
──11条　*35*
　　同条　1項　*35*
　　同条　2項　*35*
　　同条　3項　*35*
　　同条　4項　*35*
──16条の5　*35, 36*
　　同条　1項　*35*
　　同条　2項　*35*

教育職員免許法施行規則
──34条　*37*
──61条の4　*47*

──61条の5　*48*

教科書の発行に関する臨時措置法
──2条　*183*
　　同条　1項　*183*
──7条　*195*
　　同条　1項　*195*

教科用図書検定規則
──4条　*188*
　　同条　1項　*188*
──7条　*188*
──8条　*189, 190*
　　同条　1項　*189*
　　同条　2項　*190*
　　同条　3項　*190*
　　同条　4項　*190*
──9条　*189*
──10条　*189*
──11条　*188*
──12条　*190*
──17条　*190*
──18条　*190, 191*
──19条　*190*
　　同条　1項　*190*

行政手続法
──3条　*217*
　　同条　1項　7号　*217*

刑事訴訟法
──239条　*220*
　　同条　2項　*220*

構造改革特別区域法
──2条　*224*
　　同条　3項　*224*
──20条　*251*

高等学校設置基準
──3条　*142*
──4条　*142*

高等学校等就学支援金の支給に関する法律
──3条　*79*
　　同条　2項　3号　*79*

高等学校等就学支援金の支給に関する施行令

315

——1条　*79*
　　　　同条　2項　*79*
公立義務教育諸学校の学級編制及び教職員定数
の標準に関する法律
　　　——3条　*135*
　　　　同条　2項　*135*
　　　——4条　*90, 134*
　　　——5条　*134*
　　　——17条　*78*
公立高等学校の適正配置及び教職員定数の標準
等に関する法律
　　　——6条　*135*
公立の義務教育諸学校等の教育職員を正規の勤
務時間を超えて勤務させる場合等の基準を定め
る政令
　　　——1条　*57*
　　　　同条　2号　*57*
公立の義務教育諸学校等の教育職員の給与等に
関する特別措置法
　　　——3条　*56*
国立大学法人法
　　　——12条　*6*
国家行政組織法
　　　——8条　*72, 188*
国家公務員法
　　　——27条の2　*104*
　　　——70条の2　*104*
　　　——70条の3　*104*
　　　　同条　1項　*104*
　　　　同条　2項　*104*
　　　——70条の4　*104*
　　　　同条　1項　*104*
(旧) 国家公務員法
　　　——29条　*104*
国家戦略特別区域法
　　　——12条の3　*252*
市町村立学校職員給与負担法
　　　——1条　*52*
　　　——2条　*52*
児童の権利条約

第1部　*206*
第2部　*206*
第3部　*206*
第1部
　　　——9条　*207*
　　　　同条　1項　*207*
　　　——10条　*207*
　　　　同条　1項　*207*
　　　——12条　*206*
　　　　同条　1項　*206*
　　　——13条　*206*
　　　　同条　1項　*206*
　　　——14条　*207*
　　　　同条　1項　*207*
　　　　同条　2項　*207*
　　　——16条　*207*
　　　　同条　1項　*207*
　　　　同条　2項　*207*
　　　——23条　*207*
　　　　同条　1項　*207*
　　　——28条　*207*
　　　　同条　2項　*207*
　　　——37条　*207*
社会教育法
　　　——9条の2　*88*
　　　　同条　1項　*88*
　　　——9条の3　*88*
　　　　同条　1項　*88*
　　　　同条　2項　*88*
　　　——9条の4　*88*
小学校設置基準
　　　——2条　*142*
　　　　同条　2項　*142*
　　　——3条　*142*
私立学校振興助成法
　　　——12条　*8*
単位制高等学校教育規程
　　　——3条　*170*
　　　——7条　*170*
地方教育行政の組織及び運営に関する法律

——1条の2		*22, 81, 91*
——1条の3		*23, 84, 94, 97, 98*
同条	1項	*94, 97, 98*
同条	2項	*98*
同条	3項	*98*
同条	4項	*98*
——1条の4		*23, 84, 98, 99*
同条	1項	*98*
同条	2項	*98*
同条	3項	*99*
同条	4項	*99*
同条	5項	*99*
同条	6項	*99*
同条	7項	*99*
同条	8項	*99*
——2条		*81, 85*
——3条		*22, 23, 85*
——4条		*22, 86, 87, 94*
同条	1項	*86, 94*
同条	2項	*87, 94*
同条	3項	*86, 87*
同条	5項	*22*
——5条		*86, 87*
——7条		*85, 86, 94*
同条	1項	*94*
同条	2項	*85*
同条	3項	*85*
——8条		*86*
——9条		*86*
——10条		*86*
——11条		*86*
同条	1項	*86*
同条	4項	*86*
同条	5項	*86*
同条	6項	*86*
——12条		*56, 87*
同条	1項	*56, 87*
同条	2項	*87*
——13条		*23, 84, 86*
同条	1項	*23, 84, 86*

——14条		*87*
同条	1項	*87*
同条	2項	*87*
同条	3項	*87*
同条	4項	*87*
同条	7項	*87*
同条	9項	*87*
——15条		*89, 121*
同条	1項	*89, 121*
——17条		*88*
——18条		*88, 122*
同条	1項	*88*
同条	2項	*88*
同条	3項	*88, 122*
同条	4項	*88*
——19条		*84*
——21条		*91, 121, 164, 195, 259*
同条	4号	*259*
同条	5号	*164, 259*
同条	6号	*195*
同条	9号	*259*
——22条		*94*
——23条		*94*
同条	1項	*94*
同条	2項	*94*
——24条		*92*
——25条		*22, 92, 93*
同条	1項	*92*
同条	2項	*22, 93*
同条	3項	*92*
同条	4項	*92*
——26条		*22, 84, 92, 97*
——27条		*95*
——28条		*90, 95*
同条	1項	*90*
——29条		*90, 95*
——32条		*121*
——33条		*89, 90, 121, 131, 164, 185*
同条	1項	*89, 90, 121, 131, 164, 185*
同条	2項	*185*

——34条　*55*
——35条　*90, 102, 107*
——37条　*53, 121*
　同条　1項　*53*
——38条　*53, 54*
　同条　1項　*53*
　同条　2項　*54*
　同条　2項　1号　*54*
　同条　2項　2号　*54*
　同条　3項　*53*
——39条　*53, 131*
——41条　*53*
　同条　1項　*53*
　同条　2項　*53*
　同条　3項　*53*
——43条　*52, 90, 102*
　同条　1項　*52, 90, 102*
　同条　2項　*90*
——44条　*90*
——47条の2　*44*
　同条　1項　*44*
——47条の5　*90, 140, 234, 235, 237*
　——同条　1項　*90, 234*
　——同条　2項　*234*
　——同条　3項　*235*
　——同条　4項　*235*
　——同条　5項　*235*
　——同条　6項　*235*
　——同条　7項　*237*
　——同条　8項　*90, 235*
——48条　*74, 75*
　同条　1項　*74*
　同条　2項　*74*
　同条　3項　*75*
　同条　4項　*75*
——49条　*23, 84*
——50条　*23, 76, 85*
——50条の2　*23, 76*
——51条　*75*
——53条　*75*

　同条　1項　*75*
　同条　2項　*75*
——54条　*76*
　同条　2項　*76*
——58条　*52, 53*
　同条　1項　*53*

地方教育行政の組織及び運営に関する法律施行令
——5条　*88*

(旧)地方教育行政の組織及び運営に関する法律
——4条　*22*
　同条　4項　*22*
——26条　*22*
　同条　2項　*22*
——27条　*22*
——41条　*107*
——46条　*102, 107, 112, 114*

地方公務員法
——17条　*44*
　同条　1項　*44*
——23条　*106*
——23条の2　*106*
——23条の3　*106*
——23条の4　*106*
——27条　*61, 62*
　同条　2項　*61*
　同条　3項　*61, 62*
——28条　*44, 62*
　同条　1項　*44, 62*
　同条　2項　*62*
　同条　3項　*62*
——29条　*62, 63*
　同条　1項　*62, 63*
　同条　4項　*63*
——30条　*57*
——31条　*57*
——32条　*57*
——33条　*60*
——34条　*60*
　同条　1項　*60*

――35条　*58*
　　――36条　*58*
　　――37条　*59*
　　――38条　*60*
　　――39条　*38*
　　　同条　2項　*38*
　　――40条　*101, 102*
　　　同条　1項　*101, 102*
　　――45条　*38*
　　――49条の2　*61*
　　――49条の3　*61*
　　――50条　*61*
　　――50条の1　*61*
　　――50条の2　*61*
　　――58条　*38*
　　　同条　2項　*38*
　　――59条　*38*
（旧）地方公務員法
　　――23条　*106*
地方自治法
　　――1条の2　*67*
　　　同条　2項　*67*
　　――2条　*68*
　　　同条　2項　*68*
　　――138条の4　*89*
　　　同条　2項　*89*
　　――180条の5　*81*
　　　同条　1項　1号　*81*
　　――245条の4　*74, 75*
　　　同条　1項　*74*
　　　同条　3項　*75*
　　――245条の5　*75, 83*
　　　同条　1項　*75*
　　　同条　2項　*75*
　　　同条　4項　*75*
中学校設置基準
　　――2条　*142*
　　――3条　*142*
道路交通法
　　――88条　*213*

　　　同条　1項　1号　*213*
内閣法
　　――11条　*67*
日本国憲法
　　――13条　*212, 267*
　　――15条　*57*
　　　同条　2項　*57*
　　――19条　*1, 20, 267*
　　――20条　*7*
　　――21条　*191*
　　　同条　1項　*191*
　　　同条　2項　*191*
　　――23条　*1, 5, 279*
　　――26条　*1, 2, 4, 270, 165, 172, 194, 212,*
　　　　　214, 232, 241
　　　同条　1項　*1, 2, 4*
　　　同条　2項　*1, 2, 4*
　　――29条　*212*
　　――31条　*217*
　　――41条　*13, 66*
　　――73条　*13, 66, 67*
　　　同条　1号　*13, 66*
　　　同条　6号　*67*
　　――89条　*7, 8*
　　――92条　*67*
文部科学省設置法
　　――2条　*69*
　　　同条　1項　*69*
　　――4条　*71, 185*
　　　同条　10号　*185*
　　――15条　*71*
文部科学省組織令
　　――3条　*71*
　　――4条　*71*
　　――5条　*71*
　　――6条　*71*
　　――7条　*71*
　　――8条　*71*
　　――9条　*71*
　　――10条　*71*

法令索引

319

——75条　73, 188
——76条　74

——77条　74
——78条　74

通知・通達・行政実例索引

昭23・8・24 発教119 教科書局長通達 …………………………………… *185*
昭23・12・22 法務庁調査2発18 法務府法務調査意見長官通達 …………… *215*
昭26・12・10 委発332 初中局長回答 ……………………………………… *184*
昭26・12・12 地自公発549 公務員課長回答 ……………………………… *58*
昭28・7・10 初中局地方課長回答 ………………………………………… *185*
昭28・10・22 自行公発231 公務員課長回答 ……………………………… *62*
昭28・11・7 文総審118 事務次官通達 …………………………………… *223*
昭31・6・30 文初地326 事務次官通達 …………………………………… *38*
昭31・9・10 文初地411 初中局長通達 …………………………………… *52, 54*
昭32・3・8 文初地109 初中局長通知 …………………………………… *52*
昭32・4・25 委初169 初中局長回答 ……………………………………… *54*
昭33・3・24 初中局地方課長回答 ………………………………………… *62*
昭34・2・19 自丁公発27 公務員課長回答 ………………………………… *63*
昭36・5・29 委初78 初中局長回答 ………………………………………… *259*
昭44・5・15 公務員一課決定 ……………………………………………… *58*
昭49・9・3 文初小404号初中局長通達 …………………………………… *185*
昭49・10・4 文初地434 初中局長通達 …………………………………… *54*
昭51・1・13 文初地136 事務次官通達 …………………………………… *129*
昭58・12・5 文初322 初中局長通知 ……………………………………… *221*
昭63・6・3 文教教51 事務次官通達 ……………………………………… *41*
平4・9・24 文初中330 初中局長通知 …………………………………… *259*
平5・2・22 文初高243 事務次官通知 …………………………………… *265*
平6・5・20 文初高149 事務次官通知 …………………………………… *218*
平8・7・26 文初中386 初中局長・生涯学習局長通知 ………………… *221*
平9・1・27 文初小78 初中局長通知 ……………………………………… *240*
平9・11・28 文初高243 初中局長通知 …………………………………… *265*
平12・1・21 文教地244 事務次官通知 …………………………………… *130*
平13・4・27 文科初193 初中局長通知 …………………………………… *224*
平13・11・6 文科初725 初中等局長通知 ………………………………… *222, 229*
平14・6・28 文科初430 事務次官通知 …………………………………… *33, 35, 36*
平14・8・8 文科初575 事務次官通知 …………………………………… *42*
平15・5・16 文科初255 初中局長通知 …………………………………… *224*
平16・4・15 初児生2 初中局児童生徒課長通知 ………………………… *223*
平16・6・24 文科初429 事務次官通知 …………………………………… *235, 237*
平17・7・6 文科初437 初中局長通知 …………………………………… *225*

平19・2・5 文科1019 初中局長通知	215, 218
平19・7・31 文科初535 事務次官通知	54, 94, 95
平19・7・31 文科初541 事務次官通知	43, 44
平21・3・21 文科初1346 初中局長通知	224
平22・5・11 文科初1 初中局長通知	259, 261, 262
平23・3・13 文科初1269 初中局長・スポーツ・青年局長通知	218, 220
平24・9・28 文科初718 初中局長通知	198
平25・5・16 文科初246 初中局長通知	229
平25・10・4 文科初756 初中局長通知	243
平26・7・17 文科初490 初中局長通知	85-87, 97, 98
平26・8・29 文科高411 高等教育局長・研究振興局長通知	289

答申・報告・決定等索引

学校の第三者評価のガイドラインの策定等に関する調査研究協力者会議
学校の第三者評価のガイドラインに盛り込むべき事項等について（報告） ……………… *143*

学校評価の推進に関する調査研究協力者会議
学校評価の在り方と今後の推進方策について（第1次報告） ……………………… *143*

教育改革国民会議
教育改革国民会議報告…………………………………… *15, 49, 83, 95, 141, 220, 234, 240, 245*

教育課程審議会
児童生徒の学習と教育課程の実施状況の評価の在り方について（答申） ……………… *141*

教育再生実行会議
いじめ問題等への対応について（第1次提言） …………………………………… *228*
教育委員会制度等の在り方について（第2次提言） ……………………………… *84*
教育立国実現のための教育投資・教育財政の在り方について（第8次提言） ……… *299*
これからの時代に求められる資質・能力と，それを培う教育，教師の在り方について（第7次提言）
……………………………………………………………………… *38, 288, 289*
今後の学制等の在り方について（第5次提言） ……………………………… *36, 250, 279*

教員免許更新制度の改善に係る検討会議
教員免許制度の改善について（報告） …………………………………………… *49*

教科書図書検定調査審議会
「特別の教科　道徳」の教科書検定について（報告） ……………………………… *191, 193*

行政改革委員会
規制改革の推進に関する意見（第2次） …………………………………………… *240*

総合規制改革会議
規制改革の推進に関する第一次答申………………………………………… *141, 234, 240*

中央教育審議会
新しい時代にふさわしい教育基本法と教育振興計画の在り方について（答申） ……… *16, 96*
新しい時代にふさわしい高大接続の実現に向けた高等学校教育，大学教育，大学入学者選抜の一体的

改革について（答申）··· *272, 287, 289*
　新しい時代の義務教育を創造する（答申）························ *77, 83, 106, 143, 250*
　新しい時代の教育や地方創世の実現に向けた学校と地域の連携・協働の在り方と今後の推進方策について（答申）··· *232, 238, 239, 246*
　新たな未来を築くための大学教育の質的転換に向けて（答申）·· *286*
　教育基本法の改正を受けて緊急に必要とされる教育制度の改正について（答申）······················· *84*
　子供の発達や学習者の意欲・能力等に応じた柔軟かつ効果的な教育システムの構築について（答申）
　　·· *36, 250*
　これからの学校教育を担う教員の資質の向上について（答申）················ *27, 31, 39, 47, 49*
　今後の学校の管理運営の在り方について（答申）··································· *234*
　今後の教員免許制度の在り方について（答申）······································ *49*
　今後の地方教育行政の在り方について（答申）················ *130, 132, 140, 232, 245*
　児童生徒の学習と教育課程の実施状況の評価の在り方について（答申）············· *141*
　チームとしての学校の在り方と今後の改善方策について（答申）······· *27, 116, 132, 209*
　地方教育行政の今後の在り方について（答申）·· *232*
　21世紀を展望した我が国の教育の在り方について（第1次答申）················ *232*
　我が国の高等教育の将来像（答申）·· *286*

中央教育審議会初等中等教育分科会・教育課程部会
　児童生徒の学習評価の在り方について（報告）······································ *261*

内　閣
　経済財政運営と構造改革に関する基本方針2005（閣議決定）················ *142, 241*
　公務員制度改革大綱（閣議決定）··· *103*
　今後の行政改革の基本方針（閣議決定）·· *103*
　新成長戦略（閣議決定）··· *106*
　第1期教育振興基本計画（閣議決定）·· *106*
　第2期教育振興基本計画（閣議決定）·· *106*

文部科学大臣
　いじめの防止等のための基本的な方針（文部科学大臣決定）············ *225, 227, 229*
　21世紀教育新生プラン··· *141*

臨時教育審議会
　教育改革に関する第三次答申·· *186, 231*

《著者紹介》

早田幸政（はやた・ゆきまさ）

　1953年　山口県下関市生まれ。
　1977年　中央大学法学部法律学科卒業。
　1980年　中央大学大学院法学研究科博士（前期）課程修了。地方自治総合研究所常任研究員，大学基準協会大学評価・研究部部長，金沢大学大学教育開発・支援センター教授，大阪大学大学教育実践センター及び同大学評価・情報分析室教授を経て，
　現　在　中央大学理工学部教授（同学部教職課程委員長），金沢大学客員教授。
　主　著　『道徳教育の理論と指導法』エイデル研究所，2015年。
　　　　　『大学の質保証とは何か』（編著）エイデル研究所，2015年。
　　　　　『入門　法と憲法』ミネルヴァ書房，2014年。
　　　　　『高等教育論入門――大学教育のこれから――』（共編著）ミネルヴァ書房，2010年。

　　　　　　　　　　　　　　　教育制度論
　　　　　　　　　――教育行政・教育政策の動向をつかむ――
　　　　　2016年4月20日　初版第1刷発行　　　　〈検印省略〉

　　　　　　　　　　　　　　　　　　　定価はカバーに
　　　　　　　　　　　　　　　　　　　表示しています

　　　　　　　　　　　著　者　　早　田　幸　政
　　　　　　　　　　　発行者　　杉　田　啓　三
　　　　　　　　　　　印刷者　　林　　　初　彦

　　　　　　　発行所　株式会社　ミネルヴァ書房
　　　　　　　　　607-8494 京都市山科区日ノ岡堤谷町1
　　　　　　　　　　　電話代表　（075）581-5191
　　　　　　　　　　　振替口座　01020-0-8076

　　　　　　　ⓒ早田幸政，2016　　　　　　太洋社・藤沢製本

　　　　　　　　ISBN978-4-623-07598-0
　　　　　　　　　　Printed in Japan

入門 法と憲法
――――――――――――――早田幸政 著　Ａ５判　378頁　本体2800円
憲法の意義と役割を基礎からわかりやすく解説。法を学び始める人のための必携テキスト。

高等教育論入門
――――――早田幸政／諸星 裕／青野 透 編著　Ａ５判　304頁　本体3500円
●大学教育のこれから　大学教育の意義を訴え，今後の制度展開と教職員のFD・SDにも大いに役立つ書。

新しい教育行政学
――――――――――――――河野和清 編著　Ａ５判　252頁　本体2500円
教育行政制度を理論的・体系的に解説。教育改革の最新動向と欧米諸国の教育行政制度についても紹介。

よくわかる教育学原論
――安彦忠彦／児島邦宏／藤井千春／田中博之 編著　Ｂ５判　264頁　本体2600円
古典的な学説史から最新の教育問題まで踏まえた，教育学の基本が学べる一冊。

現代教育制度論
――――――――――――――土屋基規 編著　Ａ５判　256頁　本体2800円
教育理念と制度原理の意義を再確認し，現在の教育制度が抱える問題と教育制度改革の現代的課題を解説する。

学校のための法学〔第２版〕
――――――――――――――篠原清昭 編著　Ｂ５判　248頁　本体2500円
●自律的・協働的な学校をめざして　好評の旧版を教育基本法改正をはじめ，最新状況をふまえて改訂。

――――ミネルヴァ書房――――
http://www.minervashobo.co.jp/